POBRES
PORQUE
QUIEREN

Máximo E. Jaramillo Molina

POBRES PORQUE QUIEREN

Mitos de la desigualdad y la meritocracia

Grijalbo

El papel utilizado para la impresión de este libro ha sido fabricado a partir de madera
procedente de bosques y plantaciones gestionadas con los más altos estándares ambientales,
garantizando una explotación de los recursos sostenible con el medio ambiente y beneficiosa para las personas.

Penguin
Random House
Grupo Editorial

Pobres porque quieren
Mitos de la desigualdad y la meritocracia

Primera edición: octubre, 2024

D. R. © 2024, Máximo E. Jaramillo Molina

D. R. © 2024, derechos de edición mundiales en lengua castellana:
Penguin Random House Grupo Editorial, S. A. de C. V.
Blvd. Miguel de Cervantes Saavedra núm. 301, 1er piso,
colonia Granada, alcaldía Miguel Hidalgo, C. P. 11520,
Ciudad de México

penguinlibros.com

ISBN: 978-607-385-039-1

Impreso en México – *Printed in Mexico*

A Viridiana, co-autora de mi vida.

A mis gatitos que luchan contra la desigualdad.

*A todas las personas oprimidas
por la narrativa meritocrática,
y a todas aquellas que creyeron que eran
culpables de su propia pobreza.*

ÍNDICE

PREFACIO

El libro que están leyendo es resultado de meses de constante trabajo en cada uno de los capítulos que lo integran; de investigación, divulgación e incidencia que he hecho buscando una sociedad menos desigual y más justa, desde distintos frentes y con el apoyo de muchas personas, durante los últimos 12 años.

A finales de 2018 comencé el proyecto de divulgación en redes sociales llamado Gatitos contra la Desigualdad, probablemente sin haber anticipado en el impacto que tendría. El objetivo del proyecto era desmontar y combatir los mitos que sustentan la legitimidad de la desigualdad, particularmente la narrativa meritocrática. Para lograrlo, la idea era divulgar información sobre desigualdad con "memes de gatitos", de forma sencilla y entendible para la mayoría de las personas, sólidamente fundamentada en evidencia científica y buscando proveer una alternativa a la masiva viralidad de las *fake news* del día a día.

Ese no era el primer proyecto que emprendía para comunicar información sobre la realidad de las brechas de desigualdad que nos separan. Ya en ocasiones anteriores había creado páginas en redes sociales con memes más generales al respecto, e igualmente trabajaba en ese momento en Oxfam México, donde también intentábamos atacar los cimientos de la reproducción de la desigualdad. Lo que me había faltado antes era el vehículo del mensaje: las fotografías de los animalitos más virales de la actualidad, es decir, los gatos. Así, la feliz coincidencia fue que, al adoptar dos gatitos pequeños (que eran hermanitos), tuve la posibilidad de usar sus fotos, editarlas y colocar el mensaje claro y simple con datos de la extrema desigualdad en nuestra sociedad. De ahí en adelante todo explotó orgánicamente. Los gatitos son el caballo de Troya para arremeter contra las creencias sobre la meritocracia.

La realidad es que mi acercamiento al tema venía ya desde años atrás. Para el momento en que comencé dicho proyecto, ya estaba en la etapa final de mi investigación de tesis doctoral, donde planteaba que uno de los mayores responsables de la reproducción de la desigualdad en México era la legitimidad con la que gozaban las brechas de inequidad, la riqueza y la pobreza. Además, con la literatura en estos temas encontraba que el apoyo a las políticas redistributivas podía aumentar cuando quienes no tenían claras las brechas de desigualdad recibían información correcta al respecto.[1]

De ahí mi interés en la divulgación de información sobre desigualdad para desmontar los mitos de la meritocracia: porque parto de la idea de que esto puede modificar, consecuentemente, las exigencias de la sociedad y llevar a una revolución real contra la opresión y la explotación.

Fue hace casi 10 años cuando publiqué mi primer artículo donde analizaba el mito de la meritocracia en México, aprovechando las palabras de un conductor de Televisa que, enojado, mandaba a los pobres a "chingarle más" y "trabajarle más" si querían ganar tanto como él. Luego, otro reaccionando a las afirmaciones clasistas de un periodista que criticaba a "Brandon y Jovani" ("sus referentes parecen precarios, empezando por sus nombres", decía el autor en su artículo) por pertenecer a las "hordas urbanas que no tienen más ocupación que fastidiar a los demás". Y otro en respuesta a una *youtuber* que estaba en contra de que "los pobres se reprodujeran" y espetaba el clásico "en lugar de apoyar económicamente la irresponsabilidad de las personas, debería ser ilegal tener hijos si no puedes demostrar una estabilidad económica".[2]

En este trayecto, y durante los últimos años, se han sumado muchas personas a este barco. Cada vez es más común la crítica a la meritocracia y la desigualdad. Cuando uno observa el interés a lo largo del tiempo medido por Google Trends, al menos para México, es claro que a partir de 2017 aumentaron generalizadamente las búsquedas del término *meritocracia*, mientras que *desigualdad*, un término más popular en el pasado, reapareció en las búsquedas en mayor medida al inicio de 2021.

Esto no es casual. Creo que algunos eventos históricos recientes han marcado a la sociedad respecto de sus percepciones en torno a la desigualdad, en particular la crisis financiera de los años 2007-2008 y la crisis económica que acompañó a la pandemia de 2020. A nivel mundial, de igual forma, la publicación en 2014 del bestseller *El capital en el siglo XXI*, de Thomas Piketty, marcaría un parteaguas en la divulgación sobre estos temas. En el caso de México, creo que algo similar sucedió con el informe *Desigualdad extrema en México*, de Gerardo Esquivel, publicado con Oxfam México en 2015.

De alguna manera, quiero creer que el trabajo hecho por Gatitos contra la Desigualdad desde 2018, y, en general, desde distintos frentes durante los últimos años, ha aportado al menos un granito de arena a este debate público. Un gran agradecimiento merecen las personas que han comentado cómo dicho trabajo les ha brindado nuevas perspectivas o ha reforzado las sospechas que ya tenían de que "algo estaba mal" en la sociedad. Ojalá cada vez sea un tema más comentado popularmente y los cuestionamientos a la legitimidad de la desigualdad se hagan cada vez más comunes.

Asimismo, estos años aportando en la defensa de la dignidad y en contra de la desigualdad también han implicado muchas respuestas negativas. En las publicaciones de Gatitos contra la Desigualdad, y en las propias, hemos recibido ofensas, acoso e incluso amenazas de violencia y muerte. También hemos sido objeto de campañas de desprestigio y nos han cuestionado "qué intereses están detrás de ese proyecto": les cuesta creer la forma orgánica en que nació y se mantiene.

No soy ingenuo: las élites tratarán de defender sus cotos de poder a como dé lugar y actuarán en contra de quienes tengan que hacerlo. Como dice Michael Sandel en *La tiranía del mérito*: "Quienes aterrizan en la cima quieren creer que su éxito tiene una justificación moral". Y esa creencia, muchas veces, será defendida con medios inmorales, incluso violentos e ilegales.

Soy muy transparente en mi posicionamiento político. Este es un libro escrito desde el espectro de la izquierda. Busca el mayor bienestar y florecimiento humano para todas las personas. Es un libro que cree que todo lo que producimos como sociedad debe ser para el disfrute de la sociedad en conjunto. Todo es para todos, porque todas las personas somos responsables, social e históricamente, de lo que algunos acaparan.

Seguramente mi interés político y mi objetivo con este libro están empapados de mi historia personal, y también soy transparente en eso. Escribo desde "de la calzada para allá", el oriente de Guadalajara. Para quienes no conozcan mi ciudad, se trata de una urbe sumamente segregada de forma espacial, y los ingresos, la riqueza y el poder están acaparados por algunos hogares al poniente de la famosa calzada Independencia, una calle que nos divide objetiva pero también simbólicamente.

Escribo desde el punto de vista de alguien que nació en un hogar vulnerable y precario. Desde el punto de vista de alguien que siempre estudió dentro del sistema de educación pública. De alguien que comenzó a entender la magnitud de las riquezas y las ventajas con las que muchos cuentan cuando salió de su burbuja del barrio y tuvo que viajar cuatro horas diarias a la universidad (que igual era otra burbuja por ser "universidad pública"). Definitivamente, estos sesgos están presentes y tienen que ser puestos sobre la mesa.

Quiero agradecer a todas las personas que han hecho posible este libro. Más que el resultado de méritos propios, este libro es una compleja suma de comunidad, solidaridad y suerte.

En primer lugar, agraceder a Eduardo Flores, a Enrique Calderón, a Scarlet Perea, Diana Sánchez, Elizabeth Sánchez, Carolina Orozco y a todo el equipo de Penguin Random House, por el interés en publicar este libro, la paciencia y el apoyo para lograrlo.

De igual forma, agradezco a la Universidad de Guadalajara (UdeG), donde actualmente trabajo, así como a las distintas escuelas, instituciones y organizaciones por donde he pasado a lo largo de los años, especialmente a El Colegio de México, al programa Atlantic Fellows for Social and Economic Equity (AFSEE) de la London School of Economics (LSE), a Oxfam México y a Fundar, Centro de Análisis e Investigación, entre otras. Por cierto, este libro se escribió en gran medida en las instalaciones de la UdeG, así como en la biblioteca pública Flavio Romero Velasco en Tlaquepaque y en la Biblioteca Estatal de Berlín, por lo que también se les agradece.

Agradezco a mis colegas del activismo, de la academia y mis amistades, quienes todas han dejado huella alguna tanto en mí como en este libro (en orden alfabético): Adriana Montiel, Alejandro Marín, Aline Zunzunegui, Anahí Rodríguez, Anaid Alcázar, Andrés de la Peña, Armando Rosales, Carlos Brown, Carlos Iván Moreno Arellano, Celia Córdova, Daniel Zazueta, Diego Alejo Vázquez, Diego Castañeda, Diego Merla, Emma Oropeza, Hernán Gómez Bruera, Ignacio Lanzagorta, Iván Benumea, Jorge Ramírez, Juan Antonio del Monte, Luis Ángel Monroy, Luis Arévalo, Mariana Casillas, Mariana Ortiz, Melisa Pineda, Milena Dovalí, Paloma Villagómez, Pavel Díaz, Raúl (Ruso) Bravo Aduna, Raúl Zepeda Gil, Regina Ortuño, Roberto Rivera, Rosalba González Loyde, Rubén Aguijosa, Sabino Vázquez, Tania Altamirano, a los *Pokestickers* y mis amigos de *escuela de numerito*.

También agradecer a aquellas personas que me han abierto espacios en medios de comunicación y divulgación a lo largo de tantos años, como Ruso y su legendario blog *Economía y Sociedad* en *Nexos*, Claudia Ramos (Mala Madre) y las colegas de *Animal Político*, Luisa Cantú y el equipo de *Chilango* y *Radio Chilango*, Omar García, Rubén Martín, Jesús Estrada y todas las de *Radio Universidad de Guadalajara*, Julieta García y la gente en su momento de *Este País*, a las colegas que han pasado por los podcast de *El Café de la Mañana* y de *Tribu Política*, a Gabriela Warketin y su equipo, así como recientemente el interés de Mario Andrés Dorantes y las colegas de *El Universal*, entre otros.

Agradecimiento especial a mis mentores: Enrique Valencia, Carlos Barba, Julio Boltvinik; y a mis profesores y profesoras Araceli Damián, Patricio Solís, Laura Flamand, María Jesús García, Nora Ampudia y un número inmenso de maestros que me han formado en mi largo trayecto por la educación pública. Igualmente, agradecer al profesor Jorge López Arce, a quien le habría gustado leer este libro. Y también agradecer a todas y todos los estudiantes a quienes he impartido clase y de quienes he aprendido tanto.

Gracias también a Julio Boltvinik (otra vez), a Alexandra Haas, a Julio Hernández, a Patricia Mercado y al Ingeniero Cuauhtémoc Cárdenas, quienes tuvieron oportunidad de ver el borrador del libro. Y también agradecimientos especiales a mis queridas amigas, Alma Luisa Rodríguez Leal-Isla, que me ayudó a escribir mi semblanza, y a Monn Vargas, quien me tomó la fotografía que aparece en este libro.

No podría dejar de agradecer a mi familia, nuclear y cercana, sin quienes no habría tenido la formación y el sentido de justicia que me dieron desde pequeño, especialmente a mi madre, mi padre y mi hermana. También a mis abuelos, y especialmente a mis abuelas, que, aunque no tuvieron oportunidad de terminar la educación primaria, eran asiduas lectoras de periódicos o libros de política, y seguramente hubieran estado muy felices de saber de la publicación de este libro.

Por otro lado, también agradecer a mi pareja, Viridiana Montiel, a quien realmente le debo gran parte de este libro por el apoyo, las conversaciones, las ideas, los cuidados y el cariño vertidos durante la escritura del mismo, pero también durante todos los años en que estas ideas germinaron y florecieron, poco a poco, hasta lograr lo que ahora mismo están leyendo.

Y bueno, aunque parezca menor, un enorme agradecimiento a mis tres gatitos contra la desigualdad: Chan, Kato y Gatita, sin quienes seguramente no habría surgido la idea de ese bonito proyecto de divulgación. Claramente, las ideas aquí vertidas son completamente mi responsabilidad, no de mis gatitos.

INTRODUCCIÓN

México y el resto de Latinoamérica son sociedades sumamente desiguales. Pero también son sociedades que creen fervientemente en los mitos de la narrativa meritocrática y, en gran medida, perciben dichas desigualdades como legítimas.

La narrativa meritocrática propone una explicación clara, si bien no necesariamente verídica, sobre las jerarquías y la estratificación social, sobre la riqueza y sobre la pobreza. De acuerdo con esta narrativa, y según el significado específico de la palabra, una sociedad meritocrática es aquella gobernada por los ganadores o los mejores; es el gobierno de los mejores.[1] Para esta noción de sociedad, el poder y los bienes económicos son distribuidos entre las personas de acuerdo con sus méritos.[2]

Así pues, en cuanto a la riqueza, la narrativa meritocrática justifica la posición de las personas acaudaladas en la cima de la estructura social argumentando que tienen más talento, hacen mayores esfuerzos o poseen más creatividad que el resto de la sociedad. En el otro extremo, esta narrativa culpa a los pobres[3] de su posición en la base de la pirámide a través de justificaciones sobre su supuesta cultura, pereza y malos hábitos. Ambas explicaciones, sobra decir, son dos caras de la misma moneda.

Bajo la narrativa meritocrática y estas explicaciones de la pobreza y la riqueza, la extrema desigualdad en nuestras sociedades se sostiene porque creemos que es legítima. Creemos que cada quien recibe lo que merece. Creemos que el pobre es pobre porque quiere y que el rico es rico por talentoso y por trabajador.

La conceptualización de la meritocracia fue acuñada por el sociólogo Alan Fox hace ya casi siete décadas, en su artículo "Clase e igualdad", publicado en la revista *Comentario Socialista*. Describe la idea de una sociedad meritocrática como una donde aquellos con supuestos talentos y méritos cosechan los beneficios de "sus (dudosas o admirables) habilidades, pero reciben demasiados beneficios", de una forma excesiva, que hace que el resto de la sociedad sufra. Para este autor, la meritocracia es un término abusivo.[4]

Luego el término *meritocracia* sería popularizado por Michael B. Young en su libro *El ascenso de la meritocracia*, de 1958, una distopía futurista que narraba lo indeseable que sería que una sociedad fuera dominada por este principio. En el grado más ridículo de esta distopía, el coeficiente intelectual determinaría la estratificación social, y la sátira llegaría al grado de surgir algo similar a un mercado ilegal de cerebros de bebés.[5]

Así pues, es muy importante que quede claro, desde el inicio de este libro, que el término *meritocracia* nació en el seno de escritores socialistas y escépticos a esta forma de ordenamiento de la sociedad, ya que denostaban la idea de una sociedad regida por el supuesto mérito y las habilidades innatas.

Posteriormente el término sería resignificado por Daniel Bell y otros autores, en las décadas donde tomó fuerza la corriente neoliberal en las ciencias sociales y se apoyó la visión de una sociedad basada en el mérito, el esfuerzo y el talento individuales.

La perversidad de la narrativa meritocrática: la meritocracia es el discurso de los opresores

El mito de la meritocracia se sostiene con "anécdotas legendarias" que buscan vencer la realidad de las estadísticas. Se trata de una narrativa perversa en cuanto que es nutrida y reproducida por las élites que buscan convencer al resto de la población de una mentira que las beneficia, una mentira que logra justificar y legitimar la desigualdad, perjudicando a la sociedad en su conjunto, pero más aún a los hogares más pobres.

Cuando la narrativa meritocrática legitima las extremas desigualdades por las cuales una persona (como Carlos Slim) supuestamente "merece" poseer la misma riqueza que el conjunto de la mitad más pobre del país entero (más de 60 millones de personas), recurre a mentiras tan alejadas de la realidad que no le piden nada a la antigua creencia del *derecho divino* de la monarquía y la aristocracia, o a la *frenología*, que justificaba que los esclavistas eran "humanos superiores" respecto de "sus esclavos", a quienes explotaban.

Bajo el cobijo de la perversa narrativa meritocrática, y durante las décadas neoliberales, se ha popularizado un amplio conjunto de conceptos y mitos asociados, como el del *emprendedurismo*, que busca equiparar los proyectos de pequeños negocios individuales con los grandes empresarios herederos de inmensas riquezas (y tiene efectos interesantes en la percepción de nuestra propia clase social y respecto a la lucha de clases); o la *resiliencia* de los más pobres como una forma de lavarle la cara a la inmoralidad de la precariedad y la vulnerabilidad en una sociedad desigual en extremo; y en general los diversos mitos que se estarán analizando en este documento.

Si bien parece inofensivo que el heredero de una familia multimillonaria aparezca en un programa televisivo o en redes sociales comentando cómo cree que su esfuerzo y talento son lo que explica su inimaginable riqueza, dando consejos de "7 pasos para hacerte rico", al estilo *Padre rico, padre pobre*, en términos estructurales es perverso que la clase dominante reproduzca e imponga las ideas que justifican la opresión que ejercen y el inmenso poder que amasan.

En lo que estaré compartiendo en este libro, mi interés mayor no se centra en criminalizar o culpabilizar como tal a determinados individuos (por más que haya ejemplos de personas en específico que ilustrarán el texto); busco señalar el problema de la desigualdad y su intento de legitimación como un asunto de clases sociales, antagónicas en muchos sentidos, con inercias históricas que, en mayor o menor medida, determinan el actuar individual.

Es sorprendente la fuerza de la narrativa meritocrática en las representaciones y percepciones sobre la justicia distributiva en México y en el resto de Latinoamérica, entendiendo esta como la forma en que se determina legítimo y justo que se distribuyan los bienes preciados de la sociedad, la riqueza, los ingresos, los derechos y, en general, el bienestar. Es decir, domina la percepción de que el "esfuerzo" y el "talento" son las variables clave para el éxito y la posición de los individuos en la jerarquía social.

En el mejor de los casos, se percibe que la sociedad no se organiza de forma meritocrática, pero se piensa que "así debería ser". ¿Por qué domina con tal fuerza la narrativa meritocrática? ¿Por qué se toleran y legitiman niveles tan amplios de desigualdad en nuestras sociedades?

El problema no es solo que exista la meritocracia, sino los efectos morales y subjetivos perversos que provoca esta narrativa. La narrativa meritocrática es perversa, pues genera soberbia en los ricos y humilla y estigmatiza a los pobres. Asume que todos merecen lo que tienen y que cualquier fracaso o éxito es pura responsabilidad individual. Produce culpa en los pobres y un falso sentimiento de merecimiento en los más ricos.

La narrativa meritocrática ha hecho que las personas se crean la visión individualista del mundo, olvidando que los logros de cada persona son resultados colectivos y de su contexto. Por eso parto de una perspectiva distinta y creo que debería ser más popular. Como dice el concepto de *ubuntu*, "soy porque somos", es decir, todos los logros de los individuos son la suma de muchísimas acciones sociales, actuales e históricas, muchas de ellas solidarias y desinteresadas. El bienestar de los individuos está inequívocamente vinculado al bienestar de la colectividad, y viceversa.

Por eso el énfasis en la narrativa meritocrática es perverso, porque busca que nos olvidemos del componente social e histórico de los resultados de nuestras vidas. Para todas las personas que lean esto y sientan que "han fracasado": no merecen esa humillación, no merecen sentirse así. Y para todas las personas que crean de forma soberbia que su esfuerzo es lo único que explica su éxito, sepan que no hay nada más alejado de la realidad. Le debemos tanto a la colectividad que tal vez ni siquiera lo podemos imaginar.

La paradoja de la meritocracia

Hay un aspecto de la meritocracia que parece paradójico: en países tan desiguales como México es más común creer en la meritocracia (respecto de los países con niveles más bajos de desigualdad). De hecho, una de las hipótesis dentro del campo de investigación de la justicia distributiva,[6] y que ha sido encontrada en el análisis de las percepciones sobre desigualdad en algunos países occidentales, postula que en aquellas sociedades con mayores niveles de desigualdad hay también una mayor creencia en la meritocracia.[7]

En Latinoamérica, la información sobre las distintas dimensiones de la justicia distributiva es escasa. En todo caso, la poca evidencia existente parece indicar que también aquí se reproduce la paradoja de la meritocracia. Al analizar los datos de la ECosociAL,[8] se encuentra que Guatemala y México son los países que más creen en la meritocracia[9] de un total de siete países. Al igual que lo encontrado en países del Norte Global, Guatemala y México se encuentran entre los países con mayores niveles de desigualdad de la región (especialmente el primero)[10] y son también quienes más creen en la meritocracia.

Como se puede observar, el caso de México dentro de Latinoamérica es especial en términos de representaciones de la justicia distributiva, pues, aun cuando es de los países que más se ve a sí mismo como una sociedad meritocrática, no destaca por ser un país con alta movilidad social, igualdad de oportunidades o resultados, ni por reportar un

23

GRÁFICA 0.1
Grado de creencia en la meritocracia

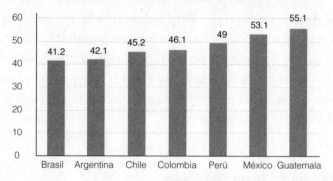

FUENTE: Elaboración propia con base en la ECosociAL (2007).

nivel importante de redistribución vía el Estado. Efectivamente, la desigualdad y la meritocracia en México son una paradoja. Las investigaciones sobre esta situación encuentran diversas explicaciones para este proceso, entre las que destacaré algunas a continuación.

Segregación y visibilidad de la desigualdad afectan la meritocracia

La primera es la que señala la menor sociabilidad y mayor distanciamiento social en sociedades con niveles de desigualdad más altos. La idea fundamental es que un mayor nivel de desigualdad dentro de las sociedades implica una mayor segregación social entre los diferentes estratos: evita que se compartan espacios educativos, sociales y de consumo, y el menor conocimiento del otro social repercute en la menor generación de empatía entre distintas clases sociales y el menor entendimiento de las condiciones que llevan a que las otras personas ocupen el lugar que tienen en la pirámide social. Según Mijs, en sociedades sumamente desiguales, la amplitud de la brecha entre ricos y pobres forma una barrera, no solo social y física, sino también cognitiva y de socialización, lo cual termina por subestimar tales distancias.[11]

24

Distintas investigaciones durante los últimos años han encontrado resultados similares.[12] Por ejemplo, en mi investigación de tesis doctoral sobre percepciones de desigualdad y la narrativa meritocrática en la Ciudad de México, encontré que la creencia en la meritocracia era más clara y presente en barrios de la ciudad con alta heterogeneidad.

Específicamente, al estudiar la colonia Del Valle (una colonia ubicada en el corazón de la alcaldía Benito Juárez, tradicionalmente de clase media alta y alta) y el barrio de San Miguel Teotongo (en el extremo oriente de la alcaldía Iztapalapa, con altos niveles de pobreza y vulnerabilidades de forma histórica), encontré que su manera de habitar la ciudad forma una especie de "burbujas de clase": las personas con las que suelen tener contacto cercano, en igualdad de condiciones, no de forma jerarquizada, son básicamente de la misma clase social, lo que se extiende a sus lugares habituales de ocio, esparcimiento, educación, etcétera; esto está íntimamente relacionado con sus percepciones sobre las causas de la pobreza, riqueza, desigualdad, meritocracia y sus opiniones respecto de los programas sociales.

Algo distinto ocurría en colonias donde la desigualdad es más claramente visible, como en los límites de Pedregal de Santo Domingo y la colonia Romero de Terreros en Coyoacán (cerca de Ciudad Universitaria). En resumen, el contacto con otros estratos sociales, la visibilidad de la desigualdad y la segregación socioespacial de las ciudades están asociados con la creencia en la narrativa meritocrática.

Otro ejemplo muy claro de los efectos de estas burbujas de clase se hizo viral en TikTok hace poco tiempo: en un video les preguntaron a estudiantes de la Universidad Anáhuac (una universidad privada para clase alta o media alta), en Mérida, sobre "ideas de cómo podrían salir de la pobreza extrema". Los estudiantes dieron respuestas que incluían "trabajar", "no rendirse", "hacer inversiones", "inventar un negocio, algo innovador" y aun "pedir dinero a sus papás" y "ponerse a vender algo".[13] Estas respuestas contrastan con las que luego obtiene el mismo entrevistador, pero en una universidad pública. Lo que más destaca, en mi opinión, es la desconexión total de las clases altas (o medias altas) con el entendimiento de por qué alguien vive en situación de pobreza y por qué no puede salir de ahí.

Dicho de otra manera, es difícil que alguien de estrato medio alto o alto, que no conoce a personas en situación de pobreza, entienda cómo esta se genera principalmente por condiciones estructurales y no por elección individual. En ese sentido, es más fácil que crea la mentira de que "el pobre es pobre porque quiere" o los mitos asociados con esta narrativa, los cuales analizaré a lo largo de este libro. De manera similar, si nunca has conocido a un multimillonario, podría ser fácil creer, como las narrativas hegemónicas aseguran, que para llegar a tal nivel de acumulación se requiere talento, capacidades y trabajo duro, aunque esto no se sostenga en información real (como lo analizo en el capítulo 2).

"Yo soy clase media": sesgo de clase y naturalización de las desigualdades

En México, 7 de cada 10 personas se sienten de "clase media", pero al menos la mitad de ellas están en situación de pobreza. Por eso otro de los factores importantes para entender la paradoja de la meritocracia, en el caso específico de México, es lo que llamamos *sesgo de clase*. Como mencionaba, hay un componente importante de la población que se percibe a sí misma como de clase media,[14] a pesar de que sus características socioeconómicas claramente la ubicarían en un estrato bajo, según datos de la Encuesta Nacional de Pobreza (Enapobreza).[15]

CUADRO 0.1

Relación entre estratos socioeconómicos objetivos (observados) y clase social subjetiva (% de personas)

Estrato social (objetivo)	Clase social subjetiva			
	Clase baja	Clase media	Clase alta	Total
Estrato bajo	19.6%	30.2%	0.9%	50.7%
Estrato medio	6.3%	36.1%	4.2%	46.6%
Estrato alto	0.1%	1.3%	1.3%	2.7%
Total	26%	67.6%	6.3%	100%

FUENTE: Elaboración propia con datos de Enapobreza (2016).

Estos sesgos de clase explican cómo es que en ocasiones una persona puede hacer suya una narrativa como la meritocrática, a pesar de vivir en condiciones muy precarias, debido a que se piensa a sí misma de clase media. Una hipótesis similar menciona que las personas de estratos bajos y medios pueden defender a las de clase alta si esperan algún día poder tener movilidad social ascendente y llegar a esa clase social.

La tercera explicación que me interesa mencionar apela a otro tipo de aspectos subjetivos de la justicia distributiva: señala que, debido al proceso de naturalización de las desigualdades, nuestra aversión a estas como sociedad no se ve permeada tanto por el nivel absoluto de desigualdad, sino por los cambios recientes en el tiempo. Con los datos analizados de la International Social Survey Programme, he encontrado que esta hipótesis es plausible, aunque requiere de un análisis con más información.[16]

"Mentirocracia": percepciones y preferencias sobre desigualdad y su reproducción

Como consecuencia de los procesos sociales involucrados en torno a la paradoja de la narrativa meritocrática, que encuentran diversas relaciones entre procesos subjetivos de la justicia distributiva, puede proponerse un ciclo de reproducción de la legitimidad de la desigualdad, como una versión ampliada del originalmente propuesto por Von Oorcshot.[17] En esta propuesta, la relación se da entre cuatro aspectos importantes: *1)* las percepciones sobre la desigualdad y los sesgos asociados, las cuales afectan y justifican; *2)* las narrativas que legitiman la desigualdad, como la meritocrática, que a su vez propician o no *3)* la exigencia de políticas redistributivas; y, por último, estas políticas terminan generando *4)* los cambios objetivos en términos de desigualdad y distribución en la sociedad.

IMAGEN 0.1
Ciclo de reproducción de legitimidad de desigualdad

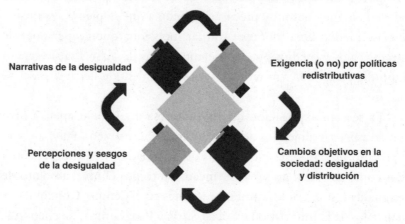

Narrativas de la desigualdad

Exigencia (o no) por políticas redistributivas

Percepciones y sesgos de la desigualdad

Cambios objetivos en la sociedad: desigualdad y distribución

FUENTE: Elaboración propia.

Si bien el campo de investigación de representaciones sobre justicia distributiva, específicamente sobre la narrativa meritocrática, es relativamente reciente en el país y en la región, queda claro que es sumamente necesario profundizar en él para comprender mejor la reproducción de la legitimidad de la desigualdad en sociedades en extremo desiguales, como México y el resto de los países de América Latina.

Identificar las causas o factores asociados a la creencia en la meritocracia, el individualismo y otras narrativas que legitiman la desigualdad puede ser el paso clave para generar mayor apoyo público a las políticas redistributivas y lograr así modificar en el futuro los procesos que reproducen la desigualdad en el tiempo.

Mientras sigamos ocultando o invisibilizando las causas reales de la riqueza y la pobreza, la desigualdad seguirá reproduciéndose de forma cada vez más extrema. Esta sociedad de la "mentirocracia" trata de imponer narrativas que claramente se alejan de la realidad pero que se utilizan de forma intencional y buscan establecer una "historia del éxito" que legitime el extremo poder y riqueza acumulados en pocas manos. Mientras no luchemos contra la narrativa meritocrática, simplemente no podremos avanzar hacia una sociedad más justa.

Sobre el libro

Hasta este punto, ya debe haber quedado claro que este libro tiene por objetivo desmontar los distintos mitos que sostienen la narrativa meritocrática en sociedades con desigualdad extrema y creciente, como la mexicana.

A lo largo del texto recurro a la amplia evidencia que cuestiona estos mitos y analizo la información sobre el estado actual de las brechas que nos separan como sociedad. Además, un factor importante es que trataré de hacer uso de un lenguaje accesible, como lo he hecho a lo largo de mi carrera y en Gatitos contra la Desigualdad. No entiendo mi forma de escribir de otra manera.

Mi intención también es que este libro muestre cómo la narrativa meritocrática es un sueño no solo inalcanzable en México, sino que resulta funcional para legitimar la extrema acumulación a la par de la pobreza extrema. En ese sentido, no escribo solamente para el ámbito académico o para las organizaciones de la sociedad civil, sino que espero que cualquier persona pueda tomar este libro y, muy probablemente, se sienta identificada con al menos uno (o varios) de los agravios que impone la narrativa meritocrática y vea que, en realidad, no es su culpa, sino que es un problema de la sociedad en su conjunto.

En México no hay pobres que así lo quieren: hay pobreza porque hay riqueza descomunal; hay opresión, dominación y explotación, y tiene que quedarnos claro para exigir cambios transformativos en nuestra sociedad.

El libro se estructura alrededor de siete mitos relacionados con la narrativa meritocrática, que se analizan en cada uno de los capítulos que siguen a esta introducción. Entre estos, se encuentran aquellos asociados a la pobreza ("los pobres son pobres porque quieren"), la riqueza ("con esfuerzo y talento cualquiera puede volverse millonario"), el género y el racismo ("el patriarcado y el racismo no existen, se trata de clasismo"), la educación ("la educación te sacará de pobre"), la vivienda ("los jóvenes prefieren no tener viviendas"), la política social ("los programas sociales hacen dependientes del gobierno a sus beneficiarios") y los impuestos ("los pobres no pagan impuestos").

Cada capítulo consta de cuatro apartados. El primero comienza mostrando cuáles son los mitos asociados a la narrativa meritocrática de los que se parte. Luego, se expone la evidencia científica que refuta estos mitos. En un aparato posterior se reflexiona sobre las causas estructurales detrás de dichos problemas. Y, por último, cada capítulo analiza las formas y estrategias para luchar contra dichas desigualdades.

Escanea este código QR para descargar datos y procedimientos estadísticos utilizados en este libro.

MITO 1

Los pobres son pobres porque quieren

Gran parte de la legitimidad de la desigualdad en una sociedad como la actual reside en aceptar los mitos de la narrativa meritocrática sobre la pobreza como un fracaso personal, un problema individual; algo indeseable, sí, pero que "se lo han buscado las mismas personas con sus propias acciones".

Mediante estos mitos de la narrativa meritocrática, se ha avalado la pobreza, al ser un resultado individual, al mismo tiempo que se invisibilizan las causas estructurales que la determinan y las relaciones de opresión que provocan que para una gran mayoría de personas que nacieron pobres su destino más probable sea morir pobres, independientemente del esfuerzo y el talento[1] que tengan.

Mientras la pobreza sea entendida y justificada de esta forma, se antoja difícil hacer un esfuerzo suficiente para ejercer acciones que nos permitan vivir en una sociedad donde nadie viva en situación de pobreza. Y es que distintos ejercicios estadísticos muestran claramente que nuestra sociedad actual tiene suficiente dinero para que nadie viva en pobreza, pero, al legitimar la desposesión de los pobres y la acumulación de los ricos, se niega a acabar con la pobreza inmediatamente.

Revisemos un ejemplo sencillo. De acuerdo con las estimaciones más recientes,[2] al menos 670 millones de personas en el mundo siguen viviendo en pobreza según la definición del Banco Mundial; esto es, con ingresos diarios por debajo de los 2.15 dólares (más adelante complejizamos mucho más la noción y el concepto de pobreza). A su vez, el promedio del producto interno bruto per cápita en 2022 fue de 12 mil 688 dólares.[3] Tomando algunas concesiones metodológicas por cuestión de simplicidad para este ejemplo, en 2022 se habrían generado ingresos suficientes para que cada persona tuviera uno de hasta 10 veces el valor de la línea de pobreza extrema. Aun así, como sociedad, elegimos mantener a cientos de millones de personas con carencias —inimaginables para muchos.

A continuación, propongo entender con más profundidad qué es lo que señalan la narrativa meritocrática y sus mitos respecto de la pobreza como falla personal para luego analizar sus causas reales y las posibles formas de reducirla.

La pobreza como una falla personal

La narrativa meritocrática y los mitos culpabilizantes de la pobreza están en todos lados en la actualidad. Recuerdo que hace casi 10 años, cuando estaba comenzando mis estudios de doctorado en El Colegio de México, me encontré con una publicación en Facebook que preguntaba: "¿Cuáles son las causas de la pobreza? Ojo, a la pobreza, a la falta de dinero" (*sic*). En esa publicación, entre las respuestas más *likeadas,* me encontré con las siguientes:

- "La primera causa es sentirte pobre y la siguiente es sentirte incapaz de dejar de serlo".
- "La sobrepoblación, la falta de voluntad de querer ser productivo. Vivir bajo la expectativa de otro los haga" (*sic*).
- "Una mala administración, inflación monetaria. Desempleo, trabajos mal pagados. Corrupción, etc. No hay pobreza ese es

un pensamiento psicológico humano por que pese a que la economía este como este tu puedes muy bien. Educarte trabajar ganar dinero y tener para sostenerte a ti y a tu familia sin estar pasando necesidades que la gente no aproveche bien sus capacidades es otra cosa" (*sic*).

- "Tantos prejuicios que te llenan desde que naces, como por ejemplo, que el dinero es malo, que naces pobre y te mueres pobres, por comentarios mediocres que te crees es un factor muy importante" (*sic*).

"Sentirse pobre", la "sobrepoblación", "falta de voluntad", "prejuicios" y "creer que el dinero es malo" son las explicaciones de la pobreza que mencionaban en dicha publicación de Facebook. Y estas afirmaciones no son poco comunes. Todas las personas han escuchado al menos una vez a alguien decir que "el pobre es pobre porque quiere". Y si nos dicen que no, mienten.

Se comunican en las redes sociales miles de veces al día. Están presentes en la novela de las 8:00 p. m. Surgen en los noticieros. Las reproducen las y los profesores en las aulas de clase. Nos las comentan en casa nuestros papás, mamás y familiares. Analicemos más a profundidad estas narrativas y sus orígenes.

Narrativa meritocrática y pobreza

Como ya se adelantaba, la narrativa meritocrática tiene básicamente dos caras. Una de ellas hace referencia al talento y al esfuerzo que poseen las personas que ocupan los estratos más altos de la sociedad. En la otra, de forma lógica, se encuentran "los menos talentosos", las personas que "no se esforzaron", las que merecen estar ahí porque, seguramente, algo hicieron mal.

En su forma más desfachatada, la narrativa de la meritocracia hace un juicio sumario contra los pobres y los culpa de no haber tomado las oportunidades para salir adelante. Porque el mundo está lleno de oportunidades, pero ellos se rehúsan a aprovecharlas, quizá por factores culturales, costumbres heredadas y arraigadas que explican, se supone, el comportamiento poco estratégico que no logró generar riqueza.

La comprobación del mito del "pobres porque quieren" es una especie de profecía autocumplida: "Si son pobres, es una señal de su fracaso, porque las oportunidades son abundantes, y seguramente no las tomaron". Aquí no cabe cuestionamiento a los supuestos de "oportunidades para todos" ni a los factores estructurales que podrían explicar la situación.

Desde hace décadas, en la academia se ha propuesto una variedad de clasificaciones distintas para entender los atributos de la pobreza, es decir, las explicaciones que las personas creen sobre el origen de esta.[4] La primera de estas es tal vez la que planteó el sociólogo Joe Feagin en 1972. Dentro de esta clasificación, se proponen tres categorías de factores agrupados dependiendo de si refieren a factores internos o externos al individuo. En los factores externos, se encuentran las explicaciones *fatalistas* y *estructurales*, mientras que en los factores internos están las explicaciones *individualistas*.

Esta clasificación fue retomada por un grupo de investigación de la UNAM para la realización de la Encuesta Nacional de Pobreza (Enapobreza)[5] en 2015. En el siguiente cuadro se puede observar la frecuencia con la que las personas encuestadas respondieron la pregunta sobre las explicaciones que le atribuyen a la pobreza.

Como se puede observar, la explicación más frecuentemente elegida fue la de que "el gobierno no funciona bien", que forma parte de las explicaciones estructurales, con 25% del total de respuestas. Por su parte, la segunda explicación más frecuentemente elegida fue la de que "los pobres no trabajan lo suficiente", con 21% del total.

Al sumar por categorías, las fatalistas reúnen 41% del total de respuestas, mientras que las explicaciones estructurales alcanzan 35% y las individualistas llegan a 24%. Así pues, parecería que en realidad las personas en México les asignan una ponderación baja a las variables individuales para entender las causas de la pobreza.

Pero tal conclusión pasa por alto que algunas de las explicaciones fatalistas (como las que refieren a "la voluntad de Dios" o "en el mundo

CUADRO 1.1
Factores que explican la pobreza, de acuerdo
con la percepción de la población

Ámbito	Categoría de las causas	Explicación	%
Externo	Fatalistas	1. Es la voluntad de Dios.	5%
		2. En el mundo siempre hay pobres y ricos.	18%
		3. La sociedad es injusta.	8%
		4. Han tenido mala suerte.	10%
	Estructurales	5. Ninguna institución les ayuda.	10%
		6. El gobierno no funciona bien.	25%
Interno	Individualistas	7. Los pobres no se ayudan entre ellos.	3%
		8. No trabajan lo suficiente.	21%

FUENTE: Elaboración propia con base en Enapobreza (2015).

siempre hay pobres y ricos") de alguna manera también desincentivan cualquier interés por cambiar algo sobre la pobreza en la sociedad (de ahí que se las conozca como fatalistas).

Existen varios datos con los que se puede estimar el apoyo a la explicación meritocrática de la pobreza; dicho de otra manera, la adherencia al mito de "los pobres son pobres porque quieren". Por ejemplo, en la Encuesta Nacional de Discriminación para México,[6] se pregunta si "los pobres se esfuerzan poco por salir de su pobreza". Los resultados mostraban en 2017 que casi 40% de la población estaba de acuerdo con dicha frase, lo cual es un valor sumamente alto.

La buena noticia es que para 2022 esta cifra había disminuido a 34%, lo cual, si bien es una reducción significativa en términos estadísticos, sigue mostrando a un amplio porcentaje de la población que está de acuerdo con frases tan crudas que culpan y estigmatizan a aquellos identificados como pobres.

Aunque ya se ha mencionado que uno de los aspectos más importantes de la narrativa meritocrática es culpar a las personas en pobreza de su propia situación, valdría la pena tratar de entender con mayor profundidad el arraigo histórico y la evolución de la concepción que la sociedad en general tiene sobre los pobres.

El merecimiento de la pobreza y las Leyes de Pobres

A continuación, traeré tres conceptos que pueden ayudarnos a entender nuestra concepción de la pobreza actual: las *Poor Laws* del siglo XVI en Inglaterra, la *ética del trabajo* en el siglo XIX en Europa y la reforma a las Poor Laws, así como la *cultura de la pobreza* en el siglo XX.

Las Poor Laws inglesas (que podríamos traducir como "Leyes de Pobres") suelen estar entre los ejemplos más antiguos y popularmente citados cuando se analiza la relación de la sociedad con la pobreza, particularmente como un tema que sale del ámbito religioso (al que generalmente se había acotado) y se inserta en el de la "cuestión social",[7] es decir, dentro de los intereses de intervención pública.

Las viejas Leyes de Pobres suelen remitir a aquellas aprobadas en el siglo XVI en Inglaterra y que establecieron un sistema de apoyo (*relief*) para las personas en situación de pobreza, principalmente las de edad muy avanzada para trabajar o enfermas. Era un sistema de distintos apoyos que podían ser otorgados dentro de las *poorhouses* (equivalentes a lo que en español conocemos como "hospicios"), directamente en efectivo o en especie (comida o ropa). Estas Leyes de Pobres hacían poca distinción entre los beneficiados, lo que cambiaría con la reforma en el siglo XIX.[8]

Pero para entender la reforma de las Leyes de Pobres tenemos que hablar rápidamente de la ética del trabajo. De acuerdo con Bauman,[9] la ética del trabajo es una norma de vida referente fundamental para comprender a las sociedades modernas y, aquí podemos agregar, a las sociedades que se entienden o nombran "meritocráticas".

La premisa de la ética del trabajo es que, para vivir felices (o sobrevivir) en la sociedad, todas las personas deben hacer algo que el resto de la población considere "valioso y digno de pago". La otra cara de la moneda sería un antivalor: es moralmente dañino conformarse con lo que se tiene y "no buscar más". Así pues, "el trabajo es un valor en sí mismo", por lo que trabajar es bueno, y no hacerlo es malo.

Claramente, como el autor destaca, la ética del trabajo en la sociedad moderna contiene al menos dos suposiciones no explícitas. La primera es que la mayoría de la población tiene capacidad de trabajar y que podrá vender esa capacidad en el mercado, a cambio de lo cual obtendrá lo que merece.

El segundo supuesto de la ética del trabajo es que solo el trabajo cuyo valor es reconocido por los demás, es decir, aquel que puede ser vendido en el mercado y por el cual se puede obtener una remuneración o salario, tiene el valor moral.

Estos supuestos son problemáticos de muchas maneras para un amplio porcentaje de la población. Tal vez lo más obvio e importante es que no reconocen las actividades no remuneradas y de cuidados como "trabajo" con el valor moral de la norma de vida que es la ética del trabajo, lo cual tiene claros efectos diferenciados en términos de género.

La ética del trabajo buscó imponerse a la par de los avances de la Revolución Industrial. Para algunos, la ética del trabajo trataba de lidiar con el problema que estaban enfrentando los capitalistas, pues no lograban mantener "voluntariamente" una fuerza laboral que estuviera dispuesta a disfrutar de los supuestos beneficios de trabajar en fábricas a cambio de salarios de miseria.

Para Bauman, la ética del trabajo implicaba la imposición del control y la subordinación, por las buenas o por las malas. Así, ¿cómo serían compatibles las imposiciones narrativas de la ética del trabajo con las leyes que atendían a las personas en situación de pobreza o aquellas que voluntariamente elegían no trabajar y preferían mendigar (usando el ejemplo más exagerado posible)?

Que hubiera resistencia a la imposición de la ética del trabajo era prueba clara de la "relajación moral de los pobres", lo cual también ponía en evidencia, supuestamente, los frutos de la disciplina y la rutina rígida de la fábrica y el trabajo. El objetivo económico y moral era, entonces, lograr que trabajaran tanto los pobres como los "voluntariosamente ociosos".

Fue así como, en el siglo XIX, específicamente en 1834, se reformaron las Leyes de Pobres, dando paso a las conocidas New Poor Laws (Nuevas Leyes de Pobres), con disposiciones más estrictas y hasta estigmatizantes hacia la pobreza. Sería de esta forma que la imposición de la ética del trabajo podría resolver al mismo tiempo la tarea de conformar la fuerza laboral necesaria para la creciente industria y deslindarse de atender las carencias de las personas que, por una u otra razón, no se adaptaban a los nuevos cambios.

La reforma a las Leyes de Pobres en 1834 pretendía, según sus impulsores, "hacerles la vida imposible a los mendigos", lo cual, eventualmente, reduciría su número. Una cita que adjudica Bauman a Gertrude Himmelfarb dice: "Los mendigos, como las ratas, podían efectivamente ser eliminados con este método, [la imposición de la ética del trabajo y los cambios en las Leyes de Pobres] [...] los pobres y los desdichados están aquí solo como una molestia a la que hay que limpiar hasta ponerle fin".[10]

En resumen, las Nuevas Leyes de Pobres asumían la superioridad moral de cualquier persona, en las condiciones en que estuviese viviendo, solo bajo la condición de que el sustento propio viniese del trabajo asalariado.

Básicamente, los cambios en las Leyes de Pobres se podían resumir en el llamado *principio de menor elegibilidad*,[11] es decir, las condiciones de las personas asistidas por el Estado debían ser incluso menos atractivas que las condiciones de vida de la clase obrera empobrecida. Imaginemos lo que implicaba esto, si estamos hablando de que las condiciones de los asistidos, de los hospicios, debían ser peores que las de las fábricas de inicios del siglo XIX, las cuales eran de por sí tan terribles que despertaron los movimientos socialistas que luchaban por condiciones más dignas de trabajo. Vale la pena reiterar que el fin último de este principio de menos elegibilidad era incentivar la creación de la oferta de mano de obra para el nuevo mundo industrial.

En ese sentido, tal vez lo más relevante aquí sea hablar de cómo estas reformas introdujeron una categorización que sigue viva hasta nuestros días en gran parte del mundo occidental: la separación entre los pobres "merecedores" y los pobres "no merecedores". Ahora se cuestionaba si eran pobres "verdaderos", es decir, pobres cuyas condiciones les impedían trabajar y por eso no podían dejar de ser pobres; o si eran pobres que estaban en esa situación por "voluntad propia".

Bajo esta clasificación impuesta por la ética del trabajo, los pobres no merecedores, es decir, aquellos cuyo cuerpo sí les permitía trabajar (*able-bodied*, según la terminología en inglés), eran recluidos en *workhouses* (la traducción literal sería "casas de trabajo", aunque no es tan frecuente esa traducción en la bibliografía en español). Las *workhouses* tenían condiciones terribles y las personas ahí recluidas eran obligadas a trabajar; a cambio se les otorgaba algún sustento. Cualquier persona que podía trabajar y no lo hacía, ya fuera que se encontrara en un hospicio o recibiera apoyo del Estado (bajo la concepción de la ética del trabajo ya analizada), era forzada a trabajar en estas *workhouses*.

El resto de los pobres, es decir, los "pobres merecedores", vivían en hospicios (*poorhouses*), con condiciones también malas pero preferibles a las condiciones de las *workhouses*. Usualmente, en esta categoría se incluía a las personas adultas mayores que ya no tenían capacidad de trabajar, a las niñas y a los niños (normalmente huérfanos) y, en alguna medida, a las mujeres y personas con discapacidad (la forma y especificidad de cuándo se les incluía o no da para un análisis particular a profundidad).

Las consecuencias de estos cambios en las Leyes de Pobres debidos a la ética del trabajo son sumamente trascendentales para comprender en la actualidad la conceptualización de la pobreza y la relación del Estado con las personas que identifica como pobres.

Desgraciadamente, en gran medida, muchos de los mitos sobre la pobreza, incluso en la actualidad, siguen dividiendo a los pobres merecedores de los no merecedores; prevalece la idea de que si son pobres es porque no trabajan o no trabajan lo suficiente, como lo aseguraba al menos una de cada tres personas que respondió la Encuesta Nacional de Discriminación ya citada.

La pobreza como cultura

Otra de las raíces conceptuales importantes para comprender el origen de los mitos actuales sobre la pobreza es la *cultura de la pobreza*. Este concepto fue desarrollado por el antropólogo estadounidense Oscar Lewis a mitad del siglo XX, como resultado de sus investigaciones basadas en historias de vida de familias empobrecidas mexicanas, puertorriqueñas y cubanas. Las investigaciones del autor fueron sumamente populares, al grado de que incluso uno de sus libros más importantes, *Los hijos de Sánchez*, sobre la pobreza de una familia en la Ciudad de México, fue adaptado al cine años después.

En términos sencillos, la cultura de la pobreza hace referencia a la población atrapada en ciclos perpetuos de "comportamientos y actitudes disfuncionales". Una cita de Lewis lo ilustra así:

> Para cuando los niños de los barrios marginales tienen seis o siete años, generalmente han absorbido los valores y actitudes básicos de su subcultura y no están psicológicamente orientados a aprovechar al máximo las condiciones cambiantes o el aumento oportunidades.[12]

Dicho de otra forma, la cultura de la pobreza asegura que son las malas costumbres y las tradiciones de las personas en pobreza, o un sistema de valores deficientes que se transmite de generación en generación en el núcleo familiar, las que reproducen su precariedad.

Claramente, esta es una interpretación reduccionista, individualista y estigmatizante de la persistencia de la pobreza, y sería una conceptualización que se haría sumamente popular en Estados Unidos y a nivel global. ¿Cómo no iba a serlo? Esta perspectiva asumía que los pobres eran pobres por malcriados, por sus costumbres, y que no podía hacerse mucho por ellos dado que esa forma de vivir, esa cultura la tenían impresa hasta el tuétano en su comportamiento cotidiano. Básicamente, son pobres porque quieren, porque su familia les enseñó a vivir y a ser así.

Por ahora, resta mencionar que algunos autores, como Philippe Bourgois, señalan que la popularización del concepto de la cultura de la pobreza rebasa lo escrito por Lewis, que es una interpretación parcial y a modo de su trabajo antropológico, donde matizaba muy fuertemente la idea individualista y culpabilizante de la pobreza.[13]

Origen es destino: la realidad del "no querer salir de pobre"

El mito de que las personas pobres lo son porque quieren ignora claramente las condiciones estructurales que reproducen la pobreza. La realidad es que no se trata de un tema de voluntad, de falta de esfuerzo, de ganas de trabajar o de malas costumbres heredadas en la familia.

Se trata, en cambio, de una sociedad sumamente desigual, donde la riqueza y las oportunidades están acaparadas en pocas manos. Una sociedad donde la movilidad social es baja y donde básicamente la clase social en la que naces es la clase social en la que mueres. Una sociedad donde, independientemente de muchos factores individuales, la estructura se asegura de que "origen es destino".

La pobreza que permanece (y profundidad de la pobreza)

La historia reciente de la pobreza en México y en el resto de América Latina es básicamente una historia de permanencia, sin importar el esfuerzo y la cultura de las personas. La profundidad de la pobreza es tal que salir de esa situación es sumamente difícil.

Pero ¿qué es la pobreza? La acepción del término que se usará implica una elección epistémica y política. Las críticas desde la sociología de la pobreza hacia las conceptualizaciones más economicistas las retomaré en el capítulo 6. Pero por ahora valga la pena mencionar que, de acuerdo con los datos de la Enapobreza (ya citada), el 41% de la población en México piensa que la pobreza es "la falta de recursos para salir adelante", mientras que 32% cree que es "no tener para comer" y 10% lo relaciona con "no tener casa".

Siguiendo la respuesta más popular, tendríamos que preguntarnos cuál es la realidad de las personas en México que no tienen recursos para salir adelante. ¿Será acaso simplemente que "no quieren tener" recursos para hacerlo, como lo asumiría el mito meritocrático que estigmatiza a la pobreza? ¿No tener recursos es una consecuencia de la falta de esfuerzo y voluntad?

En realidad, la profundidad de la pobreza la vuelve una condición de la cual es sumamente difícil salir solo con esfuerzo. Diversos estudios muestran que la permanencia de la pobreza en México suele ser crónica, es decir, que la situación de pobreza se experimenta de forma consistente y persistente durante un periodo amplio, independientemente de los méritos y el esfuerzo: por ejemplo, Teruel encontró que 24% de la población en México, de 2002 a 2010, vivía en una situación de pobreza crónica mientras que 7% de la población presentaba una situación de pobreza extrema de forma crónica.[14]

Al respecto, las cifras de medición de la pobreza en México, desde el punto de vista de los ingresos (que conforman la serie más larga de la que se dispone actualmente, a diferencia de las series de pobreza multidimensional), muestran que de 1996 a 2006 la pobreza bajó casi de forma consistente, aunque luego presenta una clara tendencia de aumento entre 2006 y 2014, de relativo estancamiento de 2014 a 2020, y disminución en el último dato de 2022 (ver las gráficas 1.1 y 1.2). En el muy largo plazo, comparando las cifras de 1992 respecto de 2022, pareciera que hay un estancamiento, con excepción del último año registrado.

Las críticas a lo anterior son muchas. Las distintas aproximaciones teóricas y formas de medir la pobreza son fuente de reflexiones, y las discusiones sobre cuál es la forma más correcta de medirla han generado ríos de tinta en la academia.

De hecho, desde mi punto de vista, son mucho más adecuadas las mediciones del Método Multidimensional Integrado de la Pobreza (MMIP),[15] propuesto hace básicamente tres décadas y pionero entre las mediciones multidimensionales de pobreza. Cuenta con umbrales de pobreza más dignos que la medición oficial en México y la forma de integración de sus dimensiones no refiere sólo a la intersección de los

GRÁFICA 1.1
Evolución de pobreza por ingresos (1992-2022)
(millones de personas)

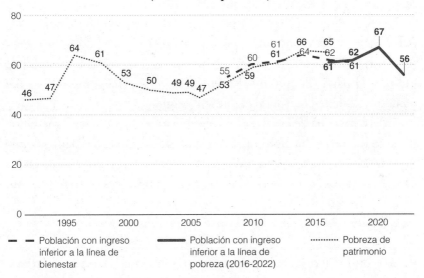

FUENTE: Elaboración propia con base en Coneval (2023).

GRÁFICA 1.2
Evolución de pobreza por ingresos (porcentaje de población en pobreza)

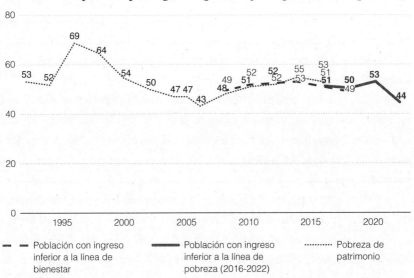

FUENTE: Elaboración propia con base en Coneval (2023).

conjuntos de ingreso y carencias sociales, como su par oficial sí hace. Esta medición de pobreza fue adoptada de forma oficial en la Ciudad de México en el sexenio que está por terminar.[16]

Los debates abordan distintos aspectos, como si la medición debería ser relativa o absoluta, unidimensional (usualmente del ingreso) o multidimensional, o cómo deberían establecerse los umbrales de pobreza (a partir de qué nivel de ingreso o de otras dimensiones del bienestar se debe considerar a alguien pobre).

Pero más allá de la medición en específico, sin contar las mediciones sumamente reduccionistas y minimalistas como la del Banco Mundial que cité al inicio del capítulo, encontramos consenso en que en los últimos 40 años la pobreza ha mostrado pocos avances en su reducción.

Nacer pobre: la condena de la falta de movilidad social

Para la gran mayoría de la población empobrecida, la explicación más sencilla a su situación es simplemente haber nacido en un hogar en pobreza, en una colonia o barrio pobre, en una ciudad o región empobrecida o en un país con tasas tan altas de pobreza como México.

Uno de los argumentos más convincentes contra el mito del "pobres porque quieren" es el que señala que, independientemente del esfuerzo y la voluntad de las personas en situación de pobreza, al menos 7 de cada 10 personas que nacieron en pobreza permanecerán así durante toda su vida.

La pobreza es prácticamente una condena perpetua en México y en el mundo, y no es una situación de la que se puede salir con acciones individuales solamente. Existen casos, efectivamente, donde las personas pueden salir de la pobreza, pero son una minoría, y habría que entender por qué.

Cuando una persona pasa de un estrato social a otro (como cuando se sale de la pobreza, por ejemplo), sucede lo que en términos académicos conocemos como *movilidad social*.[17] Así pues, la movilidad social refiere a "los cambios que experimentan los miembros de una sociedad en su posición en la estructura socioeconómica".[18] Esto quiere decir que hay tanto movilidad social ascendente (cuando una persona sube en su posición económica), como descendente (cuando una persona baja).

Lo que muestran las cifras para México es que la movilidad social ascendente es prácticamente un mito para la mayor parte de su población. Esto se pone en evidencia con los resultados de la última Encuesta de Movilidad Social (Emovi) del Centro de Estudios Espinosa Yglesias (CEEY) —que confirman otros datos previos del Inegi y otras ediciones de la Emovi.

La pobreza es tan alta en México que en ella viven entre 4 y 5 personas de cada 10. Así, el CEEY pone la *línea de pobreza* entre el quintil II y III, y, a partir de eso, nos da una cifra demoledora: de la población que nació en pobreza, 74% permanecía en la misma situación al momento de ser encuestada. Dicho de una manera más sencilla, 7 de cada 10 personas que nacen en pobreza en México permanecen en esa situación durante toda su vida.

GRÁFICA 1.3
Movilidad social intergeneracional en México (2019)

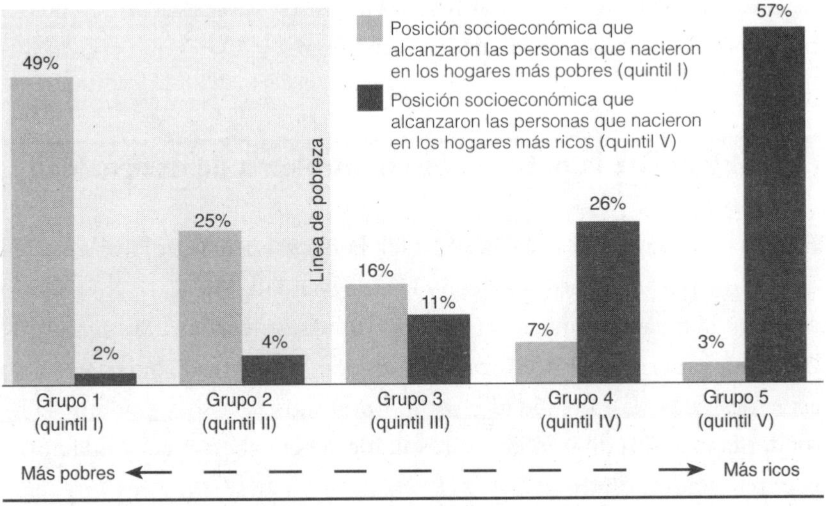

FUENTE: Mónica E. Orozco Corona, Rocío Espinosa Montiel, Claudia E. Fonseca Godínez y Roberto Vélez Grajales (2019), *Informe Movilidad Social en México 2019. Hacia la igualdad regional de oportunidades*, Centro de Estudios Espinosa Yglesias A.C., https://ceey.org.mx/wp-content/uploads/2019/05/Informe-Movilidad-Social-en-M%C3%A9xico-2019..pdf

Las cifras de movilidad social pueden darnos más detalles sobre cómo el origen es destino en México. Por ejemplo, el 94% de la población que nació en el 20% más rico del país (en el quintil V) nunca llegará a ser pobre. Haber nacido en ese estrato es casi un boleto seguro para nunca caer en la pobreza.

Aunque las causas de la riqueza no se tratarán hasta el capítulo 2, valga visualizar por el momento en la gráfica que 6 de cada 10 personas que nacieron en el 20% más rico del país (en el quintil V) seguirán viviendo en el mismo estrato durante toda su vida. Pareciera así que nacer pobre es una condena para vivir toda tu vida en pobreza, pero nacer rico es una garantía aún mayor de que siempre lo serás.

La movilidad social, además, puede verse desde una perspectiva interseccional, donde no es lo mismo nacer pobre y mujer que pobre y hombre; o nacer pobre y con tono de piel oscuro frente a pobre con un tono claro. Eso lo analizaremos con mayor detalle en el capítulo 3.

Esta es la realidad con evidencia frente a los mitos de la pobreza en México. No es que "el pobre es pobre porque quiere", sino que nació pobre, y eso implica casi una condena a la pobreza en nuestra sociedad.

Ahora, vale la pena preguntarse cuáles son las causas por las cuales nacer pobre es casi equivalente a morir pobre.

El problema de la pobreza es un problema de desigualdad

Entre las causas de la pobreza destaca la excesiva acumulación de recursos en pocas manos, es decir, la desigualdad. Aunque el discurso liberal y la narrativa meritocrática por muchas décadas han tratado de hacernos creer que la pobreza era parte de la cuestión social, pero no así la desigualdad, la realidad es otra. En el siglo XXI solo podemos entender la pobreza de uno como resultado de la excesiva acumulación y la explotación de otro.

El economista Branko Milanović[19] tiene tres argumentos sencillos por los cuales sería una falacia creer que podemos hablar de pobreza sin incluir la desigualdad. El primero es un argumento económico (para aquellas personas que solo están interesadas en la eficiencia económica y no en aspectos de justicia o morales), e indica que mayor desigualdad en un país se relaciona con menor crecimiento económico, y se antoja difícil acabar con la pobreza sin dicho crecimiento.[20] Esto se debe, en parte, a que, en una sociedad muy desigual, solo crecen la riqueza y los ingresos de las élites, lo cual, en promedio, implica bajas tasas de crecimiento económico generalizado.

Hay mucha evidencia (tal vez la más popular provenga de los trabajos de investigación de Piketty[21]) de la falsedad del antiguo mito de la *U invertida* de Kuznets, que decía que los países primero tenían que crecer desigualmente para, en una etapa posterior, crecer de forma que la desigualdad disminuyera. La realidad es que las fuerzas de acumulación de la riqueza tienen que ser reguladas y controladas para cualquier país en cualquier etapa de su desarrollo.

También conocida como *economía del goteo* (*trickle-down economics*) o *efecto derrame*, la suposición antes respaldada por gran parte de la academia ortodoxa de la economía era que primero los más ricos necesitaban acumular más riqueza en pocas manos y que, posteriormente, invertirían y generarían empleos que redistribuirían dicha riqueza. De ahí se justificaba la disminución de impuestos a los más ricos y a las empresas, así como los distintos incentivos fiscales en su beneficio.

Lo cierto, según la evidencia, es que mayor acumulación de riqueza en pocas manos no se relaciona con mayor inversión, mucho menos con más empleos[22] y aún menos con una futura redistribución de la riqueza. Vale la pena recordar el meme en el que la hija le pregunta a su mamá: "¿Cómo dijimos que funciona la economía del goteo?". La mamá responde: "Primero, el 1% se apropia de toda la riqueza". "¿Y luego?", dice la hija. "Eso es todo", finaliza la madre.

El segundo argumento que da Milanović sobre la importancia que debe darse a la desigualdad en el problema de la pobreza es que, en una sociedad más desigual, la movilidad social es menos probable, y, claramente, sin movilidad social no puede disminuir la pobreza.

En una sociedad con alta desigualdad, las familias más pobres no pueden darles a sus hijos las mismas oportunidades (de las que nos ocuparemos más adelante), como educación y salud, que los ricos sí pueden dar. Por eso los más pobres están en desventaja para salir de la pobreza. Lo importante aquí, para Milanović, es que esta desventaja es injusta, porque no se debe a diferencias de esfuerzo o talento, sino simplemente a la suerte de haber nacido en un hogar rico o no.

Además, esta desventaja es problemática porque evita que se desarrolle plenamente el supuesto potencial de quienes lo tienen de manera innata y evita que contribuyan positivamente a la sociedad.

El tercer argumento de Milanović es que, en una sociedad con alta desigualdad, los ultrarricos tienen poder político extremo y lo usan para influir en su beneficio. A esto se le conoce como *captura política*. Como dice Branko: "Alcanzamos aquí, por lo tanto, un punto final donde la acción de los que al principio se suponía que debían producir resultados beneficiosos destruye por su propia lógica el razonamiento original".[23]

Así pues, es inevitable que hablemos de desigualdad cuando queremos entender la razones por las que la pobreza existe en la sociedad actual, cuando queremos comprender por qué origen es destino y por qué nacer pobre es casi una garantía de que se morirá en pobreza.

La distribución del pastel de excedentes: salarios, precarización laboral y explotación

Cuando se crea o se produce algo, ¿quién se queda con las ganancias excedentes de lo producido? ¿Por qué? ¿Por qué no más (o menos)? ¿Es resultado de un acuerdo, de una negociación, de las fuerzas del mercado o de una imposición de quien tiene más poder?

Este clásico dilema que lleva siglos de discusión en la ciencia económica, el análisis de la distribución de los excedentes que producimos como sociedad, es importante para entender las causas de la pobreza. Y es que, si para entender las causas de la pobreza señalamos a la desigualdad y la acumulación excesiva de riqueza, es inevitable hablar de uno de los principales motores de la reproducción de la desigualdad en el tiempo: la repartición de los excedentes producidos y aquello de lo que se apropia cada quien.

Pensemos que los excedentes generados por la actividad económica son un pastel. Ese pastel tiene que repartirse entre quienes intervinieron para que existiera la ganancia. El análisis clásico de la economía propondría tres distintos factores de producción: tierra, trabajo y capital. Si sumamos la tierra y el capital como pertenecientes únicamente a la clase empresarial o burguesa, lo generado básicamente tendría que distribuirse entre dos clases sociales: la capitalista y los trabajadores.

Es por eso que en este análisis Pérez Sainz dice que "hay que priorizar las clases sociales porque son los sujetos sociales —por antonomasia— que disputan el excedente. Si hay excedente, hay clases, y estas solo existen en su pugna por el excedente".[24] La disputa del excedente, la distribución primaria o las diferencias en ese pago a los *factores de producción* (que realmente son clases sociales), es uno de los puntos clave para entender la persistencia de la pobreza y la desigualdad.

Desde la crítica socialista al sistema económico capitalista, y desde el punto de vista de la teoría del valor-trabajo de Marx (con orígenes parcialmente en la economía política-clásica, particularmente en David Ricardo), realmente el trabajo sería la única fuente generadora de valor. Como tal, toda apropiación del plusvalor, es decir, de todo valor que crea el trabajador por encima del valor propio del trabajo, por parte del capitalista sería la base de lo que se conoce como *teoría de la explotación* y de la acumulación capitalista.

Claramente, la disputa por los excedentes, por aumentar la explotación y despojar más a las clases trabajadoras de valor de lo que producen tiene resultados distintos a nivel mundial. En las economías capitalistas actuales hay una distribución de este pastel de los excedentes generados que varía de forma importante dependiendo de la sociedad de la que estemos hablando.

En la gráfica 1.4 se puede observar lo que les toca como pago a los trabajadores como proporción de ese pastel, ese valor producido generado por la actividad económica, así como aquello que toma la clase capitalista. En el caso del promedio total global, los trabajadores se quedan con apenas 49% de los excedentes generados.

Entre los países donde la proporción es mayor para la clase trabajadora, esta llega a quedarse con 65% del excedente, como en el caso de Chile, o 63% en Alemania y Brasil. Por debajo del promedio mundial están varios países latinoamericanos como Nicaragua (48%), Guatemala (46%) y Perú (45%). En el extremo más complicado para la clase trabajadora, tenemos el caso de México y Panamá, donde solo 35% de los excedentes se quedan en la clase trabajadora, mientras que la capitalista se apropia del 65%.

La baja proporción de los excedentes que va para la clase trabajadora en México se encuentra entre las principales razones por las cuales la pobreza en el país es tan generalizada. Los datos de las remuneraciones laborales para México, visibles en la gráfica 1.5, muestran un relativo estancamiento desde hace casi cuatro décadas. En 1994, cada persona ocupada ganaba en promedio 8 mil 289 pesos al mes por su actividad laboral (monto trasladado a pesos de 2022). Para el año 2022, la remuneración promedio era de 7 mil 737 pesos, es decir, 7% menos de lo que se recibía hace casi tres décadas.

No hay espacio aquí para profundizar en las características de la explotación laboral en México (y en el resto de Latinoamérica) y en cómo la apropiación de excedentes por la clase capitalista precariza a la clase trabajadora más allá del ingreso laboral. Pero se puede mencionar que la precarización laboral toma distintas formas, como la falta de acceso a seguridad social (en países como México el acceso está vinculado al empleo), la imposibilidad de mediación con un contrato escrito, las largas jornadas laborales, la subocupación y desocupación, entre otras.[25]

Un ejemplo de cómo la clase capitalista en México se ha negado a mejorar las condiciones laborales del país es la lucha por la reducción de la jornada laboral de 48 a 40 horas. Por primera vez en más de 100 años, se presentó una iniciativa legislativa para disminuir el número de horas que debería durar la jornada laboral en el país. La reforma se dictaminó en abril de 2023, y en septiembre de 2024 seguía sin aprobarse.[26] De hecho, la próxima presidenta de México, Claudia Sheinbaum, afirmó en una conferencia que no era un asunto prioritario en su gobierno.[27]

GRÁFICA 1.4

Proporción de ingresos laborales para la clase trabajadora (2020)

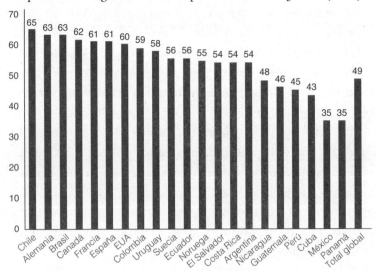

FUENTE: Elaboración propia con base en OIT (2020).

GRÁFICA 1.5

Evolución de los ingresos laborales, promedio mensual por hogar
(1984–2022)

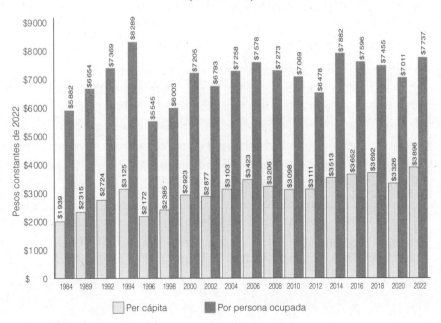

FUENTE: Elaboración propia con base en ENIGH (1984–2022).

Entre las discusiones y las excusas que se han dado para dilatar su aprobación, se encuentra el *lobby* empresarial. Destaca el ejemplo del multimillonario Carlos Slim, la persona más rica de México, quien dijo: "Yo creo que es mejor que las personas trabajen 48 horas y ganen más, a que trabajen 40 horas y ganen menos. Eso es muy importante para la población: tener mejor ingreso para el mayor poder adquisitivo".[28]

El contexto para entender esto es que México registra el mayor número de horas trabajadas dentro de los países de la Organización para la Cooperación y el Desarrollo Económicos (OCDE), con 45 horas a la semana, muy por encima del promedio de este grupo de países, con 38 horas. Al mismo tiempo, nuestro país cuenta con los salarios más bajos de la OCDE, que equivalen a solo 31% del salario promedio del grupo de países.

Así pues, queda claro que la clase capitalista está dispuesta a defender y luchar por no disminuir su cuota de apropiación de los excedentes producidos en el país por los trabajadores. Aunque la clase empresarial mexicana tenga entre sus integrantes a las personas más ricas del mundo y la clase trabajadora esté empobrecida, el capitalista seguirá evitando que mejoren los salarios y las condiciones de los trabajadores. La llamada *distribución funcional de los ingresos* (o distribución primaria) está entre las raíces más importantes de la desigualdad y la pobreza en el país (y en la región).

La excesiva apropiación de los excedentes por parte de la clase capitalista y las malas condiciones del mercado laboral en el país se relacionan con que sea sumamente difícil salir de la pobreza mediante el trabajo. Lo anterior es irónico ante la narrativa meritocrática, pues el mito del "pobres porque quieren" básicamente asume que las personas en pobreza son culpables de su situación por falta de esfuerzo y por "no querer trabajar lo suficiente".

Brechas de desigualdad y concentración de riqueza

Para entender por qué es mentira que "los pobres son pobres porque quieren" es necesario hablar también de los resultados de la acumu-

GRÁFICA 1.6
Relación de salario y jornada laboral (2022)

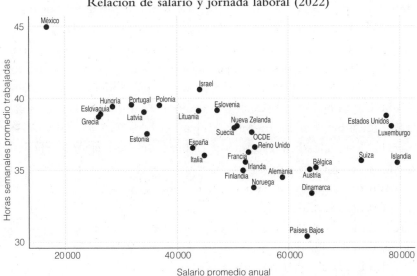

FUENTE: Elaboración propia con datos de OCDE.

lación de los excedentes en manos de la clase capitalista a costa de los empleos mal pagados en México. Entre estos resultados, destacan las brechas de desigualdad económica entre los hogares, dentro de los cuales se incluye a la clase capitalista, claramente.

Como es ya bien sabido, el grado de desigualdad en México es sumamente alto. Por ejemplo, en 2022 el ingreso promedio mensual por persona era de 18 mil 218 pesos, pero dicho promedio invisibiliza amplias diferencias entre la población. El 10% más pobre del país, es decir, el decil I, tiene un ingreso promedio por persona de mil 588 pesos mensuales. Esto equivale a menos del 10% del ingreso promedio del país, y es poco más de un tercio del valor de la línea de pobreza extrema.

Por su parte, la población de estratos altos en México tiene ingresos sumamente elevados en comparación con los promedios nacionales. El 10% más rico, el decil X, tiene ingresos por persona en promedio de 110 mil 168 pesos mensuales. Es decir, los ingresos de este estrato alto equivalían a casi 70 veces los del decil I en 2022.

Una forma más sencilla de ilustrar el nivel de acumulación de los ingresos por parte de los hogares más ricos es la siguiente. Volvamos a la idea del pastel que debe repartirse, ahora entre toda la población del país. ¿Cuánto se queda cada estrato? En este caso, encontramos que el 10% más rico del país se queda con el 52% de los ingresos, es decir, con poco más de la mitad. En cambio, la mitad más pobre del país apenas se queda con el 16%. De hecho, tan solo el 1% más rico se queda con 1 de cada 4 pesos de los ingresos del país.

La desigualdad en términos de riqueza suele ser mayor que la desigualdad de ingresos, puesto que la primera se trata de acervos acumulados históricamente, mientras que la segunda se relaciona con flujos en un punto específico del tiempo. Al respecto, de acuerdo con datos de Credit Suisse,[29] el 1% más rico del mundo tiene acumulado 46% de la riqueza total del planeta.

En el caso de México, destacan muy claramente las amplias diferencias. El 50% más pobre apenas acumula poco más del 2% de la riqueza del país, mientras que el 10% más rico se queda con el 67% de

GRÁFICA 1.7
Ingreso promedio mensual por persona (2022)

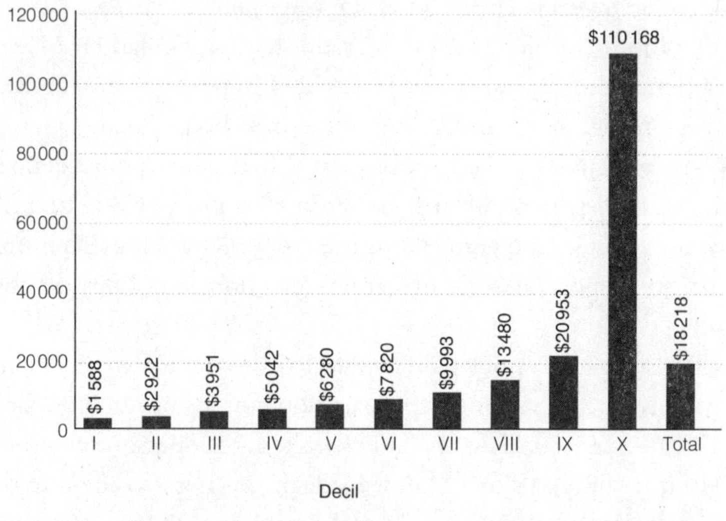

Decil	Ingreso
I	$1 588
II	$2 922
III	$3 951
IV	$5 042
V	$6 280
VI	$7 820
VII	$9 993
VIII	$13 480
IX	$20 953
X	$110 168
Total	$18 218

FUENTE: Elaboración propia con base en ENIGH ajustada a cuentas nacionales por Cepal.

GRÁFICA 1.8
Distribución del ingreso corriente total (2022)

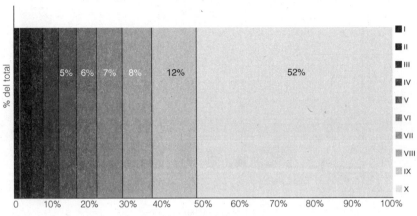

FUENTE: Elaboración propia con base en ENIGH (2022).

la riqueza total. De hecho, el 1% más rico se apropia de 3 de cada 10 pesos de riqueza en el país. La mayor parte de la riqueza se encuentra, pues, en solo unas manos.

Según las estimaciones más recientes en el ámbito de la riqueza en World Inequality Database,[30] México es el séptimo país más desigual del mundo, puesto que 48% de la riqueza está en manos del 1% más rico del país. Este conteo es liderado por Sudáfrica (55% de la riqueza lo acapara el *top* 1%); Chile y Brasil (50% y 49% de la riqueza, respectivamente) también se encuentran un poco por encima de México.

En una sociedad donde gran parte de la riqueza está acaparada en unas cuantas manos, es imperativo entender que la reproducción de la pobreza está asociada con la alta desigualdad. Como mencionaba Milanović, un país con altos niveles de desigualdad corre el riesgo de captura política, es decir, de que las élites económicas traten de torcer la democracia y las decisiones políticas a su favor. Desde este punto de vista, queda claro nuevamente que **no se trata de que los pobres no quieran salir de la pobreza, sino de que la pobreza de millones existe para financiar la inmensa riqueza de unos pocos.**

GRÁFICA 1.9
Distribución de la riqueza en México (2021) (%)

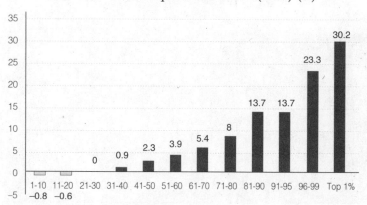

Percentiles de riqueza

FUENTE: Credit Suisse.[31]

GRÁFICA 1.10
Porcentaje de la riqueza del 1% más rico por país

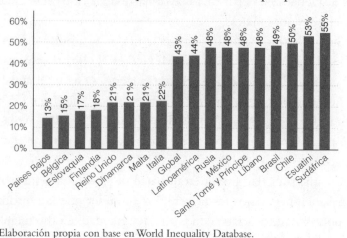

FUENTE: Elaboración propia con base en World Inequality Database.
NOTA: La metodología de la WID es distinta a la de Credit Suisse, e incluye datos fiscales en sus cálculos, lo que podría significar que estén más cerca de la situación real de la concentración de la riqueza.

¿Desigualdad de qué? ¿Oportunidades o resultados?

Hasta ahora he mencionado distintos tipos de desigualdad/igualdad social sin recurrir a definiciones específicas que nos muestren las diferencias y alcances de estos. En un texto muy esclarecedor de estas diferencias, Mora (2004) nos menciona que en lo que ella llama el "debate clásico" sobre la igualdad podemos encontrar dos posiciones contrarias para explicar y tratar este asunto: la liberal y la radical.

La perspectiva liberal, expresada, por ejemplo, en los trabajos de John Stuart Mill y Alfred Marshall en economía, Alexis de Tocqueville en ciencia política y Émile Durkheim en sociología, supone la existencia —hasta cierto punto— de un "orden natural" en la sociedad, así como la distribución desigual de talentos, habilidades e inteligencias, por lo cual solo se puede preservar el orden natural mediante la competencia justa y libre. Dicho de otra manera, se busca construir un entramado social y legal donde las desigualdades sociales expresen exactamente las desigualdades naturales.[32]

Del otro lado en este debate clásico están los radicales, inspirados en el trabajo de Rousseau, seguidos por socialistas utópicos como Charles Fourier y Robert Owen, y cristalizado en la tradición marxista del socialismo. Bajo esta perspectiva, se rechaza completamente la supuesta naturalidad de la desigualdad. Así, las desigualdades sociales se entienden como el resultado de la organización social de clases sociales y distribución de excedentes. Puesto que asumen la construcción sociohistórica de las desigualdades, están a favor de la intervención de instituciones sociales para la generación de igualdad.

Claramente, con el paso del tiempo, el debate clásico sobre la igualdad se ha ido replanteando. Para Turner (1986),[33] desde un entendimiento de la igualdad social más sociológico y operativo, la teoría contemporánea podría reconocer al menos cuatro tipos distintos de igualdad:

- *Igualdad ontológica*, la cual expresa un argumento moral según el cual "todas las personas son iguales". Se podrían distinguir al menos dos vertientes: la religiosa (todas las personas son iguales ante Dios) y la marxista.

- *Igualdad de oportunidades*, que refiere a dar acceso a todas las personas a las *estructuras de oportunidades* de manera que puedan desarrollar sus capacidades plenamente. El criterio de acceso a las instituciones (la educativa, por ejemplo) que conforman las estructuras de oportunidades debería estar condicionado solamente por el "talento" y el esfuerzo individual de las personas. De esta forma, la igualdad de oportunidades busca igualar el acceso a las instituciones promotoras de la movilidad social y reconoce como legítimas las diferencias (desigualdades) en los resultados, en cuanto que sean una consecuencia de los diferentes talentos y esfuerzos de las personas.

- *Igualdad de condiciones*, o sea, nivelar previamente las condiciones de vida de diferentes grupos sociales para que estas no se conviertan en un obstáculo y puedan aprovechar al máximo la estructura de oportunidades de la sociedad. Las personas así tendrían acceso a un conjunto de bienes y servicios que nivelarían las diferencias de origen y las ventajas de algunos individuos sobre otros. Es un principio "complementario" al de la igualdad de oportunidades, según el cual estas serían inviables sin la igualdad de condiciones.

- *Igualdad de resultados*, que se puede entender como el máximo nivel de igualdad posible. Básicamente, sin importar la estructura de oportunidades, las condiciones y las diferencias en los orígenes, y sin importar los esfuerzos y supuestos talentos, esta perspectiva busca transformar las desigualdades sociales existentes desde el inicio hasta el final. El andamiaje social, desde este punto de vista, debería estar estructurado de forma que se asegure la igualdad de resultados de la ciudadanía. Se justificaría, pues, toda acción de las instituciones sociales para corregir las desigualdades resultantes del sistema económico.

Como es posible imaginarse, la adhesión a cada uno de estos tipos de igualdad varía en las distintas tradiciones. Para Mora (2004), la igualdad de oportunidades y de condiciones suele ser enfatizada y promovida por los discursos igualitaristas de fundamento liberal (por ejemplo, la teoría de la justicia de Rawls o la ciudadanía social de Marshall), mientras que la igualdad de resultados suele ser más cercana a las corrientes de corte socialista o comunista.

El hincapié que se hace en las oportunidades para alcanzar la igualdad social tiene un carácter liberal: se busca la "remoción de los obstáculos que impiden a los individuos desarrollar sus potencialidades".[34] Si se parte de la idea de que existe una distribución desigual de talentos y habilidades, entonces se acepta un orden social que sigue el principio de competencia, donde estos talentos, y el esfuerzo, determinan la estratificación social; sin embargo, no se cuestiona la existencia de esta estratificación en sí. "Desigual, pero justo", se podría decir que proponen.

Así pues, siguiendo hasta sus últimas consecuencias la noción liberal de las oportunidades, se llega al concepto de *meritocracia*: una sociedad donde las posiciones sociales se asignan de acuerdo con los méritos y los talentos de las personas. Para esa sociedad, lo importante sería remover los obstáculos para que los individuos desarrollen dichas habilidades (y talentos) según su esfuerzo. El "énfasis unilateral en la igualdad de oportunidades no conduciría necesariamente a un mayor equilibrio social", dice Mora (2004).

El giro del antiguo debate sobre la igualdad social hacia las perspectivas de oportunidades ha desplazado finalmente las reflexiones en torno a cómo generar las condiciones para la igualdad absoluta (interés de la corriente crítica) por la preocupación por los límites tolerables (o justos) de la desigualdad social y las metas de igualdad a las que aspira la sociedad.[35]

En mi investigación, resultado de mi tesis doctoral,[36] sostengo que la perspectiva de igualdad de oportunidades es un punto intermedio (*individualismo complejo*, le llamo) entre una narrativa meritocrática a rajatabla y una perspectiva colectivista (como la crítica radical). En el siguiente apartado se explora esto con más detalle.

Lo que por ahora valdría la pena decir es que, sea desde una perspectiva liberal de igualdad de oportunidades o desde una perspectiva radical de igualdad de resultados, es injustificable seguir creyendo en el mito de que "los pobres son pobres porque quieren".

En los siguientes capítulos se abordarán otras dimensiones de la desigualdad que intervienen en la reproducción de esta y niegan el mito de la culpabilidad individual de la pobreza: factores de género y etnicidad (que serán revisados en el capítulo 3), del sistema educativo (capítulo 4) y del conjunto de políticas sociales (capítulo 6) y fiscales (capítulo 7).

Contra la narrativa meritocrática

Este apartado busca hablar de las vías y estrategias para romper los mitos que culpan a los pobres de su situación, y reflexionar sobre las posibles opciones para poner fin a la reproducción de la desigualdad y la pobreza en nuestras sociedades. Dado que en otros capítulos se hará énfasis en las estrategias políticas y fiscales, aquí nos centraremos en refutar las narrativas que estigmatizan a los pobres, en particular la narrativa meritocrática.

Al respecto, Littler (2017) tiene algunas razones muy claras y específicas de por qué hay que acabar con la meritocracia como un objetivo. En primer lugar, la autora destaca que la búsqueda por la meritocracia es un respaldo a un sistema competitivo, lineal y jerárquico, en el que, por definición, algunas personas estarán arriba y otras estarán abajo. Dicho de otra forma, la cima no puede existir sin el fondo. Además de que no todos pueden subir, independientemente de qué tanto se ensanchen los lugares disponibles en la cima.

Así pues, la meritocracia ofrece un sistema estratificado de movilidad social y promueve una ética socialmente destructiva de interés propio; esta por un lado legitima la desigualdad y por el otro trastorna las nociones de comunidad y colectividad, puesto que obliga a la población a enfrentarse a sí misma en constante competencia (Hickman, 2009).

El sueño máximo de la narrativa meritocrática y de la búsqueda por la igualdad de oportunidades se basa en una cancha pareja, que puede ignorar o no la desigualdad estructural; no persigue la igualdad de resultados, sino la legitimidad y justicia de los resultados desiguales. Otra vez, desiguales pero merecedores. De ahí el interés en la movilidad social, a pesar de que siempre vaya a existir una cima y un fondo en la pirámide social, como diría Patricia Armendáriz.[37]

En segundo lugar, la narrativa meritocrática frecuentemente asume que el talento y la inteligencia son innatos, es decir, depende de una concepción esencialista del intelecto y las aptitudes. Eso se puede entender y reflexionar en *Inequality by Design,* inteligencia cristalizada y fluida y *The Rise of Meritocracy* (Young), y lo analizaremos con más detalle en el capítulo siguiente.

En tercer lugar, la meritocracia ignora el hecho de que subir la escalera es mucho más simple para algunas personas que para otras. Se ignora también que ha habido más *room at the top*, es decir, espacios en la cima de la estructura de oportunidades, en algunos momentos que en otros.

Un ejemplo para pensar la estructura de oportunidades es un crucero con distintos niveles. En la parte más alta de él estarían las personas más privilegiadas. Por más personas que quisieran entrar a esta parte del barco, no todas cabrían. Ahora, el argumento aquí presentado hace referencia a que la meritocracia no toma en cuenta que tal vez para algunas generaciones, o para algunos países, el espacio en la parte más alta del barco ha sido mayor o menor, según factores históricos y estructurales, independientemente del desempeño de los individuos. Por su parte, Fischer *et al* (1996) hablan del triunvirato de la privación, la segregación y el estigma.

La cuarta razón que menciona Littler (2017) para estar en contra de la narrativa meritocrática es que esta no es crítica con el supuesto de que, de acuerdo con la valoración diferencial de formas particulares de estatus, algunas personas están más arriba y otras abajo, y por lo tanto que hay jerarquías, muchas de ellas social e históricamente heredadas sin justificación alguna con base en la teoría económica estándar.

¿Por qué hay personas que ganan más y por qué hay personas que ganan menos? ¿Por qué ciertas profesiones son mejor remuneradas?

¿Debería haber personas arriba y otras abajo? Es decir, ¿debería haber estratificación social?

Pocas veces nos preguntamos qué es exactamente lo que está siendo premiado por la movilidad social o por el mercado en forma de ingreso: ¿Son los supuestos talentos? ¿Es el esfuerzo? ¿Qué tipo de esfuerzo es premiado por el mercado y la movilidad social, y qué esfuerzo no lo es? ¿Qué hay del trabajo no remunerado? De alguna manera, ser acrítico a la perspectiva meritocrática y al ideal de movilidad social, como comúnmente lo hacen las escuelas liberales de igualdad de oportunidades, es una validación de las normas de la clase media alta, como aquella a la que hay que aspirar.

Por último, Litter asegura que la narrativa meritocrática funciona como un mito ideológico que difumina y reproduce las desigualdades económicas y sociales. "Legitima las desigualdades de poder y privilegio mediante argumentos que son claramente falsos",[38] que no se cumplen en la sociedad, no se han cumplido y probablemente nunca se cumplirán.

De esta forma, el esfuerzo está sobrevalorado en la narrativa meritocrática. Y el énfasis excesivo en el esfuerzo y el mérito termina ocultando la desigualdad estructural, ignora las profundas desventajas de la riqueza de los hogares y la posición social. Por eso yo no uso el término *echeleganismo*, de moda en algunos círculos académicos y de activismo, como sinónimo de los mitos de la narrativa meritocrática. No solo subestima el esfuerzo de los más pobres y sobrevalora el de los ricos (de lo que se hablará en el capítulo 2). El problema en sí es el énfasis en el esfuerzo (y el talento) como un determinante para la desigualdad social. "Echarle ganas" no debería ser una variable que determine los resultados y bienestar de las personas.

Así pues, la narrativa meritocrática es, por un lado, mítica o irreal, dado que no describe un mecanismo que opere objetivamente en la realidad (se reduce a las percepciones sobre desigualdad); por otro, es una ideología injusta, porque no todos parten del mismo lugar de arranque (aludiendo a las preferencias sobre las formas de igualdad).

Entonces, ¿qué hacemos? ¿Podemos renunciar por completo a la narrativa meritocrática? Pienso que estamos tan inmersos en ella que nos es difícil vislumbrar otros modelos de organización que sean ajenos al premio y al castigo, alejados de la jerarquización. Tal vez es imposible lograrlo dentro del sistema capitalista, cuya premisa principal es la escasez de recursos suficientes para todas las personas. Tal vez necesitamos salirnos aún más de los paradigmas actuales de organización social y económica. En todo caso, nadie debería dudar en luchar contra la narrativa del "pobres porque quieren".

MITO 2
Cualquiera puede ser millonario

El multimillonario Ricardo Salinas Pliego (una de las personas más ricas de México y del resto de Latinoamérica) compartió un tweet en 2022 que decía: "Está en nosotros salir adelante. Pretextos para no hacerlo hay muchos. Pueden tomarme como ejemplo y buscar su propia prosperidad o enojarse por el éxito de los demás". Luego, en otro tweet, aseguró que "la desigualdad es inevitable" y que siempre habrá quienes "lloren" por la cuna de oro en la que nacieron algunos y quienes, en cambio, "le propongan hacer un negocio".[1]

Más recientemente, su discurso fue cambiando de uno que resaltaba cómo él había buscado "su propia prosperidad" a uno que defendía su origen familiar multimillonario: "¿Yo que culpa tengo de que sus papás hayan sido unos huevones y no les hayan heredado nada?".[2] ¿Realmente cualquiera puede ser millonario?

Si bien el caso de Salinas Pliego defendiendo la meritocracia y la legitimidad de su riqueza de forma abierta y casi diariamente en sus redes sociales no es el más típico de la élite económica del país (la mayoría de las veces prefieren llevar un perfil bajo y no exponerse públicamente), sí que nos sirve para reflexionar acerca de los mitos sobre la riqueza que son parte de la narrativa meritocrática.

La narrativa meritocrática tiene dos caras que siempre van unidas, y no se puede entender una sin la otra: por un lado, los mitos aseguran que la pobreza es una falla individual y, por el otro, nos hacen creer que la riqueza es un logro personal.

Uno de los problemas más grandes con estas narrativas sobre la riqueza como un logro personal radica en que son "historias contadas por los ganadores", cuentos promovidos por los opresores para legitimar su posición de poder (en el ejemplo citado, es Salinas Pliego hablando de la legitimidad de su riqueza). Su finalidad última, **al igual que sucede con la narrativa meritocrática, es brindar un halo de legitimidad a una acumulación de recursos y poder que, en varios sentidos, podría ser ilegal o, al menos, inmoral.**

Y es que vale la pena preguntarnos por qué alguien se vuelve inmensamente rico en esta sociedad y qué tan rico podría llegar a ser alguien. Si la riqueza fuera, efectivamente, resultado del talento y esfuerzo de los millonarios, ¿sería válido cualquier nivel de acumulación de riqueza?

Tenemos, pues, mucho que reflexionar sobre la riqueza, su origen y el mito de que cualquiera puede ser millonario, que solo se erige como un justificante de la acumulación inmoral de riqueza en la sociedad.

La oligarquía del talento y esfuerzo: las supuestas razones de la riqueza

Los mitos sobre la formación de la riqueza basada en el talento, la frugalidad, el ahorro y el trabajo duro y constante, durante décadas, han sido la base de la sociedad que permite que existan acumulaciones de riquezas descomunales en pocas manos, coexistiendo en sociedades mayoritariamente empobrecidas.

Los ejemplos más llamativos son los de algunos multimillonarios que se empeñan en comunicar explícitamente sus logros por esfuerzo personal. Se han lanzado centenas de libros y películas sobre multimillonarios, mostrando cómo fue su aventura para llegar a la cima: *Los piratas de Silicon Valley* retrata a Bill Gates y Steve Jobs; también hay una película homónima del cofundador de Apple; *Red social* va de Mark Zuckerberg, etcétera. **Los millones que se gastan en generar los materiales que legitiman la riqueza de los multimillonarios son proporcionales al nivel de culpa que tienen que resarcir.**

Dentro de este grupo de propaganda de los millonarios, podemos ubicar también la captación de los medios de comunicación y, más recientemente, de las redes sociales: Elon Musk, dueño de Tesla y otras empresas, compró Twitter, la famosa red social, en un polémico proceso en 2022;[3] Jeff Bezos, dueño de Amazon, compró el reconocido periódico estadounidense *The Washington Post* en 2013;[4] Carlos Slim es un importante accionista de *The New York Times* y tiene participación accionaria en Grupo Prisa, corporativo propietario de *El País,* periódico de origen español con importantes incursiones en Latinoamérica.[5]

Claramente, no nos podemos olvidar de los multimillonarios dueños de televisoras, como los mexicanos Emilio Azcárraga y Ricardo Salinas Pliego; este último, como ya mencioné, es uno de los principales promotores en redes sociales y medios de comunicación de la narrativa de los ricos merecedores. Veamos con detalle algunos de estos mitos que comúnmente tratan de difundir.

Billionaire coaching (y la cultura de adular a los ricos)

Hace un par de años se hizo viral un video donde Carlos *Máster* Muñoz (un *coach* empresarial popular en redes sociales) humillaba a un trabajador durante uno de sus eventos bajo el argumento de que "le faltaba hambre", refiriéndose al "espíritu de emprendimiento" muy comúnmente citado por los *coaches* de este tipo.

Específicamente, el *coach* dijo: "Ese güey que está ahí parado, que está trabajando hoy aquí, que le agradezco mucho su trabajo, está ahí y no está aquí sentado porque no tiene el hambre",[6] haciendo referencia a que el mesero estaba trabajando en lugar de tomar su curso, cuyas entradas, por cierto, costaban 15 mil pesos.

"No, él no tiene hambre, él está cómodo donde está. Y puedo regresar dentro de 20 años, y puede estar en el mismo puesto, ahí", continuó diciendo el *Máster* Muñoz. La experiencia terminó en que le insistió para que se sentara a escuchar su conferencia, mientras decía: "No les molesta, ¿verdad? Acabo de becar a un individuo aquí".

El video se hizo viral[7] y fue blanco de críticas por la forma en que el *coach* se refería despectivamente al trabajador, dando a entender que era una persona "conformista" y que no le interesaba su "superación personal", por lo cual no había pagado el curso de *coaching*.

Este caso es solo un ejemplo muy explícito de lo que trata normalmente el *billionaire coaching*, concepto que uso para referirme a la industria de autoayuda que consiste en cursos, libros, conferencias, talleres y personajes que promueven la construcción de sueños sobre la falsa posibilidad de que cualquier persona puede alcanzar la riqueza, mediante consejos que suelen ser banales y, en realidad, poco útiles.

El *billionaire coaching* es un negocio que se enriquece despiadadamente del válido anhelo de muchas personas por mejorar su situación económica. Y parte del truco radica en reproducir el mito de la meritocracia sin ningún cuestionamiento, asegurando que, si alguien sigue en situación de pobreza luego de 20 años, es claramente porque "no hizo algo distinto", porque no supo aprovechar las oportunidades que da el mundo, porque no tomó los consejos que da esta industria.

Una de las obras de referencia más famosas de esta industria es *Padre rico, padre pobre*, un libro de Robert Kiyosaki publicado en 1997 y que en su aniversario número 20 había vendido cerca de 40 millones de copias.[8] El libro reúne distintos consejos que los padres ricos dan a sus hijos, y que los pobres y las clases medias ignoran, los cuales, supuestamente, son el pilar de la reproducción de su riqueza. Basado en la comparación del devenir de los hijos de padres ricos, de clase media y de padres pobres, esboza siete consejos fundamentales para alcanzar el éxito financiero (ver la imagen 2.1).

En todo caso, la premisa principal de la industria del *billionaire coaching* es sencilla: los ricos tienen hábitos que constituyen la principal causa de su riqueza: su cultura financiera, sus estrategias de vida, su

IMAGEN 2.1

FUENTE: @GatitosVsDesig, 8 de diciembre de 2018.

esfuerzo y su talento. El resto de población carece de dichos hábitos y atributos, pero deberían imitarlos. "Los pobres son pobres porque quieren" (diría cualquier promotor de esta industria) y los ricos lo son por inteligentes y talentosos.

Esta es una clara forma de reproducción de la narrativa merito-crática que tiene un alcance masivo. Es tan dominante que incluso en México, en 2009, el gobierno federal llevó a la Semana Nacional PYME de México Emprende a Marco Antonio Regil —conocido con-ductor de programas de televisión— para que diera una conferencia basada en la obra de Kiyosaki.[9]

Y, claro, ahí teníamos a un ponente diciéndoles a los micro y pe-queños empresarios que los pobres siempre creen que se harán ricos si ganan la lotería y "dependen del gobierno", que la clase media busca la riqueza con ahorros y un trabajo seguro, y que el "truco" de los ricos era ser inversionistas y pensar siempre en crear negocios.

Una receta infalible para el éxito: ¡no sé cómo no se les ha ocurri-do a los millones de personas en pobreza en el mundo que la clave para alcanzar la riqueza es invertir en el sistema financiero! O, como diría el meme famoso de hace algunos años: "El mejor *tip* para hacerte rico es comprar cuatro departamentos, vivir en uno y rentar los otros tres". Consejos por los que, sin duda, habría que pagar 15 mil pesos para asistir al curso del *Máster* Muñoz y faltar un día al trabajo.

El club de las 5:00 a. m.:
esfuerzo, talento y emprendedurismo

Durante la pandemia, el *influencer* Juanpa Zurita subió un video a redes sociales donde hablaba de los resultados de su "investigación" (siete horas en YouTube), según la cual había encontrado que entre las personas más ricas del mundo existe una "cultura de levantarse temprano".[10] Mencionaba que su hermano (no él) estaba leyendo el libro *El club de las 5 de la mañana*, de Robin S. Sharma,[11] donde se promueve una "rutina revolucionaria" que, se dice, es común entre las élites y los multimillonarios del mundo. En esa rutina consiste en despertar a las 5:00 a. m. y hacer "20 minutos de ejercicio, 20 minutos de reflexión y 20 minutos de aprendizaje".

Según la "investigación" de Juanpa —y lo que entendía que decía el libro—, mucha gente exitosa tiende a levantarse muy temprano. Incluso, nos cuenta en su video (que ya tiene 4 millones de vistas), también actores y los CEO Tim Cook (Apple) y Jeff Bezos (el hombre más rico en ese momento) "se levantan 3:45 a. m.". De esta forma "controlan su futuro". Así pues, aquí tenemos otro de los mitos sobre la riqueza: parte del éxito de los ricos está en su costumbre de levantarse temprano.

En el video Juanpa aclara: "Ya sé que me van a decir: '¿Qué hay de los estudiantes que llevan años levantándose temprano...?'. [Lo que pasa es que] cuando es bajo su decisión [este hábito] es todavía más fuerte, porque podrían no hacerlo y, aun así, se levantan a esta hora". En un par de minutos, el *influencer* invisibilizó a los millones de personas en México y en el mundo que se despiertan temprano para ir a trabajar (no solo estudiar) y, al mismo tiempo, nos vende la idea de que

CUALQUIERA PUEDE SER MILLONARIO

los ricos no necesitan despertar temprano, pero igual lo hacen, y por eso son ricos.

El video finaliza diciendo: "El despertarte a las 5:00 a. m. es como *hackear* la vida. [...] Se dice que los grandes guerreros y los grandes emperadores ganaban sus batallas y las guerras más importantes antes de que saliera el sol, porque iban un paso adelante al estar despiertos antes de que él saliera. Así que la pregunta es ¿ustedes van a estar un paso adelante?".[12]

Dentro de la narrativa meritocrática que comunican *influencers* como Juanpa Zurita, tenemos el mito de que los ricos se levantan temprano y trabajan mucho, o trabajan mucho y se levantan temprano, pero solo "porque quieren". Y ese último detalle, "porque quieren", sería lo que los distingue de quienes no son millonarios como ellos.

Recordemos que, durante siglos, para la nobleza y la aristocracia "trabajar era algo deshonroso".[13] Sus ocupaciones y responsabilidades en la sociedad eran otras, pero era claramente reconocido que el trabajo no se encontraba entre ellas. Han pasado casi dos siglos desde la concepción de la ética del trabajo, y la sociedad capitalista ha adoptado la narrativa meritocrática: ahora las élites difunden la idea de que son ellas las que más trabajan. Y, si no, al menos son las que trabajan de la forma más organizada, de acuerdo con sus costumbres.

Por eso no debería extrañarnos el video de Juanpa Zurita, el libro *El club de las 5 de la mañana* y el resto de los contenidos que pululan sobre el supuesto inmenso esfuerzo de los ricos como una de las causas de su riqueza. De acuerdo con Sandel,[14] la narrativa meritocrática nos dice que el éxito es la suma de esfuerzo y talento. De esta forma, levantarse temprano encaja completamente con la idea del esfuerzo de los ricos.

La segunda parte de la fórmula para el éxito, según la narrativa meritocrática, es la referente al talento. Es común que esta narrativa, así como la industria del *billionaire coaching* y todo el material meritocrático en redes sociales, medios de comunicación, libros, películas, series, etcétera, enaltezcan el presunto talento de los ricos y los millonarios.

Las míticas historias que se cuentan sobre el ascenso trepidante de los millonarios tienen como otro de sus argumentos centrales resaltar

71

sus habilidades "innatas": su talento. Por ejemplo, para Thomas Jefferson era más deseable una aristocracia "natural", que estuviera basada en el talento y las habilidades innatas, que una aristocracia "artificial" justificada en la herencia y la riqueza al nacer.[15] Esta, se supone, es la base del famoso "sueño americano".[16] Como mostraré más adelante, esa idea de aristocracia natural se terminó convirtiendo en la oligarquía del supuesto talento y esfuerzo.

Una forma muy popular en la que se reproduce la narrativa meritocrática sobre el talento son los *reality shows* del género conocido como *talent shows*, tales como *MasterChef, La Academia, America's Got Talent* y un largo etcétera. En estos programas, los concursantes ponen sus talentos a competir y, como premio, reciben algún tipo de "impulso a su carrera". Básicamente, la idea es dar oportunidades y explotar los talentos de los participantes, esperando a que alguien los patrocine o les abra una puerta.

Otro ejemplo de programa que comunica la narrativa meritocrática y el talento, tal vez el más icónico, es el *reality* británico *Dragons' Den*, cuya traducción literal es "guarida del dragón" (originado en Japón hace más de 20 años con el nombre *The Tigers of Money*). En él los concursantes emprendedores tratan de venderle ideas de negocio a un panel de multimillonarios para que inviertan en ellos.

La versión mexicana —y estadounidense— se llama *Shark Tank*. Con 10 temporadas hasta 2024, ha puesto a prueba el "espíritu emprendedor de México" frente a un panel de millonarios donde, a lo largo de distintas temporadas han aparecido empresarios como Arturo Elías Ayub, Amaury Vergara, Alejandra Ríos Spínola, entre otros.

Tanto en estos programas como en muchísimos productos comunicacionales y artísticos, se comparte la idea del talento como base de la riqueza, al igual que el "espíritu emprendedor".

Me da risa cada que recuerdo cuando, en la universidad, en la clase de Administración, la profesora señalaba que en algunas corrientes el emprendimiento era identificado como "el cuarto factor de producción"[17] (los factores clásicos, mencionados en el capítulo 1, son tierra, trabajo y capital).

Pero, efectivamente, el discurso del emprendedurismo como la ruta hacia la riqueza es muy popular e incluso llega a las políticas públicas de gobiernos de derecha, centro y, en ocasiones, hasta de izquierda. De hecho, ahora son numerosas las historias y biografías de los millonarios que mencionan basar su riqueza en su "espíritu emprendedor".

Talento, esfuerzo y emprendimiento son las claves para la riqueza de acuerdo con la narrativa meritocrática y los discursos propios de los más ricos. ¿Qué tanto hay de cierto en esto? Realmente, ¿qué es el talento? ¿Todo esfuerzo reditúa igual, independientemente de dónde empiece cada quien? Si proviene solo del talento y el esfuerzo, ¿es válido cualquier grado de acumulación extrema de la riqueza? En lo que resta del capítulo trataremos de reflexionar sobre estas preguntas para dejar de creer en el mito de que "cualquiera puede ser millonario si quiere".

La narrativa del self-made billionaire *y el merecimiento*

Desde el año 2014, las listas de multimillonarios que hace *Forbes* para los Estados Unidos incluyen un *ranking* de 1 a 10 para calificar qué tan heredada es la riqueza de las personas en la lista o si se trata de un "millonario que se hizo a sí mismo" (en inglés, *self-made billionaire*).[18] Este ha sido un cambio en la narrativa de los medios que siguen la riqueza de los multimillonarios, reconociendo que, en muchas ocasiones, la riqueza es simplemente heredada.

Más allá de que podamos o no estar de acuerdo con cómo *Forbes* califica el tipo de riqueza de que se trata, si se consiguió con esfuerzo y talento, o no, existe toda una amplitud de formas para comunicar que una parte de la clase rica y dominante se trata de millonarios que se han hecho a sí mismos. Es, pues, el mito de que cualquiera puede ser millonario: eran personas "normales" que en algún momento se vieron particularmente beneficiadas por los frutos de su trabajo.

En general, hay una especie de mentira autocumplida que se hacen los ricos a sí mismos respecto de la meritocracia y del merecimiento de su riqueza. Los millonarios creen que por diversas razones individuales son merecedores de la riqueza que acumulan, siempre ignorando el aspecto estructural de la familia, el lugar y la temporalidad en la que les tocó, por mera suerte, nacer.

Una investigación de Rachel Sherman[19] sobre los millonarios en la ciudad de Nueva York, Estados Unidos, reúne los argumentos con los cuales estas personas suelen legitimar el merecimiento de su riqueza (*entitlement*).

Al menos para el caso de los millonarios estadounidenses que habitan Nueva York, Sherman encuentra que estos se preocupan principalmente por la desigualdad que pueda "afectar la igualdad de oportunidades", idea estrechamente relacionada con el sueño americano y con la narrativa meritocrática.

Entre ellos hay un énfasis en el trabajo duro para lograr el éxito: no solo el trabajo duro explica el éxito monetario, sino que lo legitima moralmente. Merecen el fruto de su trabajo. El trabajo duro como base del legítimo merecimiento se destaca en los discursos públicos y las políticas sobre todo tipo de derechos que involucran a pobres, migrantes y ricos. Es la referencia directa a la ética del trabajo, descrita en el capítulo anterior. Esto es a lo que se refiere Shamus Khan cuando dice que durante las últimas décadas la meritocracia ha desplazado a la aristocracia como el criterio para legitimar el privilegio.[20]

De esta forma, la representación propia que tienen los ricos sobre sí mismos, según lo que encuentran las investigaciones, asume que *1)* son trabajadores productivos; *2)* que son consumidores responsables y, de hecho, rechazan la ostentosidad materialista; *3)* que hacen grandes donaciones o hacen voluntariado (*giving back* o dar algo a la sociedad); *4)* que tienen cuidado al hablar de dinero, especialmente con quienes no tienen; *5)* que acostumbran a sus hijos al trabajo desde jóvenes (que no sean *juniors*); y *6)* que en general son personas "normales", que se distancian de los excesos de la ultrarriqueza ostentosa. Así, parece haber una mayor identificación con la clase media-alta que con la clase alta, a pesar de que ganan millones.

Claramente, estos procesos subjetivos de legitimación de las personas ricas tienen ciertas implicaciones. Por un lado, hacer juicios morales de los comportamientos individuales nos distrae de cualquier posibilidad de pensar en la redistribución de la riqueza: cada quien tiene lo que merece. Por otro lado, claramente se legitima la riqueza como un logro individual, en lugar de prestar atención a las formas sistemáticas en las que los recursos se distribuyen de manera desigual.

Además, una vez que los ricos se convencen de su merecimiento (*they become entitled*), la acumulación se justifica: hablamos de un sentimiento de que te la mereces porque naciste para ella o tuviste la educación adecuada, y debería ser así. Claramente, el proceso subjetivo de estas distinciones morales reproduce un sistema en el que ser extremadamente rico es aceptable siempre que las personas ricas sean moralmente buenas. Si hay personas ricas "malas", puede haber personas ricas "buenas".

¿Genios o *nepo babies*?: el talento de nacer millonario
Para ser rico, hay que nacer rico

Siempre que en las redes sociales de Gatitos contra la Desigualdad hacemos alguna referencia a cómo gran parte de la riqueza es heredada y no necesariamente depende de algún mérito destacable de quien la acumula, llega el comentario de alguna persona que asegura que algún familiar o conocido suyo realmente salió de una situación de pobreza y alcanzó el gran éxito económico.

Más allá de que habría que analizar con detalle cada caso (en muchas ocasiones hablan de "salir de la pobreza" con un sesgo de clase, por ejemplo, asumiendo que era "pobre" alguien que estaba en el decil VI o VII, donde es común el acceso a educación más allá de la básica), es necesario reconocer que, si bien pueden existir estos casos, solo son ocasiones atípicas en las que puede suceder que alguien logre moverse desde la pobreza hasta la riqueza en el contexto social de países como México o los del resto de América Latina (y, en general, en muchos otros países en el mundo). El ascenso social de unos no significa que la escalera de la movilidad social esté funcionando.

¿Qué tan alejado de la realidad se encuentra el mito de que "cualquiera puede ser millonario" en caso de que se lo proponga? Extremadamente. Nada más alejado de la realidad. Más adelante revisaremos en detalle cuáles son las causas más comunes que explican la riqueza y la muy alta acumulación en pocas manos, pero vale la pena recordar las reflexiones del capítulo anterior sobre la movilidad social, ahora preguntándonos: ¿en qué estrato se encontraban al momento de nacer las personas que están actualmente en los estratos altos?

La respuesta es muy sencilla: los ricos de hoy son, en su gran mayoría, los que provienen de hogares ricos. Dicho de otra forma: para llegar a ser rico hay que nacer rico.[21] Así, podríamos simplificar los cientos o miles de consejos de la industria del *billionaire coaching* para hacerse rico, e incluso los siete pasos de Robert Kiyosaki, en uno solo: nazcan ricos.

Los ricos son (casi) siempre los mismos. Y (casi) siempre se hacen más ricos. En un interesante estudio hecho en Florencia, Italia, se encontró que las familias más ricas de la actualidad son las mismas que fueron las más ricas hace 600 años.[22] ¡Seis siglos y en general las familias ricas siguen siendo las mismas! Casos similares se han documentado en Suecia,[23] Inglaterra,[24] y prácticamente podría demostrarse donde quiera que hubiera datos disponibles. Estas investigaciones muestran una de las características del capitalismo ya ampliamente conocidas: la desigualdad se reproduce en el tiempo, en gran medida, por las herencias familiares.

Ha sido a partir de este tipo de críticas hacia la mentira de que "cualquiera puede ser millonario" que en los últimos años se ha popularizado un nuevo término: *nepo babies* o "bebés del nepotismo", usado para señalar, originalmente, que los hijos de artistas famosos han tenido acceso a condiciones y oportunidades con amplia ventaja frente al resto de la población, lo que explica que también se hayan vuelto artistas exitosos.[25]

¿Por qué llamarles así? Imaginemos un maratón (42.195 kilómetros) donde la mayoría de los atletas inicia en el kilómetro 0, pero solo algunos comienzan desde el kilómetro 21. ¿Les parecería justo?

Igualmente parecería injusto si un atleta comenzara la carrera desde el kilómetro 40.

Ahora imaginemos algo más sutil: un atleta velocista tendrá que esforzarse más para tratar de ganar la competencia si es que, a diferencia de los otros, no tiene el calzado adecuado o está lesionado (algunos colegas hacen la comparación de que algunos corren, pero con una pesada mochila en las espaldas). Estas "competencias" tampoco parecen justas.

Entonces, a los hijos o hijas de artistas famosos les llaman *nepo babies* porque, a diferencia del resto de la gente, siempre han tenido los contactos necesarios y les han abierto las puertas por pertenecer a ciertas familias, lo cual es injusto independientemente de sus habilidades, su supuesto talento y su esfuerzo.[26]

Asimismo, se critica que nunca les ha faltado nada, no se han tenido que preocupar por nada más que desarrollar esas habilidades en ambientes propicios, a diferencia de las demás personas. Lo cual también vuelve injusta la situación. En todo caso, la crítica hacia los *nepo babies* es una muestra de cómo se comienza a identificar muy claramente que la principal causa de la riqueza es la propia riqueza; no es talento o el esfuerzo.

El nepotismo o las ventajas son claras cuando se trata del hijo o la hija de un artista superfamoso, que a su vez se vuelve un artista superfamoso, o incluso más, obviamente, porque ha tenido más ventajas iniciales que su papá o mamá.

Pero, claro, no solo hay bebés del nepotismo en el entretenimiento. Los hay entre empresarios, políticos, académicos, deportistas y en cualquier posición de élite. Pensemos en empresarios herederos: por ejemplo, Ricardo Salinas Pliego, de quien ya hablamos, nació en una familia superrica, la fundadora de Elektra, de la cual es heredero y desde donde ha expandido su riqueza (también lo ha hecho a partir de su relación con los gobiernos, de lo que hablaremos más adelante). Pero Ricardo asegura que "logró el éxito sin la ayuda de nadie".[27] Lo mismo aplica para Elon Musk, hijo de empresarios ricos inmobiliarios, cuya fortuna familiar proviene, en gran medida, de la explotación minera de esmeraldas en África.[28]

Por eso muchas de las personas multimillonarias y que heredaron riqueza enfatizan en las historias sobre su esfuerzo y talento, manifiestas desde pequeños, como si eso pudiera explicar completamente su posición de acumulación y poder.

Por ejemplo, la narrativa que tratan de popularizar sobre el origen de la riqueza de Carlos Slim es que comenzó a vender dulces a su familia en su casa a los 10 años (un artículo literalmente se titula "El empresario que comenzó su imperio abajo de unas escaleras") y que su padre les habría inculcado a sus hijos el hábito de tomar nota de sus gastos y ahorrar.[29]

Esta historia omite la fundamental importancia para explicar la riqueza de Slim que tuvo su padre, Julián Slim, quien era dueño de la importante empresa La Estrella de Oriente, inmobiliario e influyente empresario y político líder de la Cámara de Comercio Siriolibanesa y de la "Campaña Nacionalista" del México posrevolucionario,[30] poseedor de una riqueza superior a las decenas de millones de dólares de aquel tiempo.[31]

En un artículo similar, titulado "Cómo se hizo millonaria Alejandra Ríos",[32] se narra la travesía de la panelista del programa *Shark Tank México*. Se destaca que "a la edad de 7 años se empezó a interesar en los negocios", trabajó en el restaurante de su papá, estudió en Harvard e inmediatamente comenzó a dirigir Ambrosía, el corporativo empresarial de la familia.

Arturo Elías Ayub es otro multimillonario que, según el artículo "¿Cómo se hizo millonario Arturo Elías Ayub?", "desde los 7 años comenzó a interesarse en los negocios", porque revendía artículos de papelería en el colegio.[33] Hace algunos años, Arturo recibió muchas críticas por una frase que compartió en su Twitter: "El éxito es directamente proporcional a la suma de la chinga y el talento".[34] Y es que, el también integrante de *Shark Tank México*, es descendiente de una familia empresaria libanesa y se casó en 1995 con Johanna Slim Domit, heredera de otra familia empresarial de origen libanés, y al siguiente año comenzó a trabajar en la compañía de la familia de su esposa: Telmex, insignia de su suegro Carlos Slim.

No solo en el caso de empresarios podemos ver este tipo de narrativas. También son comunes cuando se trata de políticos millonarios. Por ejemplo, Samuel García, actual gobernador de Nuevo León, ha alegado que "se levanta a las 5:00 a. m. desde los 15 años para trabajar en sus empresas", argumento que esgrimió cuando se le criticó por ser captado conduciendo un auto deportivo mientras era diputado. Señaló que él donaba todo su sueldo de diputado y el auto lo había comprado la familia con el dinero de su trabajo.[35] Incluso en alguna entrevista confesó que sufría porque su papá lo obligaba a levantarse a las 5:00 a. m. para ir al golf los sábados.[36]

Bueno, y ya hablamos del esfuerzo y la "chinga" de nacer en una familia multimillonaria. Pero ¿qué hay del talento? ¿Se han puesto a reflexionar qué es eso a lo que le llaman talento? ¿Por qué la gente cree que una habilidad, sea cantar o patear un balón de una forma en que la sociedad lo aprecia, es algo "con lo que se nace" y no algo aprendido en la familia o el contexto en el que se creció?

El talento es, al final de cuentas, la reunión de capacidades y características propias que son apreciadas por una sociedad en un momento histórico determinado. Si Messi hubiera nacido con el talento de patear un balón de la misma forma que lo hace ahora, pero hace 300 años, probablemente la sociedad en ese momento histórico no lo habría apreciado. Así, hay algunas capacidades particulares que podrían considerarse talentos actualmente, pero que no generan los millones de dólares que genera un deportista o un artista. El aprecio y la retribución a los llamados "talentos" depende, pues, completamente del contexto social; no es algo puramente individual.

Por otro lado, una persona talentosa se supone que lo es desde el nacimiento, más allá de que el talento sea trabajado y mejorado durante la vida. Siguiendo —sin conceder— esta lógica, si realmente los talentos son habilidades innatas con las que las personas nacen, entonces tampoco serían un logro personal o producto del esfuerzo.

Un sinónimo de "talentoso" suele ser "dotado". En inglés se traduce como *gifted*, es decir, refiere también a la palabra *gift*, "regalo". Es talento, entonces, en caso de existir, según la lógica meritocrática, es algo con lo que, nuevamente, se nació de forma azarosa: no se ganó por méritos personales.

Se puede contraargumentar que hay personas talentosas que no explotan sus habilidades. Pero, aun suponiendo —otra vez, sin conceder— que eso fuese cierto, de cualquier modo, la persona talentosa que desarrolló sus habilidades habría comenzado su camino con una ventaja que el resto de la población no tiene. En ese sentido, creer que los supuestos talentos deberían ser premiados en una sociedad meritocrática que ensalza el esfuerzo personal no suena realmente muy justo o consecuente.

Personalmente no uso la palabra "talento". No creo que el talento exista como lo explica la narrativa meritocrática neoliberal. Sí que acepto que hay personas con características físicas y tal vez cognitivas que las hacen más aptas para algunas actividades. Pero convertir esa diferenciación en un talento es un proceso puramente social que, a mi parecer, no debería ser tan relevante como lo es actualmente.

Ahora, dejemos de lado los cuestionamientos a la existencia del talento y veamos cómo se supone que se reparte este en la sociedad. Algunas investigaciones conjuntas entre académicos de ciencias sociales y genómicas crearon lo que, bajo su metodología, sería un indicador que podría determinar qué tan asociados están los genes con lo que ellos conceptualizan como talento. De esa forma, las mediciones indicarían qué tan talentosa es una persona.

La primera gran conclusión que encontraron es que eso que muchos llaman talento se distribuye de forma aleatoria entre todas las personas, independientemente del estrato social. Tanto familias identificadas como pobres como familias aventajadas tienen básicamente la misma probabilidad de albergar a una persona talentosa.

El detalle está en los rendimientos de ese talento. Por ejemplo, los resultados académicos varían si una persona con talentos similares a otra es pobre o rica.[37] Una persona del grupo "menos talentoso" pero cuya familia es de altos ingresos tiene básicamente el mismo porcentaje de logro del nivel superior de educación respecto a una persona del grupo "más talentoso" pero perteneciente a una familia de bajos ingresos. Por su parte, una persona del grupo "más talentoso" pero de familia rica casi triplica el porcentaje de logro de educación superior frente a una persona también del grupo "más talentoso" pero de una familia pobre. Por eso el artículo de divulgación de esta investigación se titula "Es mejor nacer rico que talentoso".[38] Y por eso yo suelo decir en las redes sociales de Gatitos contra la Desigualdad que "el talento son los papás" (y las mamás, claro está).

En su libro *Los herederos*,[39] el sociólogo Pierre Bourdieu describía, ya hace 60 años, los diversos mecanismos por los cuales el sistema educativo legitimaba falsedades como el supuesto talento de los niños más ricos. Pero no solo eso, también señala cómo las familias más pobres naturalizan, es decir, realmente llegan a creerse, su falta de talento:

> La autoridad legitimadora del sistema escolar puede multiplicar las desigualdades sociales porque las clases más desaventajadas, demasiado conscientes de su destino y demasiado inconscientes de las formas en que se produce, ayudan así a hacerlo realidad sobre sí mismas.

Lo mismo ocurre en las universidades (por ejemplo, Harvard), que dan una "segunda revisión" a las solicitudes de ingreso luego de que las familias adineradas han hecho algún donativo, y tienen consideraciones especiales con los hijos de egresados en otras universidades de Estados Unidos.[40]

Así pues, queda claro que las personas más ricas no son aquellas que han llegado a la cúspide simplemente por "voluntad propia", por su talento y su esfuerzo para alcanzar dicha posición. No, no cualquiera puede ser millonario. Por lo general, será millonaria aquella persona que nació en una familia millonaria, sin importar realmente su esfuerzo y su talento.

Ilegitimidad de las grandes fortunas: *socialism for the rich*

Son diversas las causas de la riqueza en sociedades como las actuales, pero la mayoría de ellas se encuentran relacionadas con aspectos

IMAGEN 2.2

El "talento" son los papás.

Literal.

Fuente: @GatitosVsDesig, 12 de julio de 2020.

completamente ajenos al talento y al esfuerzo. De hecho, podríamos decir que varias son razones ilegítimas para apropiarse de la riqueza producida por la sociedad en su conjunto.

A continuación, hablaré del efecto de las herencias, el compadrazgo con los gobiernos, el poder de mercado (monopolios u oligopolios), el capital cultural y las ideas —equivocadas, como hemos visto— sobre el llamado talento como alternativas a la narrativa meritocrática y al mito de que "cualquiera puede ser millonario", y como causas importantes para entender la reproducción de la riqueza y la extrema acumulación a nivel global. Desmontemos, entonces, la legitimidad de la riqueza en nuestras sociedades.

Usaré como ejemplo el caso de la élite económica mexicana, aquellas personas multimillonarias del país que aparecen en la lista de *Forbes* (ver cuadro 2.1 más adelante), y cómo deben su riqueza, en gran medida, como ya se mencionaba, a las herencias, al compadrazgo con el gobierno (al recibir concesiones y beneficiarse de la privatización de empresas) o al control abusivo del mercado. Veamos con detalle estas razones.

Apellidolandia: ricos por herencia

La herencia es tal vez la razón más claramente ilegítima por la cual una persona puede llegar a ser rica. Esto, sencillamente, porque se aleja por completo de la idea de esfuerzo o talento detrás de la riqueza. Es decir, alguien que es rico por haber heredado no puede argumentar haberse ganado o merecer dicha riqueza. Sería rico por haber nacido rico, por un mero hecho azaroso.

De ninguna forma esto significa que sea extraño o poco deseable que las familias intenten mejorar las condiciones de sus hijos e hijas; se trata de reconocer que la riqueza heredada no es legítima en el sentido meritocrático, y no constituye entonces un resultado del esfuerzo o el talento. Así, no habría cabida para la narrativa meritocrática que estigmatiza la pobreza y entroniza la riqueza porque, se supone, son un resultado meramente individual. La redistribución se vuelve legítima cuando aceptamos el peso que tienen las herencias sobre la riqueza actual de las personas.

En el caso de México, al menos 14 de los 17 multimillonarios mexicanos reportados en la lista de *Forbes* de 2023 han heredado grandes riquezas o han recibido gigantes empresas de manos de sus padres, que datan desde finales del siglo XIX hasta principios del XX. Estos datos confirman la idea de que las familias más ricas del pasado son las familias más ricas de ahora.

De igual forma, los casos de herederos millonarios a nivel global son sumamente conocidos: Elon Musk, hijo de empresarios con minas de esmeraldas en África; Jeff Bezos, que recibió un gran préstamo de sus padres para iniciar Amazon,[41] y un largo etcétera.

De hecho, a nivel global, al menos un tercio de la riqueza pertenece a herederos de familias multimillonarias.[42] Incluso, entre 50% y 60% de las diferencias en ingresos de los individuos a nivel global se explican por el país en que se nace, mientras que otro 20% se debe al nivel de ingreso de los padres. Así, al menos el 70% de los ingresos se explican por el azaroso evento del lugar y la familia en la que se nace.[43] Es decir, muchas veces se ignora la "herencia" que nos brinda la sociedad al nacer o, dicho de otra forma, el país en el que nacemos.

Entonces, ¿cuál es el problema con heredar riquezas y con el nepotismo (como se mencionó atrás) dentro de un sistema supuestamente meritocrático? De hecho, hay muchos problemas. Primero, cualquier resultado de vida es injusto. Y, si es injusto, es legítimo modificar el sistema para hacerlo más justo. Así, el sistema meritocrático actual sería tan reprobable como lo era hace siglos el sistema aristocrático o monárquico, en el que las mejores posiciones eran heredadas y supuestamente asignadas por Dios o sus mensajeros.

Tal vez sería más justo un sistema distinto al capitalista o meritocrático, que dé mayor reconocimiento a la propiedad colectiva de los frutos del trabajo (histórico y presente) de todas las personas, y creer menos en la ilusoria propiedad privada fruto del mérito individual.

Además, en un sistema basado en la herencia de la riqueza, la sociedad y la colectividad pierden. Claro que el nepotismo de los actores con el que surgió el término *nepo baby* parece irrelevante. Pero imaginen por un momento que la sociedad se pierda de un prospecto de gran científico, que podría tal vez inventar algo que "mejorara" al mundo, porque nunca tuvo acceso a la universidad; mientras que los herederos de riqueza siguen entrando, en muchas ocasiones, sin méritos propios.

Cuestionar la legitimidad de la herencia como causa de la riqueza implica cuestionar la propiedad privada misma a la luz del carácter colectivo de los frutos del trabajo de la sociedad.

Compadrazgo: concesiones, privatizaciones y privilegios

Dado el poder de captura política que suelen tener las élites económicas, su relación con los gobiernos suele convertirse en una relación beneficiosa y ventajosa. Este es el *capitalismo de cuates*,[44] como se le suele llamar.

Sea por la "azarosa" recepción de concesiones para la explotación o extracción de recursos de la nación (uso del espectro radioeléctrico, explotación de minas, prestación de servicios públicos de transporte, etcétera), por ser beneficiarios de privatizaciones de empresas públicas o simplemente por distintos privilegios y ventajas, queda claro que la riqueza pública convertida en ganancia privada es una de las causas más importantes para entender la desigualdad económica y la extrema acumulación en pocas manos.

En países como México, es sumamente común que los millonarios sean ampliamente beneficiados por las privatizaciones del gobierno. Incluso, puede que esta sea la razón más conocida popularmente. Por ejemplo, Carlos Slim, el hombre más rico de México desde hace décadas, se benefició con la privatización de Telmex en 1990;[45] y de igual manera sus empresas se han beneficiado de contratos con el gobierno para la construcción de carreteras, líneas del metro de la Ciudad de México e incluso recientemente la construcción de tramos del Tren Maya.[46]

Otro ejemplo, el padre de Germán Larrea (en medios de comunicación referido como *el Rey del Cobre*), hoy la segunda persona más rica de México, se quedó con dos prominentes minas concesionadas por el gobierno y con gran parte del sistema ferroviario debido a la privatización de Ferromex que comenzó en 1995.[47]

Ricardo Salinas Pliego, que ya alcanzó el tercer puesto entre los más ricos, se benefició de la privatización del Instituto Mexicano de la Televisión, que luego nombró TvAzteca.[48]

En resumen, uno de cada tres multimillonarios mexicanos pudo hacer crecer su fortuna con empresas privatizadas o con concesiones del gobierno. Esto aun sin tomar siquiera en cuenta los beneficios fiscales que disfrutan los multimillonarios, asunto que se tratará en el capítulo 7.

Poder de mercado y falta de competencia económica

Por otro lado, un problema muy grave y que caracteriza a muchos sistemas capitalistas en América Latina y en el mundo es la tendencia a la concentración de los mercados y la creación de entidades con amplio poder económico, detrás de lo cual se construyen las riquezas más grandes.

¿A qué nos referimos? Básicamente, a la existencia de empresas con amplio dominio de mercado, es decir, que captan un porcentaje alto de las ventas totales. Por ejemplo, estructuras de mercado con oligopolios o monopolios, esto es, pocas empresas involucradas en el comercio de algún sector en particular (el caso del oligopolio) o una sola empresa involucrada (monopolio).

De acuerdo con la teoría económica neoclásica (es decir, la dominante ortodoxa), cuando los mercados se alejan de la competencia perfecta y caen en estructuras de mercado monopólico u oligopólico, las empresas pueden imponer precios abusivos y obtener ganancias extraordinarias que, en términos económicos, son ineficientes para el funcionamiento de la economía y, en términos morales, son ganancias injustas y que solo se explican por el poder de mercado de las empresas. Ganancias privadas injustas basadas en fallas de los mercados.

Es por eso por lo que las leyes en México, y en la gran mayoría de los países capitalistas en la actualidad, obligan a los gobiernos a regular y combatir la alta concentración de mercados, y a desincentivar la aparición de monopolios u oligopolios.

Incluso algunos gobiernos suelen tener facultades para dividir o disolver empresas que han acumulado un amplio poder de mercado. Tal fue el caso del gobierno estadounidense en contra de la empresa petrolera Standard Oil, propiedad de John D. Rockefeller, hace más de 100 años. De acuerdo con el fallo del caso, Standard Oil incurrió en prácticas anticompetitivas (como acuerdos secretos con ferroviarias) y se la declaró un monopolio, por lo que el *holding* fue dividido en 34 empresas distintas; entre ellas se encuentran las hoy conocidas Exxon y Mobil.

Cabe destacar que las prácticas abusivas de Rockefeller y Standard Oil lo habrían convertido en el hombre más rico de la época: si su riqueza fuera trasladada al año 2020, equivaldría a 800 mil millones de dólares. Para entender la inmensidad de esa riqueza, basta pensar que es casi cuatro veces mayor a la riqueza de Elon Musk, la persona más rica del mundo actualmente.

El mismo caso se repite con otros multimillonarios en todo el mundo. En el caso de México, todos los multimillonarios tienen participación en mercados oligopólicos o monopólicos. Carlos Slim se benefició del monopolio en telecomunicaciones que Telmex y Telcel supusieron en México durante décadas, a partir de lo cual construyó un emporio de empresas en distintos ramos y países. De hecho, ambas empresas han recibido penalizaciones por prácticas anticompetitivas, pero han seguido operando aun después de haberlas pagado.[49]

Por su parte, Ferromex, de Germán Larrea, también se ha beneficiado de operar en mercados altamente concentrados. La empresa, ahora llamada Grupo México Transportes (GMxT), había recibido la negativa de las autoridades (Cofece) para la compra de Ferrosur en 2002. La operación fue rechazada nuevamente en 2006 y aceptada tras el fallo de un tribunal en 2011.[50]

En el caso de Salinas Pliego, su empresa TvAzteca fue parte del duopolio que controló la televisión abierta en México, junto con Televisa, durante las pasadas décadas. Así, en el siguiente cuadro se puede observar que la totalidad de los multimillonarios son dueños de empresas que operan en mercados con alta concentración, lo que genera ganancias de forma abusiva, de acuerdo con la teoría económica ortodoxa. Entre los distintos ramos en los que operan las empresas, se encuentran el minero, cervecero, tequilero, telecomunicaciones, de seguros, bursátil, tiendas de autoservicio y de ventas en abonos, entre otros.

Desmontar la legitimidad de la riqueza

En julio de 2021 Jeff Bezos viajó al espacio, el multimillonario dueño de la compañía Amazon, la misma que ha sido criticada por sus condiciones laborales de explotación y ha sido castigada por aplicar políticas en contra de la sindicalización de sus trabajadores. Su primer viaje lo hizo a bordo de la nave New Shepard, de la empresa de la que es dueño, Blue Origin, cuyo objetivo es atender el "naciente mercado del turismo espacial" para multimillonarios.[51]

Ranking 2023	Nombre (o familia)	Riqueza estimada en pesos*			¿Heredó riquezas millonarias o empresas?	¿Beneficiario de privatización?	¿Beneficiario de concesiones?	¿Participa en mercados con alta concentración?
		2018	2023	Cambio entre 2018 y 2023				
1	Carlos Slim	1 207 800 000 000	1 674 000 000 000	466 200 000 000	Sí	Sí	Sí	Sí
2	Germán Larrea	250 200 000 000	478 800 000 000	228 600 000 000	Sí	Sí	Sí	Sí
3	Ricardo Salinas Pliego	127 800 000 000	196 200 000 000	68 400 000 000	Sí	Sí	Sí	Sí
4	Familia Beckmann	102 600 000 000	138 600 000 000	36 000 000 000	Sí	-	-	Sí
5	Alberto Baillères, herederos y familia	192 600 000 000	124 200 000 000	-68 400 000 000	Sí	-	Sí	Sí
6	María Asunción Aramburuzabala	106 200 000 000	111 600 000 000	5 400 000 000	Sí	-	-	Sí
7	Rufino Vigil González	25 200 000 000	72 000 000 000	46 800 000 000	-	-	Sí	Sí
8	Antonio del Valle Ruiz	61 200 000 000	57 600 000 000	-3 600 000 000	-	Sí	-	Sí
9	Carlos Hank Rhon	36 000 000 000	54 000 000 000	18 000 000 000	Sí	-	-	Sí
10	Fernando Chico Pardo	17 820 000 000	46 800 000 000	28 980 000 000	-	-	-	Sí
11	Roberto Hernández	34 200 000 000	34 200 000 000	0	Sí	Sí	-	Sí
12	David Peñaloza Alanís	23 400 000 000	27 000 000 000	3 600 000 000	Sí	-	Sí	Sí
13	Alfredo Harp Helú	21 600 000 000	25 200 000 000	3 600 000 000	Sí	-	-	Sí

FUENTE: Elaboración propia con datos de *Forbes*.

Pareciera increíble, pero dicho mercado existe: empresas como SpaceVIP, Virgin Galactic y Axiom Space, junto con Blue Origin, ofrecen viajes al espacio o hasta la Estación Espacial Internacional por cantidades módicas de entre medio millón o hasta 20 millones de dólares.

A raíz del viaje de Bezos, la organización no gubernamental estadounidense Public Citizen tuiteó: "Nada dice más 'impuestos a los ricos' que la carrera espacial recreacional de los multimillonarios".[52] Y es que realmente han causado amplia indignación las formas tan excéntricas en las que, antes las carencias que se viven en la sociedad, los multimillonarios pueden llegar a gastar su riqueza.

Pero esto es claramente permisible en una sociedad donde la riqueza de los más ricos es inimaginable. Por ejemplo, Bezos tendría que gastar 11 millones de dólares diariamente (unos 200 millones de pesos) y morir a los 100 años para consumir la totalidad de su riqueza.[53] No hay manera de que Jeff Bezos pueda consumir toda su riqueza durante su vida. Entonces, ¿cuál es el sentido de tal grado de acumulación?

La narrativa meritocrática justifica que los multimillonarios gasten e incluso dilapiden su riqueza de la forma que más se les antoje, por más excéntrica que sea, justificados sencillamente en merecen dicha riqueza. "Ellos son los generadores de la riqueza y pueden hacer con ella lo que más les guste".

Yo comparto una perspectiva contraria a la meritocrática individualista, en la que se reconoce que la riqueza es generada colectivamente por la sociedad. La riqueza de los multimillonarios no podría generarse sin el trabajo de la clase trabajadora de la sociedad. Los miles de millones de inversiones en el sistema financiero global no podrían generar rendimientos si estuvieran aislados de la sociedad. Las inversiones inmobiliarias de los millonarios dedicadas al alquiler no generarían ingresos si no hubiese población dispuesta a vivir en tales viviendas (de esto hablaré más en el capítulo 5). La riqueza de los multimillonarios simplemente sería imposible sin la comunidad.

Ya revisamos que la narrativa meritocrática justifica el merecimiento de la riqueza con base en el mérito, el esfuerzo y el talento. ¿De

qué servirían esos esfuerzos y esos talentos a una persona multimillonaria si se encontrara aislada en una isla deshabitada?[54]

La realidad es que hemos naturalizado la idea de que las ganancias
generadas por la sociedad, la riqueza que se produce colectivamente,
sean privatizadas y amasadas en unas pocas manos. Pero no necesariamente tendría que ser así.

Los multimillonarios son una falla de las políticas públicas

En abril de 2020, cuando la pandemia por covid-19 y la inmensa crisis
económica apenas comenzaba, recuerdo perfectamente haber compartido un tweet de Nora Lustig, el cual señalaba que la riqueza de Jeff
Bezos, dueño de Amazon, había incrementado 25 mil millones de dólares en los últimos cuatro meses y que, como mínimo, los multimillonarios deberían donar toda su riqueza generada durante la pandemia,
mientras que los gobiernos deberían considerar un impuesto universal
a los activos de los multimillonarios.[55]

Como podrán imaginar, Jeff Bezos no donó el incremento de su
riqueza. Pero sí que algunos gobiernos comenzaron a considerar (o implementar) más seriamente los impuestos a la riqueza. Como se tratará
con más detalle en el capítulo 7, al parecer la legitimidad de la riqueza de los multimillonarios se vio todavía más trastocada en un contexto
de crisis económica mundial como el de 2020, donde era más obvio
aún que muchas empresas (y multimillonarios) estaban engrosando su
riqueza a la par del sufrimiento de un amplio porcentaje de la población: empresas que lucraban y generaban ganancias injustas con paten-
tes de medicamentos, vacunas o equipo médico altamente necesitados
para la atención de millones de personas; empresas de comercio en línea (como Amazon), cuyos giros comerciales se volvían indispensables
para la sobrevivencia de la sociedad en un mundo que buscaba evitar el
contagio por el contacto cara a cara, entre muchas otras.

¿Es moral incrementar en miles de millones la riqueza de una
sola persona a partir, básicamente, de las necesidades insatisfechas del
resto de la población? La pandemia constató que es poco ético apro-

vecharse de la vulnerabilidad del resto. En enero de 2021, luego de casi un año de pandemia y crisis económica, era indignante encontrar en un reporte de Oxfam que la riqueza de los multimillonarios a nivel mundial se había incrementado en 3.9 billones de dólares al mismo tiempo que la Organización Internacional del Trabajo (OIT) evidenciaba en un estudio que el ingreso laboral global había caído en 3.7 billones.[56] Curiosamente —o no—, las pérdidas de la mayoría durante la crisis fueron las ganancias millonarias de unos cuantos.

Y los gobiernos permitieron que sucediera esto. Por eso en redes sociales se dice "Every billionaire is a policy failure", es decir, todos y cada uno de los multimillonarios son una falla de políticas públicas.[57]

Puede que el contexto de una crisis económica o una situación de emergencia excepcional haga más obvia la ilegitimidad e inmoralidad de la riqueza excesiva acumulada en pocas manos. Pero ¿no será acaso que el resto del tiempo solo hemos aprendido a naturalizar la legitimidad de la inmensa riqueza acumulada, a pesar de que siga siendo inmoral y poco ética?

La narrativa meritocrática simplemente apelaría a que Elon Musk, Jeff Bezos, Carlos Slim o Ricardo Salinas Pliego acumularon su riqueza debido a su talento y su esfuerzo: debido a sus méritos. Analicemos eso con detalle. Por ejemplo, para ganar los 100 mil millones de dólares que Jeff Bezos acumuló en tan solo 180 días durante 2020, un trabajador estadounidense con el salario mínimo tendría que trabajar 5 millones de años.[58] ¿Esto es mucho? Basta decir que el género de primates homínidos *Australopithecus* se cree vivieron hace cerca de 4 millones de años.[59] Entonces, la duda que debería inundar nuestras mentes es la siguiente: ¿realmente los méritos de Jeff Bezos en 180 días equivalen al de 5 millones de años de un trabajador común?

En un ejemplo para México, los datos mostraron que la riqueza de Carlos Slim aumentó en 200 mil millones de pesos durante 2022, es decir, casi 646 millones de pesos por día. Imaginen, un trabajador con salario mínimo tendría que trabajar 5 mil 670 años para ganar lo que Slim aumentó de su riqueza solo en un día. Es decir, haber trabajado más o menos desde la era de la protohistoria de Mesopotamia hasta la actualidad para lograr el mérito del multimillonario en solo un día. Ah, y sin vacaciones.[60]

No hay forma alguna de defender la legitimidad de dichas cantidades inimaginables de acumulación de riqueza. Y no solo en el contexto de una crisis económica o de una emergencia. En cualquier contexto resulta imposible justificar diferencias de miles o millones de veces el mérito de una persona frente al de otra. Si además recordamos que, como hemos revisado, las causas de la riqueza en realidad están relacionadas con explotación laboral, herencias, compadrazgo y fallas del mercado, la realidad es que la grotesca riqueza que acumulan los multimillonarios se vuelve indudablemente inmoral e inmerecida. No es legítima.

A mi parecer, este debe ser el primer paso para luchar contra la extrema acumulación de riqueza en la sociedad: exhibir claramente su ilegitimidad. Mientras que las energías (y los millones) de los ricos se enfocan en hacernos creer una historia de éxito y mérito para justificar su acumulación, nuestro deber es evidenciar que no hay justificación alguna para que mantengan tanto en tan pocas manos.

Dejen de pedirles consejos a los ricos sobre "cómo hacerse rico"

Luego de haber revisado las críticas a las supuestas causas de la riqueza, valdría la pena, al menos, dudar de la legitimidad que tienen los multimillonarios para dar sugerencias sobre cómo alguien pudiera hacerse rico. "Levanta el pinche culo y ponte a trabajar", dijo Kim Kardashian cuando le preguntaron sobre sus consejos de negocios para mujeres. "Parece que ahora nadie quiere trabajar", siguió diciendo la millonaria.[61]

La realidad es que los multimillonarios nunca darán consejos útiles sobre cómo hacerse rico. Por lo general, como parte de la narrativa fundante y legitimadora de su grupo social, se empeñarán en tratar de transmitir una idea ilusoria acerca de la generación de la riqueza, y por lo general ignorarán la factores estructurales que están realmente detrás de sus grandes fortunas. Más allá de algunos pocos consejos útiles para mejorar la vida diaria, en mi opinión la industria del *billionaire coaching* no tiene ningún valor.

La relación entre las autojustificaciones de la riqueza y la estigmatización de la pobreza es indisoluble. Aunque traté el tema de los mitos de la pobreza en el capítulo anterior, en el presente capítulo es imposible dejar de señalar las falacias de los mitos detrás de la riqueza sin hacer énfasis también en la falta de sustento de las creencias sobre la pobreza.

Así pues, un paso fundamental para desmontar la legitimidad de la riqueza sería simplemente dejar de creer en lo que pregonen los dueños de las grandes fortunas. Con notables excepciones (como hablaré sobre el movimiento de "millonarios por la humanidad"),[62] la mayor parte de los más ricos de la sociedad considerarán dentro de sus intereses defender la legitimidad de lo que tienen.

Ya sea para poder viajar al espacio a hacer turismo o para evitar que las turbas iracundas los despojen de la injustificada riqueza que acumulan, las narrativas meritocráticas que seguirán comunicando las personas multimillonarias buscarán instalar en la sociedad la falsa idea de que cualquiera puede convertirse en millonario con sus consejos de generalidades, y ocultarán que el santo grial para lograr la riqueza es simple y sencillamente nacer rico.

Límites a la riqueza: los multimillonarios no deberían existir

De las reflexiones anteriores surge una pregunta obvia para algunos, pero que para otros será muy difícil de responder: Entonces, ¿qué tan rico podría ser ético que llegue a ser alguien? De acuerdo con la tesis del *limitarianismo*, de Ingrid Robeyns, existen argumentos morales para cuestionar la legitimidad de las inmensas riquezas y, de hecho, cree que no hay razones para justificar la "acumulación de riqueza sin límites".

Propone que al menos deberían existir dos límites a la riqueza, que variarían dependiendo del contexto de cada país al momento de establecerse: Uno sería el límite político, es decir, el límite que nuestra sociedad debería establecer y que el sistema fiscal debería hacer cumplir; el otro sería el límite ético personal, más bajo pero que toma en cuenta simplemente las necesidades de las personas.[63]

La autora considera que, en el contexto de la sociedad de los Países Bajos, donde ella vive, el límite político a la riqueza no debería superar los 10 millones de euros (algo cercano a 200 millones de pesos mexicanos), mientras que el límite ético no debería superar 1 millón de euros (20 millones de pesos mexicanos), suponiendo que exista un sistema de pensiones colectivas sólido.

A mi parecer, los límites a la riqueza en México podrían ser aún más bajos, considerando el costo de vida y suponiendo que los impuestos cobrados a los más ricos serían suficientes para establecer un sistema de protección social robusto. Probablemente, un límite político de 100 millones de pesos y un límite ético de 10 millones de pesos a la riqueza no sonaría descabellado. El umbral en específico podría discutirse mucho, pero encuentro difícil que alguien pueda justificar límites alejados de los que menciono.

El gasto promedio per cápita del 10% más rico en el país apenas llegaba a poco menos de 350 mil pesos anuales en 2022.[64] Tendrían que pasar casi 30 años para que una persona promedio del decil más alto en el país gastara en su totalidad una riqueza de 10 millones de pesos, suponiendo, además, que no trabajara y no tuviera ningún tipo de ingresos durante ese periodo; incluso suponiendo que su riqueza no estuviese invertida en ningún activo financiero que produjera rendimientos año con año.

Desde el punto de vista del mérito, el talento, el esfuerzo, o incluso desde lo que realmente podrían gastar las personas durante el resto de su vida y sin aportar nada a la sociedad, cualquier defensa de la riqueza multimillonaria se derrumba sin duda alguna.

No podemos aducir simplemente que las diferencias en nuestros ingresos o nuestras riquezas reflejan lo que nos merecemos. No existe forma de justificar un merecimiento de tales niveles de riqueza como los de los multimillonarios de nuestra sociedad contemporánea. Cifras imposibles de imaginar que hasta cuestan trabajo escribirlas: por ejemplo, la riqueza de Carlos Slim a junio de 2024 sería aproximadamente de 1 722 240 000 000 de pesos mexicanos.[65]

Puede que la avaricia de unos pocos los lleve a continuar promoviendo justificaciones artificiales para su opulencia y para las extremas brechas de desigualdad. Y puede que con el poder económico y político que han acumulado empleen diversas estrategias para desprestigiar a quienes criticamos su riqueza sin límites. De cualquier forma, me parece que, poco a poco, queda más claro que esa oportunidad de privatizar la riqueza de la sociedad tiene fecha de caducidad.

CUADRO 2.2
5 puntos que explican por qué los billonarios no deberían existir[66]

1. Los billonarios no "se ganan" su riqueza
En México, al menos 82% de ellos heredaron riqueza.[67] Según cálculos MUY conservadores, es igual para al menos 44% a nivel mundial.[68] Una obrera con el salario mínimo en México tardaría 488 mil 890 años en hacer mil millones de dólares. Ni Bezos, ni Slim, ni Salinas Pliego trabajan 488 mil 890 veces más duro que esta obrera.
2. Los billonarios no practican la "caridad"
Bezos solo donó 0.0000561% de su riqueza en abril de 2020 a Feeding America (en el contexto de inicio de la pandemia por covid-19). Bill Gates solo donó 0.6% de su riqueza en 2019. Eso no sirve de nada, pues sus riquezas provienen de la explotación de los trabajadores y del abuso en mercados acaparados o poco competitivos.
3. Los billonarios pagan menos impuestos que nosotros
En Estados Unidos, los billonarios pagaron solo 23% de sus ingresos en impuestos, mientras que el estadounidense promedio pagó 28%.[69] En México, no solo pagan bajos impuestos los billonarios, sino que además se benefician del erario, como Slim con el Tren Maya o Salinas Pliego con la distribución de los fondos de los programas sociales.[70]
4. Los billonarios son un riesgo para la democracia
Es un peligro permitir que existan ricos tan ricos que puedan comprar la democracia, dedicar cantidades inmensas de dinero a campañas electorales (Odebrecht) o tener influencia dentro del gobierno.

5. Los billonarios simplemente no ven por la sociedad

En México, 178 mil millones de pesos serían suficientes para acabar con la pobreza extrema por un año.[71] Eso equivale solo a 15% de la riqueza de Slim. Asimismo, 20 mil millones de dólares podrían evitar que viva en la calle cualquier persona en Estados Unidos. Mike Bloomberg podría pagar eso hoy y seguir disfrutando de otros 28 mil millones. Los 10 más ricos del mundo podrían dedicar 300 mil millones de dólares necesarios para detener el avance del calentamiento global y aún disfrutar de 386 mil millones.

MITO 3
No es el patriarcado ni el racismo, es el clasismo

La narrativa meritocrática no solo trata de subestimar las diferencias en las posibilidades de alcanzar el llamado "éxito" entre quienes nacen en un hogar pobre y quienes nacen en un hogar rico, sino que en general trata de invisibilizar todas las categorías de distinciones que puedan pesar sobre las personas y que se asocian con la desigualdad de oportunidades y de resultados.

Tal vez las categorías de género y la etnorracial son las dos que más incidencia tienen como determinantes de la desigualdad, y son también invisibilizadas por la narrativa meritocrática. En este capítulo se analizarán los mitos relacionados con estas categorías. Estos mitos llegan incluso a negar la existencia del racismo o del patriarcado, y argumentan que lo que en realidad pesa en nuestras sociedades es el clasismo, ignorando las distintas categorías asociadas con la desigualdad.

Mitos como el de la inexistencia de la desigualdad de género, la inexistencia de la brecha salarial de género o que el patriarcado ya no existe son sumamente comunes, principalmente como respuesta a las constantes y cada vez más frecuentes manifestaciones feministas y antipatriarcales.

Sucede algo similar con los mitos que niegan el racismo, tales como el del mestizaje ("aquí no hay racismo porque todos somos mestizos") o el del racismo inverso ("todas las personas son racistas, sin importar el tono de piel"), y también se hacen más populares cuando las manifestaciones o exigencias antirracistas arrecian por coyunturas específicas: por ejemplo, cuando en Jalisco la policía asesinó a Giovanni López Ramírez por no llevar cubrebocas[1] o el caso en Tulum donde la policía asesinó a Victoria Salazar (migrante salvadoreña) mientras la sometía por, supuestamente, "estar en estado de ebriedad" y "alterar el orden".[2]

Como sucede con los mitos de la desigualdad que ya se han analizado, en cuanto a los relacionados con las categorías de género y la etnorracial pareciera que el principal objetivo es el de deslegitimar las posibles acciones que luchan contra estas desigualdades. De ahí que se vuelva tan importante hacer creer que no existen ni el racismo ni el sexismo, ni el patriarcado ni la colonialidad, porque de esa forma carecen de sentido las acciones afirmativas y redistributivas que ejecutan —o que deberían ejecutar— los gobiernos en nuestras sociedades.

Me queda claro que el análisis a profundidad de estas categorías de desigualdad sería suficiente para la redacción de libros enteros centrados en cada una de ellas. Sin embargo, en este capítulo trataré de exponer estos mitos y sus realidades de forma sintética, resaltando su importancia para el entendimiento de las desigualdades y de la mentira de la meritocracia en nuestra sociedad.

La negación de la raza y el género

La brecha salarial de género no existe

Hoy en día, en redes sociales y medios de comunicación conservadores, existe un consenso sobre cómo, supuestamente, la desigualdad de género es una "mentira de los progres", compartiendo mitos que devienen en una narrativa meritocrática extrema, como aquel de que "la brecha salarial de género no existe", que "no hay desigualdad económica sistemática entre hombres y mujeres, sino todo se debe a decisiones personales" e, incluso, el mito sobre la "inexistencia del patriarcado".

Sobre este último ejemplo hay un artículo titulado "El patriarcado ya no existe", escrito por Agustín Laje en un medio de comunicación digital. Este artículo tiene el objetivo, según sus palabras, de demostrar que gracias al capitalismo de libre mercado, "el patriarcado ya no existe en los países occidentales",[3] y cita datos de cómo los hombres suponen la mayoría —frente a las mujeres— entre las víctimas de homicidio, de guerras, de trabajo infantil y de accidentes laborales. No le pregunten por favor a Laje quiénes son los opresores de esos hombres que son mayoría en las cifras que menciona, porque su argumento se acabaría.

Además, en dicho artículo, Laje comparte un argumento muy común entre los libertarios y los conservadores que comparten el mito de la inexistencia de la brecha salarial de género: "Si la brecha salarial de género existiese —dicen—, los empresarios contratarían a más mujeres, pues su costo laboral sería más bajo y los empresarios siempre quieren disminuir sus costos; en palabras de Laje, porque "nadie que quiera maximizar económicamente su negocio pagará más a alguien por ser hombre".

Este argumento también lo usa en cada debate Javier Milei, el nuevo presidente de Argentina que se autonombra también "libertario". En un video compartido millones de veces en TikTok, Milei dice: "Si eso fuera cierto, que las mujeres ganaran menos, las empresas estarían llenas de mujeres, porque los empresarios quieren ganar dinero".[4] Nótese que para guardar la lógica interna de esta afirmación, es necesario creer al mismo tiempo el dogma del funcionamiento del libre mercado de forma irrestricta, sin que la existencia de formas de poder, opresión o discriminación puedan afectar las decisiones de la maximización económica.

En el mismo video de Javier Milei, el presidente argentino menciona: "Cuando vos tomás los promedios, es cierto [la existencia de la brecha salarial de género]. Pero cuando vos tomás segmento por segmento, esa desigualdad desaparece". En el mismo sentido, otra columna publicada en la página *Libre Mercado* señala que la brecha salarial en realidad se explica por jornadas laborales distintas y ocupaciones distintas, pero que son "una libre elección" y "no constituyen una situación de desigualdad coactiva". Finaliza diciendo que, de hecho, sí existe "una brecha de 5%" restante que no puede ser explicada incluso por las razones anteriores.[5]

Como último ejemplo sobre estos mitos respecto a la desigualdad de género y la brecha salarial, hay una lectura de Agustín Esposito, contenida en el sitio web *Libros Libertarios*, que arguye con mayor detalle por qué las mujeres ganan menos, y la cual tiene varias frases memorables que vale la pena citar aquí:

- **Diferencias biológicas.** Los hombres prefieren trabajar con "cosas" y muestran más interés en lo realístico e investigativo. Las mujeres prefieren lo relacionado con "personas" y muestran más interés en lo artístico y lo convencional. "Vemos niños jugando, en general, con autos, espadas, pistolas, mientras que las niñas, también en general, con muñecos o juguetes con rostros".
- **Diferencias en la personalidad.** "Los hombres son más temerarios y aventureros. Pelear el salario es una de sus características". Además, cita a Jordan Peterson: "Las mujeres son más agradables que los hombres" y "a las personas agradables se les paga menos".
- **Carreras elegidas.** "Ciertas carreras requieren de 'brillantez' o 'genio', no solo el trabajo duro, y usan la siguiente metáfora 'Sherlock Holmes y Hermione Granger, ambos muy sabios, pero Hermione estudiaba muchísimo y el otro era más innato'". Señala que las personas con IQ más alto suelen ser hombres, razón por la cual "los grandes descubrimientos y matemáticos suelen ser [hechos por] hombres".
- **Trabajos elegidos.** "La menor aversión al riesgo de las mujeres puede estar explicando que compitan por trabajos más

estables pero peor remunerados [...]. En resumen, nos gustan cosas distintas. [...] Las decisiones son tomadas de manera voluntaria. A las mujeres simplemente no les gustan ciertas tareas como tampoco a los hombres les gustan las tareas del género opuesto".

- **Horas trabajadas.** "'No hay sustituto para el trabajo duro'. [...] La gran mayoría de estas madres [que trabajan menos por tener que cuidar a sus hijos] dijeron que estuvieron felices de haber tomado estas tareas a pesar de que interrumpió en su carrera laboral". Cita también una investigación que, se supone, menciona: "Las mujeres suelen estar a cargo de la casa y de la familia, pero no se deberían quejar [de] que si alguien trabaja menos entonces ganará menos. Y nadie las obligó a ser madres".

- **Tareas del hogar.** "Simplemente, a ellas les importa mucho más el tema [de los cuidados en el hogar] [...] el 42% de las mujeres dijo que siempre o casi siempre pensaba en la casa y la familia mientras estaba en el trabajo". Y asegura: "Las madres que se quedan en casa sufren menos y son más felices. Las mujeres casadas son más felices que las solteras y las que co-viven".

Abundé en las citas de aquel texto, especialmente, porque sintetizan muchas de las falacias lógicas en torno a la brecha salarial de género. Pareciera que, según todas estas, por un lado, la brecha salarial no existe porque, si existiese, los empresarios contratarían más mujeres que hombres para ahorrar costos. Pero al mismo tiempo sí existe porque aspectos biológicos predisponen más a los niños a jugar con carritos y espadas, y a las niñas, con muñecas, y eso se relaciona con las carreras y los trabajos que eligen. Afirman, además, que los hombres tienen un IQ más alto y a las mujeres les gusta trabajar en casa: tan así que incluso cuando están fuera de ella trabajando solo están pensando en su casa.

Este tipo de explicaciones simplistas, redundantes, circulares y alejadas de la evidencia científica se comparten de forma viral en redes sociales y en medios de comunicación, y son usadas por un porcentaje importante de la población para desestimar la realidad de la desigualdad de género y deslegitimar las políticas que buscan reducir las brechas. Aunque muchas de ellas puedan parecer cómicas (como la predisposición biológica de los niños a jugar con carritos y las niñas a jugar con muñecas), son presunciones que creen fielmente personas de distintos perfiles económicos y educativos, que lideran organizaciones y empresas, e incluso presidentes o presidentas de países, como el caso de Argentina y Javier Milei. Más adelante se discutirá la realidad frente a estos mitos sobre la desigualdad de género.

Racismo daltónico: "No hay racismo, es clasismo"

"En México no hay razas" y "nuestro país nunca ha estado organizado por razas", asegura el editor Pablo Majluf en un programa televisivo nacional nocturno y en sus redes sociales.[6] En realidad, lo que sucede, según explica Pablo, es que en México estamos "importando la discusión racial" de los Estados Unidos. Aunque para muchos pueda parecer sorprendente que alguien en México o en América Latina realmente crea que no hay racismo, lo que dice Majluf (quien, por cierto, también comparte en redes sociales apologías de la narrativa meritocrática)[7] es más común de lo que parece.

De hecho, se le conoce como *racismo daltónico* al mito de que, en la sociedad, todas las personas son tratadas de igual forma, independientemente del tema racial, y que, por lo tanto, no hay una sociedad racista.[8] En un muy buen análisis del racismo y el clasismo en México, Robert Morris nos muestra casos de racismo daltónico en redes sociales y medios de comunicación, en los que se niega o ignora la existencia de las desigualdades con un eje racial. Morris pone de ejemplo un tweet de Chumel Torres, quien se burla de alguien que cuestiona la composición política de un gabinete de acuerdo al tono de piel diciendo: "Tampoco están representados los animales. Malditos especistas".[9] Es bajo el sentido del racismo daltónico que se suelen hacer aseveraciones del tipo "en México no hay racismo, solo clasismo".

De igual forma, el artículo de Morris señala otro de los mitos clásicos en temas etnorraciales, que se relacionan de alguna manera con la narrativa meritocrática. Se trata del mito de "todos somos mestizos", muy común en países latinoamericanos. El concepto de *mestizo* viene de un proyecto de construcción de nación que trató de ignorar el racismo y tuvo como consecuencia la segregación, ejecutada mediante una estrategia de supuesta mezcla. Así, mestizo es "una categoría racial que surge como componente clave del mito ideológico de la formación de la nación mexicana".[10]

"Aquí no hay racismo porque todos somos mestizos", ha sido una de las defensas más comunes del racismo daltónico, que trata de ignorar que, mediante el mito del mestizaje, se oculta una sociedad basada más en la pigmentocracia que en la meritocracia. "¿Pigmentocracia? Pendejocracia es lo que estamos viviendo", señala otro tweet de Chumel Torres al desestimar las críticas al predominio del tono de piel claro entre los asistentes del evento de la Fórmula 1 en la Ciudad de México.[11]

Aunque quienes niegan el racismo en México y América Latina digan que todos somos iguales, que nuestra sociedad no está organizada por razas y que las personas que formamos parte de la nación somos mestizas en su mayoría, 30% de los habitantes de la región creen que "la raza indígena debe mejorarse".[12] De igual forma, 33% en México piensa que "las personas indígenas valoran poco el seguir estudiando", de acuerdo con datos de la Encuesta Nacional de Discriminación.[13]

Pero para muchas personas promotoras de la narrativa meritocrática no basta con compartir los mitos del mestizaje y del racismo daltónico, negando la existencia de una sociedad racista, sino que, aunque se supone que para ellas no existe el racismo, lo que sí existe es el "racismo inverso". Con este término tratan de acallar las críticas o incluso ofensas que pueda haber hacia la población con tonos de piel claros, buscando equipararlas con siglos de sistemática opresión y discriminación contra las poblaciones racializadas. "La gente es racista, sin importar el color de piel",[14] se menciona en redes sociales alimentando la fantasía del racismo inverso.

Nuevamente Majluf y otros tienen ejemplos interesantes de denuncias de racismo inverso.[15] Menciona en su artículo "La pulsión fascista": "Si una mayoría fue privilegiada en detrimento de otras minorías, particularmente a raíz del régimen revolucionario, fue precisamente la gran masa mestiza, la raza de bronce". E incluso habla de "la opresión racial de los prietos". Así pues, el racismo en México "no existe", pero también existe cuando se trata de "los blancos siendo oprimidos".

El artículo de Robert Morris pone más ejemplos de publicaciones en redes sociales que mencionan o se asocian con la idea del racismo inverso, lo que llama "victimización del grupo dominante", común frente a propuestas de acciones afirmativas. El autor encuentra ejemplos de *influencers* en Twitter que critican la acción afirmativa de una diferencia de tres años de edad en la población objetivo de la pensión para adultos mayores que beneficia a la población indígena y afromexicana: "Según la escala pigmentocrática de López ¿a qué edad alcanzaría pensión? ¿Soy lo suficientemente indígena o por mestiza debo esperar?", pregunta Gloria (@GlodeJo07, quien tiene 600 mil seguidores en Twitter) en respuesta a Denise Ramos (con más de 350 mil seguidores), quien señala: "Por mi color no puedo cobrar pensión a los 65 años. ¡Qué *sad*!".[16]

Lo más interesante del mito del racismo inverso es que tiene como objetivo deslegitimar las acciones redistributivas que buscan generar mayor igualdad en una sociedad jerarquizada por la pigmentocracia. Pretende, en resumen, evitar acciones que modifiquen la estructura de ventajas y acumulación que beneficia a las personas con tono de piel más claro, primero invisibilizando el racismo y luego haciéndose pasar por víctimas del racismo inverso.

Nacer mujer, morena e indígena en un mundo de hombres blancos

Como se ha ido revisando, hay distintas categorías sociales que implican diferencias claras en términos de desigualdad, de acumulación de poder y de opresión. Una aproximación teórica interesante a esto es la de Charles Tilly, que habla de la *desigualdad categorial*, en referencia a *pares categóricos* que se asocian con grandes diferencias en desigualdad de oportunidades y de resultados.[17]

Por ejemplo, entre estos pares categóricos, Tilly señala las categorías de hombres y mujeres (por un momento, visto de forma binaria), blancos y no blancos, ciudadanos y extranjeros (o migrantes), nobles y plebeyos, niños y adultos, etcétera. Podríamos agregar aquí la categorización de indígenas y no indígenas, o la de personas de diversidad sexogenérica.

A partir de estas categorías, Tilly señala los procesos estructurales, de interacción social y experiencia colectiva, más que los aspectos individuales por sí mismos, para tratar de entender la desigualdad más allá de la división de clases sociales simples. El autor también da cuenta de dos mecanismos que generan las desigualdades (explotación y acaparamiento) y dos que las generalizan y naturalizan en la sociedad (emulación y adaptación). Estas categorías sociales pueden tener interacciones entre sí, con lo cual aumenta el grado de ventajas o desventajas en las personas.

Este tipo de interacciones entre categorías asociadas con desigualdades ha sido también el tema de Crenshaw[18] al proponer la idea de *interseccionalidad*, con la que ella trataba de reflejar cómo interactúan en Estados Unidos las categorías de género y raza, y cómo se exacerban las desigualdades experimentadas. Este concepto se ha popularizado como pocos conceptos de ciencias sociales lo han logrado. Más allá de debates específicos sobre la forma en que interactúan las categorías de desigualdad (si se intersecan, se superponen, etcétera), al día de hoy no queda duda de que un análisis serio sobre desigualdad debe de tomar en cuenta estas distintas categorías sociales y su interrelación.

A continuación, en este apartado muestro evidencia de las realidades frente a los mitos que niegan la existencia de la desigualdad de género y del racismo. Aunque se traten de invisibilizar las diferencias asociadas con estas categorías sociales, hay suficiente evidencia de décadas de investigación que prueba no solo su vigencia, sino la imperiosa necesidad de ejercer como sociedad acciones y políticas de Estado que puedan generar mayor igualdad en estas dimensiones, más aún para las personas que se ven intersecadas por varias de estas categorías.

Día del pago igualitario[19]

Las mujeres tienen que trabajar 105 días más para ganar lo mismo que los hombres en todo un año. A nivel mundial, es cada vez más frecuente que los países celebren el #DíaDelPagoIgualitario, un día que simboliza el tiempo promedio que tendría que trabajar una mujer durante el año en curso (sumado a lo trabajado durante todo el año pasado), para obtener los mismos ingresos laborales que un hombre el año anterior.

Claramente, esta fecha es diferente para cada país. De acuerdo con la campaña Equal Pay Today,[20] en Estados Unidos las mujeres ganan 80 centavos por cada dólar que gana un hombre, por lo que el 2 de abril fue su #DíaDelPagoIgualitario (esto con datos de 2019). En otro ejemplo, el 9 de abril fue el día equivalente en Argentina, de acuerdo con el proyecto EcoFeminita, por el que conocí esta propuesta.[21]

La brecha salarial de género en México: los hombres ganan 29% más que las mujeres.

Durante la última década, la brecha salarial promedio en México se ha mantenido cerca de ese 29%. Así pues, para equiparar lo ganado por los hombres en 2023, las mujeres tendrían que haber trabajado todo ese año más 105 días de 2024. Por eso el lunes 15 de abril es el #DíaDelPagoIgualitario en México.[22]

Cuando se ordena al total de trabajadores según sus ingresos, y se dividen en 10 grupos de igual población (deciles, pero ahora de ingreso laboral), se tiene como resultado que hay más mujeres en los grupos de menos ingresos y más hombres entre quienes perciben más. De hecho, 7 de cada 10 trabajadores del *top* 10% en ingresos laborales son hombres. Por otro lado, son mujeres el 55% de las personas que integran el decil I (el 10% de trabajadores con menos ingresos). En total, **las mujeres son 51% de la población, pero se quedan solo con 32% del total de los salarios del país.**

GRÁFICA 3.1

Composición de deciles de ingreso laboral por sexo

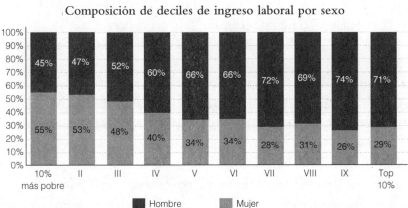

FUENTE: Elaboración propia con datos de ENOE (2019).

La brecha salarial de género no es igual para todas las mujeres. Por ejemplo, la brecha más alta está en localidades medianas, de entre 15 mil y 100 mil habitantes (41% más ganan los hombres frente a las mujeres) y la más baja se observa en áreas rurales (30%). También afecta en mayor medida a generaciones de mayor edad, como los *baby boomers* (nacidos entre 1945 y 1964), para quienes la brecha es de 34%, y a la llamada generación X (entre 1965 y 1981), donde el indicador alcanza el 35%.

La brecha salarial también es más amplia entre las personas que tienen niveles más bajos de educación: es tres veces mayor para los que tienen educación primaria o menos (45%), frente a quienes tienen estudios superiores a licenciatura (15%).

Por último, el estado civil también se asocia de manera especial con la brecha salarial, ya que están más abajo del salario de los hombres las mujeres unidas (41% de brecha) o casadas (38% de brecha), respecto de las mujeres solteras (4% de brecha). Este dato es muy importante porque distintas investigaciones han encontrado que la maternidad se castiga económicamente (*child penalty*, en inglés), es decir, implica una "penalización" salarial para las mujeres, puesto que, en promedio, su ingreso disminuye, mientras que para los hombres el ingreso salarial incluso tiende a aumentar.[23] Por otro lado, con la maternidad la participación laboral de las mujeres disminuye, tanto antes como después del nacimiento del hijo o la hija.

La desigualdad en la brecha salarial promedio entre hombres y mujeres es una verdad innegable que incluso muchos de sus críticos admiten. Lo esencial es comprender sus causas para así poder desmitificar los argumentos que usan Javier Milei y otros para invisibilizarla. Un poco más adelante hablaremos de esto, especialmente de tres causas por las cuales la brecha salarial sigue existiendo: los suelos pegajosos, el techo de cristal y la inequidad salarial como tal.

Antes de terminar de mostrar la realidad de la evidencia que contradice los mitos de que la brecha salarial de género no existe y de que no hay desigualdad de género, es claramente entendible que dicha desigualdad salarial de género tiene consecuencias importantes en términos de la prevalencia de la pobreza feminizada[24] y de su alcance en otras dimensiones de bienestar.

Hay distintas investigaciones que muestran cómo la riqueza y la propiedad (recordemos las diferencias revisadas en el capítulo anterior entre el ingreso como un flujo y la riqueza como un acervo acumulado) están excesivamente acumuladas en manos de hombres. Simplemente, de la lista de multimillonarios analizada más atrás, encontramos que solo 3 del *top* 15 de individuos con más riqueza son mujeres. Por otro lado, aunque las mujeres producen 60% de los alimentos en las tierras que trabajan, son dueñas solamente del 2% de las tierras del país.

Pigmentocracia: las desventajas de la "tez humilde"

Atrás hablábamos de la vigencia de la brecha salarial de género en México y en el mundo. De acuerdo con análisis que buscan indagar en la interseccionalidad de la brecha salarial en Estados Unidos, esta se ensancha según el tono de piel o la clase. Por ejemplo, por cada dólar que gana un hombre blanco en Estados Unidos, una mujer asiática gana 87 centavos; una mujer blanca, 79; una mujer afroamericana, 63; una mujer nativa americana, 58, y una mujer latinoamericana, 54.[25]

Esta realidad no es ajena a México ni al resto de Latinoamérica. El tono de piel y la percepción e identificación étnica, así como lo que socialmente se conoce como raza, son aspectos determinantes en la desigualdad. Aunque biológicamente como tal no existen las razas en los humanos, socialmente se han construido categorías, muchas veces difusas, que han ordenado jerárquicamente a las sociedades. **De ahí que se conozca como pigmentocracias a las sociedades donde el tono o color de piel es un factor importante en la jerarquía social.**

Dice el lema del Consejo Nacional de Evaluación de la Política de Desarrollo Social (Coneval): "Lo que se mide se puede mejorar". Y me parece una afirmación muy sensata; diría incluso que lo que se visibiliza, se estudia y se analiza se puede mejorar. Pero para los temas invisibilizados, de los que no hay información, es más complicado generar estrategias que atiendan sus problemas. Algo similar ha pasado con el tono de piel y el racismo. Apenas hace cerca de ocho años el Inegi llevó a cabo la primera encuesta oficial que incluía información sobre el tono de piel en México, y con ella se ha podido empezar a analizar los temas relacionados con desigualdad. En una sociedad que por siglos se ha creído el mito del mestizaje, la dificultad de obtener datos sobre el tono de piel ha sido constante. Recientemente las cosas han cambiado, y ya existen distintas encuestas que han agregado la variable de tono de piel dentro de sus preguntas o análisis.

Lo anterior ha arrojado mucha más luz sobre la desigualdad y el racismo. Algunas de las evidencias señalan cómo tener piel oscura en México disminuye en 45% la probabilidad de que un hombre tenga educación superior. Asimismo, en nuestro país el porcentaje de personas con piel clara es cuatro veces mayor entre el quintil más alto de ingresos (22%) respecto al más bajo (6%), de acuerdo con datos de la Emovi 2017.

GRÁFICA 3.2

Índice de riqueza por quintil de la población
entre 25 y 64 años por color de piel

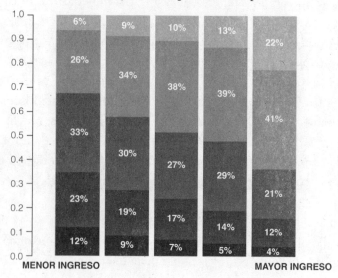

FUENTE: Campos-Vázquez (2019), a partir de datos Emovi (2017).

De hecho, aun naciendo en pobreza, le será más fácil salir de ella a una persona de piel clara. De esta forma, la movilidad social está condicionada por el tono de piel. Al contrario, los resultados de la encuesta Proder en México encuentran que acceder a los estratos más altos de la sociedad resulta un obstáculo más complicado para quienes tienen piel oscura.

Además, de entre quienes tienen piel oscura, la dificultad mencionada aumenta aún más para las mujeres respecto de los hombres.[26] Sobre esto, Patricio Solís, uno de los investigadores detrás de la encuesta, explica la coincidencia entre sus resultados y las tesis sobre desigualdad de género: "[Se] imponen a las mujeres mayores requerimientos estéticos y de apariencia para acceder a las posiciones de más jerarquía. Y como lo estético está racializado, la desventaja estética para ellas es ser morenas".[27]

Como comentamos en el apartado sobre los mitos del racismo y aspectos etnorraciales, algunas personas se han mostrado enojadas por la política social que se ha distribuido con acciones afirmativas priorizando a la población identificada como indígena en el país. El senador del PAN Julen Rentería compartió en Twitter: "Solo un gobierno profundamente racista repartiría un programa social midiendo la ayuda de acuerdo a la raza de las personas. Esta aberración no se hacía desde que Hitler gobernaba Alemania". Incluso diputados del PRI mencionaron: "Las políticas públicas deben dirigirse a todas y todos sin distingos étnicos que lastiman y dividen".[28]

Es importante mencionar que, aunque algunos crean que es racista otorgar programas sociales diferenciados a indígenas, habría que tomar en cuenta también que 95% de las personas que hablan alguna lengua indígena se encuentran en situación de pobreza o vulnerabilidad (frente a cerca de 70% del resto de la población).[29] De hecho, es cinco veces más probable no estar en situación de pobreza en México si no se trata de una persona que habla alguna lengua indígena. Mientras tanto, aunque 6% de la población en México habla una lengua indígena, estas personas solo se quedan con 2.8% de los ingresos en el país.[30]

Es fácilmente comprobable, con evidencia, la mayor desigualdad que experimenta la población indígena; sin embargo, hay elementos conceptuales y metodológicos que tomar en cuenta. Uno, por ejemplo, es la problematización de la categoría *indígena*. Operacionalmente, el Inegi lo ha abordado desde una perspectiva de la lengua (suponiendo que son indígenas quienes hablan una lengua de pueblo originario) y, luego, ha incluido preguntas para conocer si las personas se autoadscriben o no a algún pueblo o comunidad indígena (más allá del idioma).

El debate continúa sobre cuál sería la variable más adecuada. Vale la pena mencionar que los resultados son sumamente distintos: 6.1% de la población en México hablaba una lengua indígena en 2020, pero 23.2% se autoadscribía a un pueblo indígena.[31]

Yásnaya Aguilar problematiza el término *indígena* de una forma compleja y desde un matiz que toma en cuenta las dimensiones de poder y opresión. Algunas columnas recientes sobre el debate en torno a la categoría *indígena* las publicó a raíz de las polémicas en redes sociales sobre si la excandidata a la presidencia de México Xóchitl Gálvez "era una persona indígena o no", a la que sus contrincantes le estaban aplicando el "indigenómetro". Dice la autora: "La existencia del indigenómetro se debe a la necesidad histórica del Estado de definir quién es indígena y quién no lo es, de la necesidad de clasificar a su población para que la sección clasificada como indígena dejara de serlo y convertirla en población mestiza".[32]

Para Yásnaya Aguilar, el perfilamiento racial, el criterio lingüístico y, más recientemente, la autoadscripción han sido usados por el Estado para categorizar y separar a la población entre indígenas y no indígenas. Y todas estas categorías son problemáticas, de formas distintas.[33] En todo caso, el tema etnorracial sigue cumpliendo los requisitos para ser considerada una categoría de diferenciación en temas de desigualdad.

La diversidad sexogenérica y la desigualdad

Otra categoría que también se encuentra dentro de este grupo de diferenciadores en términos de desigualdad es la de diversidad sexogenérica. En realidad son pocos los datos oficiales que la tengan en cuenta, ya que ha sido terriblemente invisibilizada durante la historia de nuestro país.

En México apenas en 2021 se levantó la Encuesta Nacional sobre Diversidad Sexual y de Género (Endiseg), del Inegi, que fue un parteaguas para generar información oficial sobre las distintas dimensiones de la diversidad sexogenérica. Gracias a esta encuesta, con metodologías innovadoras para tratar de obtener las respuestas menos sesgadas por parte de la población, ahora sabemos que aproximadamente 5 millones de personas en México se consideran dentro de alguna categoría de diversidad sexogenérica. En algunos estados, como Colima, Yucatán y Guerrero, la cifra supera al 8% de la población.[34]

Por ejemplo, un análisis de Luis Felipe Velázquez, con base en los datos de la Endiseg, encuentra que las tasas de suicidio entre población LGBTQI+ se disparan 3.4 veces frente a población no LQBTQI+, y de hecho se quintuplica en el caso de personas trans y se multiplica seis veces con personas trans-indígenas y personas no binarias.[35]

De igual forma, con base en las variables de *logro* y *bienestar* que incluye la encuesta, dicho análisis muestra que una persona trans racializada en México tiene en promedio "más del doble de probabilidad de no contar con la educación obligatoria para su edad" respecto de, por ejemplo, "un hombre cis homosexual".[36] Así pues, la intersección entre categorías de la diversidad sexogenérica con categorías etnorraciales conlleva una acumulación de desventajas que no pueden seguir siendo invisibilizadas en los análisis de desigualdad, y que son reales, a diferencia de lo que dicen los mitos sobre género y racismo que las tratan de invisibilizar.

Cuidados y colonialismo: la interseccionalidad de la desigualdad

El trabajo invisible que sostiene al capitalismo

Como ya se ha visto en el apartado anterior, la brecha salarial de género efectivamente se mantiene cuando se analizan los promedios de los salarios entre hombres y mujeres que laboran. Algunas personas que promueven los mitos que invisibilizan la desigualdad de género incluso aceptan esta realidad, pero arguyen que se debe a que las mujeres "eligen" trabajos peor remunerados y "eligen" empleos con menos horas de trabajo por semana.

Esto se acerca parcialmente a la realidad, pero tiene un problema de lectura, puesto que no estamos hablando de elecciones libres, sino de problemas estructurales. En las investigaciones desde hace décadas sobre la brecha salarial y la desigualdad de género, se han identificado al menos tres de estos problemas estructurales: los llamados *suelos pegajosos*, los *techos de cristal* y, como tal, la inequidad salarial. Veamos con detalle cada uno.

Un comentario en redes sociales de hace algunos años hacía referencia al "engaño de la brecha salarial": según este, las mujeres ganan en promedio 85 pesos por cada 100 que ganan los hombres, pero "misteriosamente" se olvida mencionar que, en promedio, los hombres trabajan 9 horas y 54 minutos más que las mujeres.[37] El problema con la lógica de este comentario es que toma en cuenta solo las horas de trabajo remunerado. Cuando, en cambio, se toman las horas de trabajo total, resulta que en realidad las mujeres trabajan más horas, pero se les paga por menos.

A esto es a lo que hace referencia la idea de "suelos pegajosos": las mujeres dedican menos horas al trabajo remunerado, pero trabajan más en total, debido al número de horas que dedican al trabajo no remunerado (trabajo de cuidados más trabajo del hogar).

Así pues, esta primera causa de la brecha salarial de género se relaciona con el tiempo que las mujeres pueden dedicar al trabajo remunerado. Mientras que los hombres en México trabajan en promedio 44 horas semanales, las mujeres solo alcanzan 37 horas. La diferencia no se ha modificado significativamente en la última década.

De hecho, gran parte de la brecha salarial, aunque no toda, se explica por la diferencia en horas semanales trabajadas. Lo anterior queda claro con la siguiente gráfica, donde se observa la composición de las personas que trabajan en modalidades de medio tiempo y tiempo completo según sexo. Mientras que las mujeres son mayoría en los empleos de menos de 24 horas semanales (cerca de cuatro horas en promedio por día), 7 de cada 10 personas trabajando de tiempo completo o más son hombres.

¿Eso significa entonces que las mujeres trabajan menos y Milei tiene razón? Todo lo contrario. En realidad, las mujeres trabajan 20% más horas semanales que los hombres, solo que dedican una mayor parte de su tiempo al trabajo no remunerado: mientras que los hombres dedican solo 1 de cada 10 horas trabajadas al no remunerado, las mujeres dedican cuatro de cada seis.

De hecho, 80% del trabajo no remunerado lo hacen las mujeres, lo que dificulta su posicionamiento en el mercado laboral debido a los

GRÁFICA 3.3
Composición por sexo del total de ocupados,
según horas de trabajo semanales

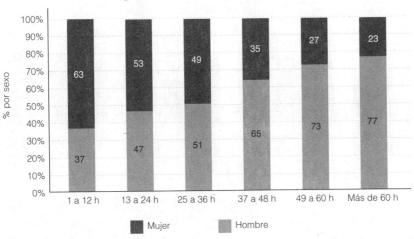

FUENTE: Elaboración propia con base en ENOE.

requerimientos que suelen tener los trabajos de tiempo completo y sin flexibilidad horaria. El fenómeno de los "suelos pegajosos", y trata de las barreras que impiden que las mujeres avancen a posiciones mejor remuneradas; entre ellas tal vez la principal es la carga excesiva de trabajo en la esfera privada, que obstaculiza la carrera laboral de las mujeres y tiene como consecuencia ingresos laborales más bajos.

En la gráfica siguiente quedan claras estas diferencias. Además, se muestra cómo a lo largo de todos los estratos sociales (ilustrados mediante quintiles de ingreso laboral por hogar), las mujeres trabajan, en promedio, muchas más horas de forma no remunerada que los hombres.

En el primer quintil, las mujeres trabajan 29 horas semanales de forma no remunerada, y los hombres solamente seis. En el caso del quintil más alto, los hombres trabajan exactamente el mismo tiempo de forma no remunerada que sus pares de estrato bajo (seis horas semanales), y las mujeres siguen trabajando mucho más (21 horas), aunque menos que las de estrato bajo.

Así pues, por un lado, los estratos sociales más altos registran una menor carga de trabajo no remunerado por parte de las mujeres y ma-

GRÁFICA 3.4
Horas semanales dedicadas a trabajo remunerado y no remunerado, según quintiles de ingreso laboral y sexo

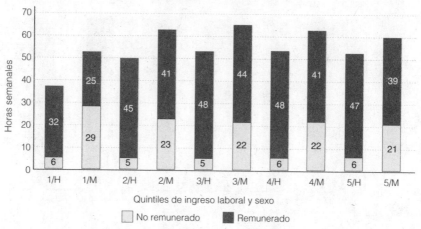

FUENTE: Elaboración propia con base en ENOE.

GRÁFICA 3.5
Composición de tipos de empleo y jerarquía según sexo

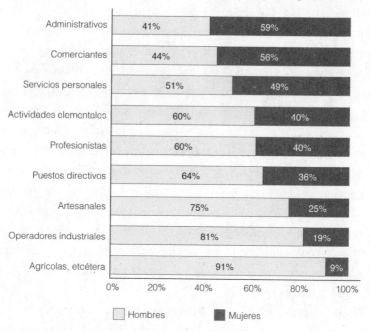

FUENTE: Elaboración propia con base en ENOE.

116

yor disponibilidad de horas de trabajo remunerado. No obstante, las desigualdades en la distribución persisten frente a los hombres.

Ahora, no podemos dejar de hablar de este tema sin recordar las reflexiones del capítulo 1 respecto de la ética del trabajo y cómo solo se le dio el reconocimiento social de "trabajo" a aquel que era remunerado por el mercado. Afortunadamente, de forma reciente se ha comenzado a hablar mucho más de las actividades no remuneradas y a reconocerlas como lo que son: trabajo. Como dice la sensacional frase que comparten en el proyecto de Ecofeminita (y en muchos otros medios y redes): "Eso que llaman amor es trabajo no pagado (o trabajo no remunerado)".[38]

Sería un sinsentido ignorar las condiciones estructurales que determinan en gran medida la distribución desigual del trabajo no remunerado y que las mujeres se localicen en mayor medida en trabajos de tiempo parcial o con menos horas de trabajo semanal.

Sería un sinsentido también ignorar la falta de políticas públicas para la distribución igualitaria de los trabajos de cuidados por género. O la distribución comunitaria y social, en lugar de la sobrecarga en la familia.

Y sería un sinsentido decir que las mujeres "eligen" trabajar menos horas o que "eligen" más comúnmente trabajos a tiempo parcial. Es la sociedad la que, en gran medida, determina esta distribución desigual de las cargas de trabajo remunerado y no remunerado.

Las barreras del techo de cristal

Cuando se habla de los *techos de cristal* como otra de las causas de la brecha salarial, la referencia es a las barreras invisibles pero reales que tienen como consecuencia que las mujeres ocupen puestos de menor jerarquía y menos valorados socialmente. Así pues, un ejemplo claro es que las mujeres solo ocupan 36% de los puestos directivos en México, aunque son mayoría en empleos administrativos y comerciales.

La relación es muy clara: las mujeres están más presentes en los empleos con menor remuneración, y su participación baja cuando se trata de los empleos mejor pagados.

Aquí surgen algunas preguntas: ¿los empleos feminizados reciben menor remuneración salarial justo por ser desempeñados principalmente por mujeres? ¿O es más bien que los empleos que reciben menor remuneración social son aquellos en los que se ha permitido socialmente que las mujeres puedan ser partícipes?

Más allá de las posibles respuestas, lo que debe quedar claro es que no se trata simplemente de un tema de oferta y demanda, como diría alguien que cree en el mito del libre mercado y la competencia perfecta. Hay que tomar en cuenta factores de poder, acaparamiento, roles de género y más para entender por qué hay una mayor presencia de mujeres en algunas profesiones, oficios o tipos de empleo.

¿Qué explicación nos parecería más real? ¿Aquella que menciona que las mujeres eligen en menor medida las llamadas carreras STEM (*science, technology, engeneering, mathematics*) porque "biológicamente están más predispuestas a trabajar con personas y los hombres más predispuestos a trabajar con cosas" (como decía uno de los mitos revisados en el primer apartado)? ¿O tendrán que ver más los mecanismos sociales que excluyen a las mujeres de los empleos STEM, los roles de género que las ven como no aptas para ciertos empleos o los mismos integrantes y colegas en ciertos empleos que las discriminan y violentan en caso de que se atrevan a trabajar en empleos usualmente masculinizados?

La evidencia es amplia para mostrar que son estos factores sociales los que excluyen a las mujeres de estos tipos de empleo. Un ejemplo más claro que el agua es la violencia que ejercían los estudiantes del Centro de Ciencias Exactas e Ingeniería de la Universidad de Guadalajara (CUCEI), quienes abiertamente acosaban a las mujeres que se atrevían a caminar por la universidad, en todos los pisos de los edificios de estas carreras, durante los llamados "buitreos masivos". Luego de que en 2017 se hicieran virales las denuncias del caso, en diversos medios de comunicación se señaló que esta práctica había sido naturalizada y justificada por parte del estudiantado de la universidad.[39]

Por otro lado, distintas investigaciones experimentales han demostrado que en las mismas solicitudes de empleo los encargados del proceso de contratación suelen dar preferencia a hombres sobre mujeres por medio de determinadas características discriminatorias explícitas en los anuncios. Por cierto, la investigación específica para México también encuentra diferencias entre las respuestas a anuncios de mujeres blancas o racializadas como mestizas respecto de mujeres racializadas como indígenas o sin foto en su cv.[40] Este resultado ha sido igualmente observado en experimentos en otros países, los cuales usan cv idénticos y cambian solamente el nombre de los candidatos para que hagan referencia a alguna etnia en particular.

Algunas personas que aceptan, sin más, esta situación se excusan en que los empleadores actúan de forma racional debido a que es más probable que las mujeres tengan interrupciones en su carrera laboral (en gran medida debido a la maternidad) o que requieran de mayor flexibilidad horaria. Estos argumentos forman un razonamiento circular: debido a las desigualdades en el trabajo no remunerado se justifica la menor inclusión de las mujeres en el mercado laboral.

Si bien poco a poco se han ido rompiendo los techos de cristal, el avance es lento y aún existen grandes diferencias entre los tipos de oficios, carreras y empleos que son elegidos por mujeres y por hombres. La vigencia de estas desigualdades amerita, primero, que sean reconocidas y, segundo, que se ejerzan más políticas públicas para su reparación.

Inequidad salarial: menor pago a las mujeres por el mismo trabajo que hacen los hombres

Ya mostramos que las mujeres reciben menores salarios debido al menor tiempo que pueden dedicar al trabajo remunerado y que existen barreras que las mantienen en empleos de baja remuneración. Entre estas se encuentra la desigual distribución del trabajo no remunerado (suelos pegajosos) y también los obstáculos para que lleguen a puestos de alta jerarquía y alta remuneración (techos de cristal).

Aun cuando estos dos fenómenos son suficientes para mantener y perpetuar una amplia brecha salarial de género, hay otro que se suma y la empeora: la inequidad salarial, es decir, el pago diferenciado a hombres y mujeres por el mismo trabajo. Esto sería lo que, efectivamente, rechazan quienes promueven la idea de la inexistencia de la brecha salarial.

Pero la inequidad salarial entre hombres y mujeres es una realidad en México: una mujer en un puesto directivo gana 81 centavos por cada peso que gana un hombre en el mismo tipo de empleo y con la misma carga horaria; esa cifra pasa a 91 centavos en el caso de las mujeres profesionistas, y alcanza solo 66 centavos en el de las comerciantes.

En la gráfica 3.7 mostramos 17 de los empleos (según "grupos principales", la clasificación del Inegi) más frecuentes en México, y la brecha salarial que les corresponde. Destacan algunos como "profesionistas administrativos" y "empleos de vigilancia", donde las mujeres reciben un pago menor a 80 centavos en relación con lo que recibe un hombre. También están los empleos de medicina e ingeniería, donde las mujeres reciben 84 y 85 centavos, respectivamente. La brecha se reduce para empleos como "docente" y "secretaria", y de hecho se invierte para trabajadoras del hogar (en la tipología del Inegi, "trabajadoras domésticas", término ahora en desuso).

Un ejemplo que me parece muy sintomático de cómo las desigualdades de poder mantienen vigentes estas desigualdades de género es el caso denunciado en 2021 de los clubes de futbol de México, los cuales se coludieron para imponer un tope a los salarios de las jugadoras. El tope era, sorprendentemente, 2 mil pesos.

El acuerdo ilegal mantuvo artificialmente bajos los salarios de las jugadoras, y fue denunciado y sancionado por la Comisión Federal de Competencia (Cofece).[41] Así que cada que nos digan que "es el libre mercado" el que mantiene bajos los salarios o que mantiene la brecha salarial de género, recordemos que en muchas ocasiones en realidad se trata de hombres con una acumulación excesiva de poder poniéndose explícitamente de acuerdo para no pagarles más a las mujeres.

Es importante partir de un piso común de entendimiento, con el cual tengamos clara la existencia de la brecha salarial de género, y cómo esta genera tremendos efectos en la desigualdad económica y en otras dimensiones entre hombres y mujeres. En la medida en que

GRÁFICA 3.6

Centavos que ganan mujeres por cada peso que ganan hombres según división de empleo

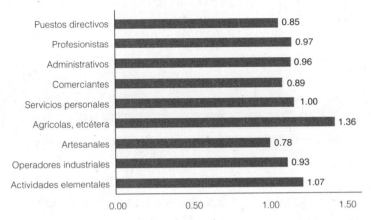

FUENTE: Elaboración propia con base en ENOE.

GRÁFICA 3.7

Centavos que ganan mujeres por cada peso que ganan hombres, según grupo principal de empleo

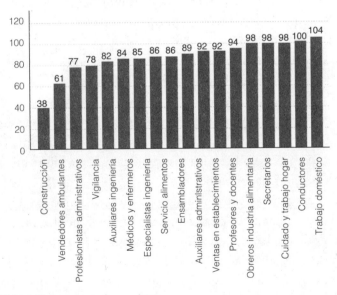

FUENTE: Elaboración propia con base en ENOE.

se desmonten los mitos que invisibilizan la desigualdad de género se podrá diseñar mejores políticas que atiendan estos problemas y se dejará de estigmatizar las protestas antipatriarcales o feministas que los denuncian.

El histórico despojo y la opresión a los pueblos indígenas y personas racializadas

Aunque pareciera difícil de ignorar la obviedad de la realidad, ante los mitos que tratan de invisibilizar el racismo y la opresión a los pueblos indígenas en México resulta necesario hacer un breve recuento histórico de algunas de las causas en las que se ha expresado y por las que se ha reproducido la desigualdad en la categoría etnorracial.

Aún a inicios del siglo xix el territorio mexicano se encontraba dominado por la Corona española, en el llamado virreinato de la Nueva España, del cual se desprendía un complejo sistema de castas que jerarquizaban a la población según su etnicidad y su tono de piel.

De acuerdo con Humboldt, en su *Ensayo político sobre la Nueva España*, las principales castas eran *1)* en la cima jerárquica, los nacidos en Europa, que se les conocía como peninsulares o *gachupines*; *2)* los criollos, es decir, españoles o "blancos de raza europea" nacidos en América; seguidos por *3)* los mestizos descendientes de blancos y de indios; *4)* los mulatos, descendientes de blancos y de negros; *5)* los zambos, o más conocidos como *lobos* en México, descendientes de negros y de indios; *6)* los propios indígenas, y *7)* los negros africanos.[42] Sin profundizar más en las desigualdades de la época colonial, con lo anterior queda claro que estaba institucionalizada la pigmentocracia y la racialización de la jerarquía.

Algunas personas suelen imaginar, de forma errónea, que luego de la Independencia, el estado subyugado de la población indígena cambió por completo, y tendríamos más de 200 años de una "competencia justa e igualitaria" dentro del sistema meritocrático. Claramente, esto es falso. Y me gustaría resaltar algunos hitos que demuestran cómo el despojo a los pueblos indígenas ha continuado históricamente.

Tal vez si ustedes estudiaron en una primaria pública durante los años noventa, como yo, recordarán en sus libros de historia con mucho cariño las Leyes de Reforma del siglo XIX, y dentro de ellas veían un ánimo de generación de justicia para todos. Algo que es poco conocido es el daño que generó en las comunidades indígenas la conocida Ley Lerdo o formalmente Ley de Desamortización de Fincas Rústicas y Urbanas Propiedad de las Corporaciones Civiles y Religiosas, aprobada en 1856.

En un análisis de inicios del siglo XX, Andrés Molina Enríquez destacaba que, aunque la Ley de Desamortización buscaba de forma positiva la secularización de la propiedad, sus intereses económicos liberales tuvieron efectos adversos en la propiedad comunal indígena que incluso había sobrevivido a la época colonial. La consecuencia fue que la ley obligó a los pueblos indígenas a "vender" sus tierras comunales y generó una alta concentración de tierras en pocas manos, que, a la postre, décadas después, sería uno de los factores detrás de la gran acumulación de latifundios observada durante el porfiriato. En palabras del autor: "El resultado de la repartición de los terrenos de los pueblos de indígenas fue que los indígenas perdieron dichos terrenos".[43]

Haciendo una comparación con claras salvedades y distancias, las Leyes de Reforma habrían tenido el efecto en los pueblos indígenas similar al descrito por Marx en su capítulo sobre la llamada "acumulación originaria", el despojo de las tierras comunales y la conversión de estas en propiedad privada individual, así como la represión a los levantamientos en contra de estos cambios legales y la creación de incentivos para la alta concentración de la riqueza y el capital en pocas manos (así como la posterior formación de una clase burguesa). Obviamente, la principal diferencia sería que en México hablamos de efectos en una población (los pueblos indígenas) que ya había experimentado más de tres siglos de opresión colonial por parte de España.

Todavía durante el porfiriato continuaban los efectos de las Leyes de Desamortización y de las llamadas "compañías deslindadoras", los cuales fueron exacerbados con la promulgación de la Ley de Baldíos en 1894, que eliminaba la extensión máxima de tierra que cada propietario podía adquirir, lo cual sentó las condiciones legales para la creación de los inimaginables latifundios de la época. Luego de su aprobación, se calcula que "72 millones de hectáreas, es decir, el 36% del territorio nacional, pasó a manos de las compañías deslindadoras hasta su disolución en 1906". Ejemplos de estos son el latifundio de Hearst, propietario de 7 millones de hectáreas en Chihuahua, u otro de cuatro personas "en Baja California, que eran dueñas de 11 millones de hectáreas".[44]

Como sabemos, parte de las causas detrás de la Revolución mexicana en 1910 se relacionan con la desigualdad social y la extrema acumulación de capital en pocas manos (o al menos estas eran el principal interés de algunas facciones dentro de las fuerzas revolucionarias). De acuerdo con datos de Diego Castañeda, el grado de desigualdad previo a la Revolución era, medido con el coeficiente de Gini, 0.53 en el año 1910.[45] Este nivel de desigualdad extremo fue producto de un aumento rápido desde uno de 0.40 estimado para 1895, resultado del recrudecimiento del acaparamiento de las tierras ya mencionado, sumado a distintos factores de precariedad, explotación laboral y extracción de rentas y ganancias claramente en favor del capital.

De ahí podemos entender el Plan de Ayala, promulgado por Emiliano Zapata en contra de Francisco I. Madero, donde lo acusaba de haber traicionado los valores de la Revolución. El plan criticaba la excesiva acumulación de las actividades industriales y agrarias, al "estar monopolizadas en unas cuantas manos las tierras, montes y aguas". Para remediarlo, el plan proponía la "expropiación de una tercera parte de estos monopolios a los poderosos propietarios" para la repartición justa y la creación de ejidos, colonias y fundos legales, además de la expropiación, para quienes se opusieran a lo anterior, de las restantes dos terceras partes de sus monopolios.

Desgraciadamente, durante la última parte de la Revolución mexicana, la facción convencionista, liderada por Villa y Zapata, sería derrotada por la constitucionalista, de Carranza y Obregón. Aunque el Plan de Ayala tuvo efectos posteriores, por ejemplo, en el artículo 27 constitucional, en realidad la redistribución de tierras llegaría hasta el reparto agrario ejecutado en el sexenio de Lázaro Cárdenas. Durante dicho mandato, se repartieron entre más de 800 mil campesinos casi 18 millones de hectáreas de tierras (cerca de 9% del territorio nacional), casi 20 años después de iniciada la reforma agraria con Carranza.[46]

Sin embargo, la reforma agraria fue completamente insuficiente para dotar a los campesinos de los medios necesarios para una mejor situación económica y falló en restituir a los pueblos indígenas las tierras comunales que habían perdido de forma histórica. De las presidencias de Adolfo López Mateos hasta la de José López Portillo, la reforma agraria siguió distribuyendo cifras de tierras cercanas a las de Lázaro Cárdenas, durante cada sexenio.[47]

Por último, la inacabada reforma agraria, que no logró justicia para los pueblos indígenas, quedó completamente truncada con la reforma neoliberal de 1992, durante el sexenio de Carlos Salinas de Gortari. Esta cambió el carácter "inalienable, inembargable e imprescriptible" de los ejidos y las tierras comunales y puso las condiciones para la reprivatización de dichas tierras. En términos que analizamos en otros capítulos, la reforma neoliberal modificó el estatus legal de estas tierras hacia su remercantilización.

Las reformas neoliberales, la entrada en vigor del Tratado de Libre Comercio de América del Norte (TLCAN) y las condiciones de precariedad en que vivían los pueblos indígenas fueron parte de los factores detrás del levantamiento del Ejército Zapatista de Liberación Nacional (EZLN) en Chiapas en enero de 1994. Al grito de "Hoy decimos ¡basta!", el ejército indígena, en su Primera Declaración de la Selva Lacandona, denunció los 500 años de lucha, desde aquella contra la esclavitud durante la Colonia hasta los constantes saqueos de la riqueza nacional de los pueblos indígenas durante el neoliberalismo.[48]

Tres décadas después del levantamiento del EZLN, destaca que los Acuerdos de San Andrés, firmados por el gobierno federal mexicano y los zapatistas en 1996, no se han cumplido cabalmente y persiste el despojo y la desigualdad que afectan a los pueblos indígenas.[49]

Continúan las luchas por el derecho a la consulta previa, libre e informada, por la libre determinación y por la defensa de los territorios ante el despojo. Luchas contra mineras extranjeras y nacionales, contra la sobreexplotación del agua y los mantos acuíferos, contra la tala ilegal e incluso contra la turistificación (de lo que se hablará en el capítulo 5) son el pan de cada día para los pueblos indígenas, sin olvidar la violencia y los cientos de asesinatos de defensores del territorio año con año[50] (al menos 102 asesinatos de ambientalistas y defensores del territorio de 2019 a 2023).[51]

Así pues, aunque hay algunos avances, en general el despojo y colonialismo siguen siendo los principales factores detrás de las amplias brechas de desigualdad que dividen a los pueblos indígenas del resto de la población. El racismo y la discriminación se suman a estos procesos sociales de acumulación exacerbada de la riqueza en pocas manos a la vez que se nutren de la desposesión de los pueblos originarios de México.

El "éxito" está en la piel

Volviendo a las causas estructurales detrás de la desigualdad en términos etnorraciales, hay uno en el que vale la pena hacer hincapié, y se trata de cómo las categorías de etnia o tono de piel se asocian con una percepción diferenciada del "éxito" y de la movilidad social subjetiva o percibida. En investigaciones al respecto, he encontrado que para las personas con tono de piel más oscuro les es más difícil percibirse como personas que han logrado movilidad social, a pesar de tener resultados similares a otras personas con tono de piel más claro que sí perciben su avance.

Más allá de la relación entre la movilidad social subjetiva y objetiva, y los sesgos que la acompañan, es fundamental tratar de entender las razones que moldean en los sujetos la percepción de su "éxito" alcanzado en la vida.

Así, la percepción de movilidad social ascendente puede que esté relacionada con otros factores contextuales o asociados, dejando de lado simplemente la variable de la movilidad social objetiva o experimentada. Por ejemplo, los intereses, las aspiraciones, la movilidad social relativa de las personas cercanas, las exigencias de las normas sociales, así como la movilidad percibida en medios de comunicación y redes sociales, pueden moldear las percepciones propias de movilidad social.

De entre tales factores asociados, los rasgos etnorraciales pueden ser determinantes en la formación de la subjetividad sobre la movilidad social ascendente o descendente o, visto de otra manera, la percepción propia del éxito o fracaso. Por ejemplo, algunas investigaciones que han estudiado a personas afrodescendientes en Estados Unidos encuentran que, primero, claramente existen menos oportunidades para esta minoría etnorracial, lo que se traduce en resultados desfavorables (por ejemplo, salarios más bajos); además, en segundo lugar, el resto de las personas suele tener expectativas menores sobre el desempeño de las personas afroamericanas. Por lo tanto, en tercer lugar, su tono de piel y rasgos etnorraciales siempre pesarán sobre ellos y será lo primero que otros observarán, antes que su clase social, sea alta, media o baja, o a pesar de que hayan tenido movilidad ascendente.[52]

De la misma forma, al analizar a estudiantes de dos contextos etnorraciales distintos (asiáticos y mexicanos) en Estados Unidos, otra investigación ha encontrado que la familia y las personas cercanas moldean de manera sumamente distinta las expectativas de los estudiantes, así como los logros necesarios para percibir que se ha alcanzado el éxito, dependiendo de si se trata de una persona de un tono de piel claro u oscuro.[53]

En resumen, la literatura es robusta para afirmar la estrecha relación entre la pertenencia etnorracial con la formación de expectativas y la percepción del éxito (especialmente en ámbitos sumamente académicos) y quiénes lo han logrado.[54]

Relacionado con lo anterior, un par de hipótesis importantes surgen a partir del trabajo con personas de bajos ingresos negras y blancas en Estados Unidos en cuanto a sus aspiraciones: la primera señala que la formación de sus aspiraciones de vida se asocia más con la posición que ocupan dentro de su grupo etnorracial que con la posición de dicho grupo respecto de la sociedad en general; mientras que la segunda hipótesis plantea lo contrario, que es más importante la posición del grupo etnorracial respecto a la sociedad en general que la posición del individuo dentro del grupo etnorracial.[55]

En México no existen estudios que relacionen directamente las características o pertenencia etnorracial con la movilidad social subjetiva. Hay investigaciones que muestran aspectos subjetivos vinculados con la movilidad social, como lo es la formación de expectativas de vida o el bienestar subjetivo que la gente experimenta, pero particularmente relacionado con la condición de pertenencia (o identidad) a una comunidad indígena.

Por ejemplo, Segura Salazar *et al.* analizan las expectativas laborales y de éxito en la vida de estudiantes indígenas universitarios, específicamente de la Universidad Autónoma de Chapingo,[56] mientras que en otras investigaciones se analizan de manera indirecta tales expectativas en relación con las estrategias que tienen que ejecutar por la discriminación en ciertos espacios.[57] En otro ejemplo también existe evidencia de cómo el bienestar subjetivo, específicamente la satisfacción con la vida, se presenta con menor frecuencia en las personas que hablan una lengua indígena, más allá de controlar efectos de estrato social o nivel educativo.[58]

Pero en todas estas investigaciones, la dimensión etnorracial solo es aproximada mediante la pertenencia a un pueblo indígena, que a su vez se suele definir por hablar una lengua indígena o por autoidentificación.[59] De hecho, la distinción que hacen Hopenhayn y Bello al estudiar la discriminación etnorracial y la xenofobia en América Latina es que la "raza" suele ser asociada con "distinciones biológicas atribuidas a genotipos y fenotipos", dentro de los cuales destaca el tono de piel, mientras que la etnicidad más bien es asociada a "factores de orden cultural".[60] Los autores también destacan que, en ambas dimensiones de discriminación, raza y etnicidad suelen ser difíciles de separar, razón por la cual en este libro se hace una aproximación desde el concepto *etnorracial*.

En ese sentido, la dimensión etnorracial tiene apenas algunos años de estudiarse de manera más amplia, más allá de la simple pertenencia a un pueblo indígena. Operacionalmente, la variable clave que frecuentemente ha permitido las investigaciones recientes, desde la aproximación etnorracial, ha sido el tono de piel.[61] De hecho, la prevalencia de la discriminación en México por tono de piel es casi tan frecuente (23% en hombres, 15% de las mujeres) como la debida a la clase social (25% en hombres, 21% en mujeres).[62]

Tal vez la investigación más relacionada es la de Campos y colegas,[63] donde, mediante un diseño experimental, encuentran que los estereotipos asociados con el tono de piel en México afectan las expectativas, aspiraciones y hasta el mismo desempeño de los jóvenes (en este caso específico, jóvenes que cursan la escuela secundaria en la Ciudad de México). ¿Estas afectaciones en las expectativas y aspiraciones serán reflejo de un probable efecto en cómo las personas con tonos de piel distintos en México evalúan su propia movilidad social?

Por todo lo anterior, es claro que el tono de piel puede ser sumamente importante para analizar la subjetividad de la movilidad social. Aunque no se ha hecho en México ninguna investigación que específicamente profundice en la relación de la apropiación de narrativas de éxito y movilidad social subjetiva a la par de esta variable proxy a la dimensión etnorracial, el cúmulo de investigación ya ha generado algunas hipótesis. Por ejemplo, una primera hipótesis es simplemente que el tono de piel es un factor asociado significativamente con la movilidad social subjetiva, con un efecto adicional al resto de variables socioeconómicas y demográficas que puedan también estar relacionadas.

Una segunda hipótesis, respecto a la dirección del efecto, es que un tono de piel más oscuro, asociado a la discriminación y las desigualdades relacionadas, genera menosprecio en la autoevaluación del cambio en condiciones socioeconómicas y de movilidad social. La hipótesis alternativa sería que, ante las desventajas que se pueden reconocer de tener un tono de piel más oscuro, se sobrevaloren los logros y, por lo tanto, aumente la movilidad social subjetiva más allá de la objetiva.

¿Cómo luchar contra la desigualdad categorial?

Así como es muy amplia la profundidad y complejidad de las desigualdades desde categorías como la de género, la etnorracial y la diversidad sexogenérica, mucho más de lo que es posible analizar en este capítulo, también es complejo hablar de respuestas sobre cómo se debería luchar contra estas desigualdades. A pesar de eso, describiré algunas estrategias de lucha que no pretenden ser exhaustivas de las distintas posibilidades existentes. Me parece que al menos hay un relativo consenso de que son estrategias necesarias para el futuro inmediato.

En todos los casos analizados, es importante comenzar por reconocer la realidad de las desigualdades y luchar contra la propagación de los mitos que se desprenden de la narrativa meritocrática y tratan de invisibilizar la vigencia de las injusticias en torno a las categorías de género, etnorracial y sexogenérica. Es falso el mito de que "no se trata de racismo, sino de clasismo", al igual que son falsos los mitos de que "el patriarcado ya no existe" o que "la brecha salarial de género es una mentira".

En cuanto se reconozca que son realidades persistentes, se podrá dar legitimidad al requerimiento de poner fin a la explotación y la opresión (política, económica y social), así como a las acciones afirmativas y otras estrategias de distribución y redistribución que igualen no solo las oportunidades, sino también los resultados entre los distintos grupos sociales.

Por otro lado, y más allá del tema del reconocimiento y visibilización de las brechas, hay algunas acciones específicas que vale la pena también agregar. Por ejemplo, en lo que concierne a la lucha para cerrar la brecha de género salarial, se puede pensar en estrategias sobre cada una de las causas analizadas.

Para los suelos pegajosos, por ejemplo, una vía consiste es redistribuir las cargas de trabajo no remunerado, así como otorgar valor a este tipo de trabajo. De ahí la importancia del Sistema de Cuidados, que ha sido discutido ampliamente en términos de política pública en años recientes. Ejemplos a seguir son los casos del Sistema Nacional

Integrado de Cuidados (SNIC)[64] en Uruguay, así como las políticas de "desfamiliarización" de los cuidados que se han llevado a cabo histórica o recientemente en otros países, principalmente europeos o del norte global.

Otra solución fundamental desde la política pública en este aspecto son las licencias de paternidad y maternidad. Mientras que en Estados Unidos, por ejemplo, no se otorga obligatoriamente ni de forma legal ni una semana para este tipo de beneficios, en el caso más notable se encuentra Finlandia, con 161 semanas para madres y nueve semanas para padres. El promedio de la OCDE son 51 semanas para madres y 10 semanas para los padres.

En México, apenas se alcanzan 12 semanas para madres y una semana para padres, lo que incluso está por debajo de países de nuestra región como Chile (30 semanas para madres, una semana para padres) y Colombia y Costa Rica (con cerca de 17 semanas para madres y dos semanas para padres).

Lo anterior se debe a que, en regímenes de bienestar como el mexicano, el Estado ha renunciado a hacerse cargo de la provisión de bienestar en la dimensión de cuidados, y ha sido algo que se ha mercantilizado y familiarizado y, por lo tanto, feminizado. No olvidemos la famosa frase de López Obrador: "La familia de México es la institución más importante de seguridad social".[65]

Aunque la aprobación del Sistema Nacional de Cuidados (SNC) ha estado atorada en el Poder Legislativo durante ya varios años, la presidenta electa Claudia Sheinbaum ha anunciado como una de sus prioridades la construcción de este sistema, cuya limitante podría ser el acotado espacio fiscal del país (del cual hablaré más a profundidad en el capítulo 7).

Sobre las posibilidades para romper el llamado techo de cristal, es necesario exigir (arrebatar, incluso) una mayor inclusión en empleos de mayor jerarquía para las mujeres. Sabemos que es algo que ha venido mejorando recientemente, pero que aún avanza a un ritmo sumamente lento. Asimismo, una mejor remuneración a los empleos feminizados, así como la disminución de la distancia entre salarios de menor y ma-

GRÁFICA 3.8
Semanas de licencia laboral por maternidad y paternidad (2022)

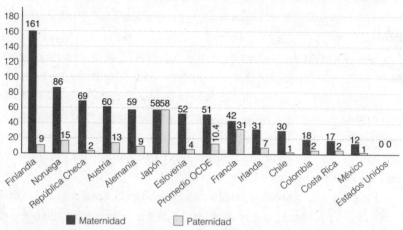

FUENTE: Elaboración propia con base en información de OCDE.

yor jerarquía, para todas y todos los trabajadores, ayudaría al cierre de la brecha de la desigualdad. En general, las políticas de mejora salarial generalizadas ayudarían a estrechar la brecha salarial de género, mientras que las políticas que busquen activamente cerrar la brecha salarial de género impactarían en general en una mejor calidad de los empleos en el país. Una va de la mano de la otra.

Sobre la inequidad salarial, basta decir que en muchos países es explícitamente ilegal el pago diferenciado a hombres y mujeres por un mismo trabajo. Una manera de llevar una mayor vigilancia sobre esto es la política implementada en Inglaterra, donde, por ejemplo, las empresas tienen que declarar anualmente información sobre las brechas entre remuneraciones promedio a hombres y mujeres.

Estas acciones han funcionado internacionalmente y podrían hacerlo en México. En un ejemplo de activismo nacional, la organización Intersecta en México, entre muchas otras, ha promovido estrategias como estas, así como señalado el actor clave que podrían ser los sindicatos en la exigencia de transparencia en la brecha salarial de los centros de trabajo, mostrando también cómo esto ha funcionado en otros países.[66]

No está de más mencionar que, a la velocidad que ha venido disminuyendo la brecha salarial de género en años recientes, tardaría 217 años en cerrarse por completo.[67] Es necesario que se redoblen los esfuerzos y el interés para reducir la brecha salarial más rápido.

Los beneficios serían incontables. Solo por poner un ejemplo, si los salarios de las mujeres se elevaran hasta cerrar la brecha salarial promedio, al menos 4 millones de personas en México podrían salir de la situación de pobreza. Para ponderar lo importante de lo anterior, pensemos que este número de personas que saldrían de la pobreza es el efecto que tienen en total los programas sociales de transferencias monetarias en el país, con un presupuesto equivalente a casi dos puntos del PIB.[68]

Respecto a la categoría etnorracial, las acciones y políticas que deberían efectuarse son igualmente muy diversas. Con la Declaración y el Programa de Acción de Durban, la ONU estableció un marco común donde, en primer lugar, se reconoce la existencia del racismo en todos los países, y propone un abanico de estrategias para eliminarlo, entre las cuales se encuentran las "medidas y reparación efectivas para las víctimas", "medidas de acción afirmativa para lograr la igualdad de oportunidades" y la "investigación y registro de datos desglosados".[69]

Las medidas de reparación nunca han materializado una cancha pareja para la población racializada en México o en el resto de Latinoamérica. Ha sido igual que en el caso de la esclavitud en Estados Unidos, en que las víctimas fueron puestas en libertad legal, pero hay infinidad de razones para dudar del grado de libertad política y económica que realmente adquirieron en un país donde gran parte de la riqueza estaba acaparada en manos de los hombres blancos no esclavizados.

En México, como se analizó en el apartado anterior, ni siquiera las décadas de redistribución agraria durante el siglo XX posteriores a la Revolución mexicana fueron suficientes para reparar el daño a los pueblos indígenas, así como a las poblaciones afromexicanas o racializadas. Por ello deberían idearse, al menos en el mediano plazo, medidas de reparación reales que impliquen redistribuciones significativas de riqueza y propiedad, así como la garantía de que las inequidades no volverán a formarse con el tiempo debido a un nuevo acaparamiento de oportunidades u otros tipos de capital (político, social y cultural).

Respecto de las acciones afirmativas mencionadas, destacan comúnmente en otros países las cuotas de ingreso, ya sea en universidades o en centros de trabajo. Tal vez el caso más conocido en América Latina son las cuotas en las universidades federales en Brasil, donde parte de las cuotas reservadas para estudiantes que vienen de escuelas públicas (cerca del 50% del total de admitidos) deben de otorgarse a estudiantes afrodescendientes o "pardos" (definición oficial usada en su censo de población, algo similar a "mestizo" o "moreno" en México).

Un caso similar en nuestro país es el de la Universidad de Chapingo, donde un porcentaje de sus espacios de primer ingreso es para alumnos de etnias o pueblos indígenas, en tanto aprueben los exámenes de admisión. Casi 30% de los estudiantes en Chapingo son de origen indígena.[70]

Estos tipos de acciones afirmativas deberían ser más comunes en México. Aunque también existe el debate de cómo lograr que "no sea necesario establecer dichas cuotas" para garantizar la equidad etnorracial entre quienes integran las universidades y los centros de trabajo. Para el caso brasileño, Buarque critica: "Se contentan con las cuotas, sin defender la revolución que permitiría abolir la necesidad de ellas".[71]

Como se ve, falta mucho para lograr abolir esas desigualdades en términos etnorraciales. Pero, al mismo tiempo, esto significa que hay mucho espacio para acciones y políticas que luchen contra dichas desigualdades. En todo caso, en ningún momento debe dudarse que, a diferencia de las críticas que se popularizan en redes sociales o en medios de comunicación, no es racista denunciar el racismo o la pigmentocracia; lo que definitivamente es racista es saber de tal injusticia y no hacer nada para cambiarla.

Por cierto, las acciones afirmativas también han sido importantes en temas de desigualdad de género o diversidad sexogenérica. En México, con el objetivo de generar paridad en las candidaturas, el sistema electoral ha adoptado cuotas de género a nivel federal y en algunos estados.[72]

Asimismo, como resultado de luchas judiciales por parte de comunidades indígenas y personas que viven con discapacidad, en años recientes se lograron cuotas en elecciones federales y estatales para "personas indígenas, personas LGBT+, personas que viven con alguna discapacidad, personas afromexicanas y personas mexicanas migrantes".[73]

Tal cual lo analizamos en términos de clase en los capítulos anteriores, no es que las mujeres, las personas racializadas o dentro de la diversidad sexogenérica sean "pobres porque quieren", se trata más bien de factores históricos y estructurales de desposesión, opresión y explotación que las mantienen en situaciones de vulnerabilidad, sosteniendo con su trabajo invisible el capitalismo y la opulencia de unos cuantos.

MITO 4
La educación te va a sacar de pobre

"El éxito en la escuela y en el trabajo no es más que la cosecha del esfuerzo y el talento sembrados durante la vida". Esa frase, si bien no necesariamente se sostiene con la evidencia científica y lo que nos dicen los datos, podría resumir perfectamente la perspectiva de la narrativa meritocrática y, también, de la mayoría de la sociedad sobre los espacios educativos.[1]

En realidad, la trampa del sistema educativo es que legitima la desigualdad de resultados en la vida, a pesar de las amplias desigualdades e injusticias que lo caracterizan: amplias diferencias en la calidad de las escuelas y sus programas educativos, así como en las redes sociales y los empleos a los que dicha educación da acceso (sin tomar aún en cuenta la dificultad de, por lo menos, alcanzar a ingresar a cierto nivel educativo, sea de la calidad que sea).

Así pues, **el espacio educativo es uno de los principales constructores del mito meritocrático y de la reproducción de sus normas.** Por ejemplo, el mito meritocrático se construye diariamente y de forma cotidiana en el salón de clases de una primaria o secundaria, donde se premia constantemente a aquellos que obtienen una mejor calificación o entregan mejores tareas y trabajos. Igual sucede en la educación superior, donde los criterios de selección de las universidades más prestigiosas suelen aludir al mérito y, en casos más descarados, a la riqueza de las familias.[2] **Quien triunfa en la escuela es premiado por su esfuerzo, y quien fracasa es visto como culpable de su destino, olvidando las condiciones que posibilitan tales diferencias.**

Este capítulo tiene como objetivo una lectura crítica a los mitos sobre la educación asociados a la narrativa meritocrática, señalando las amplias desigualdades iniciales que condicionan los resultados individuales y amplifican las desigualdades de resultados. Lo importante aquí es quitarles la percepción de naturalidad al mérito, al talento y al éxito en el sistema educativo, y verlos como lo que son: construcciones y valoraciones sociales, históricamente heredadas y reproducidas, modificadas y actualizadas en el presente.

Por un lado, creer que los resultados del sistema educativo son consecuencia del mérito y del esfuerzo individual sirve para generar una sensación de control para las y los estudiantes, hasta el grado de creer que los malos resultados que hubieran obtenido podrían modificarse en el futuro si "le echan ganas", si "estudian más" o si "dedican más tiempo al estudio". Una esperanza en la cual creer.

Al mismo tiempo, creer fielmente en esta narrativa tiene una grave consecuencia: se entendería que los perdedores son culpables de sus propios resultados. De ahí la gran importancia de cuestionar la pureza de la meritocracia en el sistema educativo, de poner en una posición más crítica y reflexiva los resultados individuales.

Como se ha mencionado en otros capítulos, lo que coloquialmente se conoce como mérito suele tener origen en factores no meritocráticos o "no ganados". Ya sea desde la riqueza de la familia en la que aleatoriamente nació el individuo, así como las supuestas habilidades o talentos innatos (recordemos que de acuerdo con el DEM *innato* es un adjetivo: "Que se posee desde el nacimiento como parte de la naturaleza propia, sin que intervenga la experiencia, el aprendizaje u otra causa externa"). Ninguna de estas características supone un merecimiento meritocrático.

Como vimos en el capítulo 2, estudios científicos que combinan un contexto de análisis societal con técnicas de genetistas revelan que aquellas características de los individuos que podrían estar asociadas con lo que socialmente se valora como "talento" se distribuyen de manera aleatoria entre hijas e hijos de hogares ricos y pobres. La diferencia fundamental, en todo caso, es que los rendimientos educativos de dicha disposición genética son distintos, dependiendo de si se trata de un hogar rico (con acceso a escuelas privadas de calidad, capital social y cultural) o de un hogar pobre.[3]

De ahí que, **si nos dieran a elegir al momento de nacer si preferimos hacerlo con talento o simplemente en un hogar rico, sin lugar a dudas sería más fructífero escoger la segunda opción.** La injusticia en esta cuestión del supuesto talento, la riqueza heredada del hogar de origen y los rendimientos académicos podría verse de la siguiente manera (también planteada en el capítulo 2): nadie pensaría que sería justa una carrera olímpica donde compiten dos personas con iguales fuerzas o talentos, pero una con zapatos deportivos adecuados y la otra con equipo inadecuado o hasta sin él.

El problema es justo ese: criticar la falla meritocrática en las escuelas —y en la sociedad— y buscar estrategias para construir un sistema basado en el mérito, como sostienen muchos promotores de la igualdad de oportunidades, nos mantiene en el ideal competitivo y oscurece la salida real: la meritocracia no es solo un ideal no logrado, sino que es inalcanzable. Y en ese sentido es que debería abandonarse completamente.

Existe ya un cúmulo muy amplio de investigación académica que se ha centrado en la amplitud de las brechas educativas reproducidas a partir de la desigualdad de condiciones, así como las consecuencias de vida que dichos resultados académicos acarrean: por ejemplo, en el tipo de empleo que se logra conseguir y el salario o condiciones laborales asociadas a él. Es decir, desigualdad de condiciones que se cristaliza en desigualdad de resultados, pero con la legitimidad de la desigualdad educativa.

En síntesis, **el sistema educativo desigual otorga una falsa legitimidad a un sistema injusto.** En los siguientes apartados se muestra evidencia de las distintas formas en que la desigualdad educativa se expresa y reproduce las desigualdades sociales. Antes de llegar a eso, sin embargo, profundicemos en algunos ejemplos de los mitos populares sobre educación.

Más educación = más riqueza

De acuerdo con la narrativa meritocrática, la educación es el componente clave de la estructura de oportunidades que puede permitir detonar los talentos mediante el esfuerzo y, de esa manera, generar mayores ingresos y movilidad social ascendente.

Para muchas personas, y de acuerdo con los mitos asociados a la narrativa meritocrática, lo contrario también es real, es decir, si alguna persona no tiene credenciales educativas, no merece una movilidad social ascendente, no merece ingresos altos o, incluso, no merece una vida digna. Aquí las diferencias se pueden marcar por una narrativa meritocrática "pura", según la cual las escuelas están ahí, abiertas a todas las personas, y, "si alguien no estudia, es porque no quiso".

También existe la variante de la narrativa meritocrática, que llamo *individualismo complejo*, que acepta que no es sencillo que todas las personas accedan a la educación, por lo que apoyan políticas como las becas para quienes obtienen calificaciones altas o buen desempeño académico, o algún otro tipo de políticas que traten de nivelar el terreno para brindar oportunidades educativas a todas las personas. Pero, en muchas ocasiones, lo que se pide después es que se acepte la legitimidad de las desigualdades producidas luego de salir del sistema educativo, en una especie de mito similar a "ahora sí, todos tuvieron oportunidades de estudiar, y, si siguen ganando menos, es porque no aprovecharon adecuadamente sus chances en sus estudios".

En cualquier caso, el requisito de la credencial educativa para poder acceder a una vida digna y a un sinnúmero de derechos es tremendamente común. Son incontables los casos en que se establece algún umbral de credencial académica mínimo para ejercer derechos como votar, ser electo, entre otros. En las últimas elecciones en México, por ejemplo, muchas personas expresaron en redes sociales: "Qué pena haber estudiado y votar por Morena".[4]

A continuación, veamos otros mitos sobre educación asociados con la narrativa meritocrática.

"Estudia para que no acabes como el de allá"

Seguramente más de una vez habrán visto los memes que muestran una escena como esta: una madre en la calle, al hablarle a su hijo, le señala a una persona que está acostada en la acera de enfrente (en algunas versiones del meme tomando una botella de alcohol) mientras le dice: "Estudia para que no termines así".[5]

Muchos de esos memes tratan de darle una vuelta irónica al conflicto, y la persona señalada por la madre responde algo como "Señora, soy ingeniero/sociólogo/filósofo/contador". Incluso, en otros memes la persona responde: "Señor, yo tengo doctorado".[6]

Aunque ironizar con los resultados de acceder a un nivel educativo profesional es común, en realidad se trata de una respuesta relativamente reciente ante la muy popular idea de que la educación es la clave para el éxito. En redes sociales podemos encontrar publicaciones compartidas mil veces o videos con millones de reproducciones que aseguran que el problema de la pobreza es un problema de falta de educación. Que para salir de la pobreza hay que salir de la ignorancia, hay que trabajar más, hay que educarse más.

Otras narrativas apuntan directamente a la "educación financiera", algo muy de moda entre la industria del *billionaire coaching* de la que hablé en el capítulo 2. Un video, que en menos de un mes alcanzó 2 millones de reproducciones,[7] asegura que "la clave para salir de la pobreza no es el dinero, sino la educación financiera". Y apunta a numerosas falacias y mitos, como el de que "no hay que darles pescado, sino enseñarles a pescar". Entre esas falacias se cuenta la anécdota de un millonario que regaló dinero a una persona pobre y esta lo gastó en "lujos" como ropa, un televisor y muebles, en lugar de invertirlo en algún negocio, criticando que al cabo de unos días se quedó sin dinero. Con esto se volvía a señalar que lo que hace falta es justamente educación financiera.

Aunque pueda parecer ridículo, hay muchas personas que de verdad creen este tipo de mitos y piensan que es una realidad muy sencilla que el problema de los más pobres es un problema de falta de educación. Según información que viene de la encuesta ECosociAL,[8] 23% de la población en México está "muy de acuerdo" con la afirmación "Lo que uno logra en la vida depende de la educación que haya alcanzado"; mientras que otro 56% está "de acuerdo" con esa misma afirmación. Al sumar ambas respuestas, resulta que México es el segundo país que más apoya la idea de que los logros dependen de la educación, solo superado por Brasil (de un total de siete países). Incluso, recordemos que, de acuerdo con datos de la Encuesta Nacional de Discriminación de 2022,[9] 34% de la población piensa que "las personas indígenas valoran poco el seguir estudiando".

Hace algunos años los anuncios de una librería muy popular en México atrajeron mucho la atención: en ellos se podían leer frases como "leer evitará que…", en letras negras sobre un fondo amarillo simple, e inició así una campaña para fomentar la lectura y la venta de libros.[10] Esta sencilla campaña publicitaria mutó luego en las redes sociales y fue usada para compartir frases clasistas sobre falta de lectura y su relación con otros problemas sociales.

De hecho, recientemente, la estrategia publicitaria de la librería fue usada por el partido político Morena para compartir "irónicamente" un mensaje para Xóchitl Gálvez (contrincante en la candidatura presidencial y acusada de haber plagiado partes de su tesis); en él se leía: "Xóchitl: leer evitará que te robes las tesis".[11] Un par de años antes, el expresidente de México Felipe Calderón compartía otro anuncio falso de la librería que decía: "Leer te ayudará a entender que los otros datos no son otros datos, se llaman mentiras"; hacía referencia a la coloquial frase usada por el presidente López Obrador para rechazar la información desfavorable presentada por periodistas en su conferencia diaria ("la mañanera").

En ambos casos, el uso político de esta especie de memes se relaciona con una idea muy enraizada en el pensamiento de las personas en México y a nivel mundial: que la educación es la clave para salir de la pobreza. O el otro lado de la moneda: que quienes no tienen educación (falsamente equiparada al acto de simplemente "leer") son personas menos inteligentes, menos hábiles, y que reproducen conductas socialmente asociadas con la pobreza.

Inversión en educación para acabar con la pobreza

Un aspecto importante de los mitos sobre la educación es su peso en las preferencias de cómo debería actuar el Estado para disminuir la desigualdad. En este sentido, la narrativa meritocrática, particularmente aquella relacionada más con un individualismo complejo,[12] resalta las políticas públicas asociadas con la educación como el componente fundamental para el desarrollo del país y, particularmente, para acabar con la pobreza.

La provisión de educación para la sociedad es una concesión importante de la narrativa meritocrática desde el punto de vista del individualismo complejo. La narrativa meritocrática y su componente individualista no están necesariamente alejados de la idea ya analizada de la igualdad de oportunidades, al menos en cuanto a las preferencias. En este sentido, se concede un papel importante a la educación como un mecanismo igualador de oportunidades y, por lo tanto, también a la oferta educativa otorgada por el Estado.

Desde esta perspectiva individualista, el Estado, si acaso, puede intervenir en la distribución socioeconómica mediante el ámbito educativo, pero solo este. Así pues, se cree que la educación puede formar capital humano, que les permitirá a los pobres progresar y ya no necesitarán del Estado (ni vivir de los impuestos). En el capítulo 6 hablaré más de la idea del *capital humano* para los pobres como la única política social válida para evitar el "vicio de la dependencia" (claramente, también un mito, como se explicará).

Por el momento, basta mencionar que garantizar el acceso a la educación es una acción legítima del Estado de acuerdo con la narrativa meritocrática, ya que se percibe que, una vez que un niño o joven está inserto en el sistema educativo, dependerá de su esfuerzo, su talento o su mérito individual aprovechar dichas oportunidades y tener éxito en la vida.

De hecho, cuando se les pide a las personas jerarquizar las prioridades que creen que debería tener un gobierno, la educación obtiene el 27% de las respuestas, apenas superada por la creación de empleo (29%) y también por encima de la salud. Juntas, educación y salud, reúnen prácticamente la mitad de las respuestas, lo que muestra que casi la mitad de la población cree que la prioridad de la atención de la política pública en México debería ser la formación de capital humano (más allá del derecho al acceso a la educación).

CUADRO 4.1

Si el dinero del gobierno no alcanza para todo, ¿qué debe atender primero?	
Creación de empleo	29%
Educación	27%
Salud	22%
Alimentación	11%
Combate a la pobreza	8%
Combate a la delincuencia	3%
Total	100%

FUENTE: Elaboración propia con datos de la Encuesta Nacional de Pobreza 2016.

Obviamente, queda fuera de la narrativa meritocrática y de estos mitos sobre educación cualquier referencia a la desigualdad educativa o a las diferencias de estudiar en una secundaria o bachillerato de la alcaldía Benito Juárez versus hacerlo en Iztapalapa, por ejemplo.

En mi tesis doctoral encontré que la relación entre la meritocracia y la igualdad de oportunidades mediante la educación se volvía importante cuando las personas que entrevisté (para conocer su opinión sobre los programas sociales y la meritocracia) hablaban del programa Prospera (cancelado en el sexenio de López Obrador).

Las acciones de este programa estaban orientadas a igualar las condiciones de arranque en cuanto a capital humano; específicamente, sus componentes se centraban en la educación, la salud y la alimentación,[13] no en la igualación de los resultados. Es por esto por lo que fue posible la construcción de la legitimidad de este programa de política social durante dos décadas: porque suponía que el esfuerzo no es igual cuando se arranca de posiciones y haberes muy distintos en capital humano. Como señalaba en dicha investigación, esto no sería suficiente para la construcción de su legitimidad, sino que también fue importante el papel de las condicionantes (de las que hablaré también en el capítulo 6).

Tristemente, el programa fue cancelado, y pareciera que parte de las razones que permitieron que el programa social más grande hasta ese momento en la redistribución dirigida a los más pobres llegara a su fin fue precisamente la falta de legitimidad absoluta que logró.

La mentira del sistema educativo

Imaginemos lo siguiente: una sociedad que ha hecho suyo el ideal de equilibrar las desigualdades de oportunidades y condiciones, y que ha generado tremendas políticas públicas que logran, por un lado, darles oportunidades educativas para la formación de capital humano a todas las personas en la sociedad. Por otro lado, ha garantizado que el código postal en el que uno nace no determine necesariamente cuál es la escuela a la que se puede asistir ni la calidad de esta.

En esta sociedad ideal, como es "normal", algunas personas tendrán mejores resultados académicos, aspiraciones más ambiciosas o, simplemente, "le chingarán más". El único precio que la sociedad puso para garantizar esta igualdad de oportunidades fue que las desigualdades subsecuentes a la educación se aceptaran. Que esas brechas fueran legítimas y nadie más las volviera a cuestionar.

Así pues, podemos comparar, en esta sociedad idealizada, las rutas distintas entre "Rebeca", una mujer, de origen indígena[14] que decide que no quiere estudiar más allá de la educación media superior, porque le interesa trabajar de inmediato en lugar de seguir en la escuela, y "Armando", un hombre blanco que decidió que quería estudiar hasta el posgrado en Ingeniería Aeronáutica, una profesión muy bien pagada en la actualidad.

Veinte años después de estas decisiones individuales, nos encontramos con Armando y Rebeca en el mismo espacio, puesto que Rebeca está laborando como trabajadora del hogar para Armando, en una de sus viviendas de lujo. Al atender durante una cena familiar, Rebeca escucha a Armando contar historias de su vida exitosa, y menciona: "Todo lo debo a los años de esfuerzo y arduo trabajo. Nunca le pedí nada a nadie. Todo lo conseguí por mí mismo".[15]

De acuerdo con el ideal meritocrático, no deberíamos siquiera preguntarnos sobre las desigualdades provocadas por las decisiones respecto al ámbito educativo de estas personas. Si es el caso de que Armando tiene ingresos 100 veces más altos que los de Rebeca, esto se debe enteramente a sus propias decisiones. Bajo la narrativa meritocrática y la idea más básica de igualdad de oportunidades, será legítima la desigualdad resultante de las decisiones personales respecto al tema educativo, en cuanto que "todas las personas pueden estudiar lo que quieran".

Si bien el escenario anterior es una caricaturización del ideal meritocrático respecto de la educación, sirve para mostrar que la igualdad de oportunidades en términos educativos es una narrativa que ensombrece la realidad del punto donde tenemos que poner atención en términos de políticas públicas. Es una narrativa que nos lleva a enfocarnos, nuevamente, en las acciones y decisiones individuales, y no en los aspectos estructurales. ¿Por qué alguien con un posgrado puede ganar 100 veces más que alguien sin estudios de educación superior? ¿Por qué ciertas carreras ganan más que otras? ¿Por qué algunas personas de ciertos grupos o estratos sociales tienden a tener aspiraciones educativas distintas a otros grupos o estratos?

En este apartado trataré de mostrar la realidad frente a los mitos sobre educación asociados con la narrativa meritocrática. Principalmente, trato de desmontar la falsa idea de que el sistema educativo es un igualador y que, más bien, funciona como un proceso social legitimador de desigualdades de origen.

Michael Sandel se refiere al *endeudamiento invisible* como ese contexto social e histórico que les ha permitido a las personas obtener credenciales educativas que les han generado cierto nivel de bienestar, y que fue completamente posibilitado por siglos de inversión social en conocimiento y educación. Normalmente, en un contexto social de una narrativa meritocrática exacerbada, será más normal que los individuos recuerden cuántas horas estudiaron para un examen de admisión o cuántos meses o años trabajaron en su tesis y para obtener sus credenciales académicas. Pero ese contexto exacerbado de individualismo suele invisibilizar toda la estructura social —no solo de oportunidades— que permitió que el individuo pudiera estudiar como lo hizo. "A medida que la meritocracia se agudiza, el afán por triunfar nos absorbe hasta tal punto que nuestro endeudamiento se vuelve invisible para nosotros", dice Sandel.[16]

Hay una enorme deuda que todas las personas debemos a la sociedad (más aún cuando, como yo, todas nuestras credenciales educativas provienen de la educación pública) por haber obtenido los grados académicos que hemos logrado, y en gran medida esa es una deuda invisibilizada. La mentira del sistema educativo tratará de que nos centremos en lo individual, legitimar las desigualdades y al mismo tiempo hacernos olvidar nuestra deuda social respectiva.

¿El talento de los hijos o el varo de los papás?

Ya en el capítulo 2 reflexionamos críticamente sobre la idea del talento innato y cómo en realidad lo que muchas historias heroicas tratan de cubrir con un halo de virtuosismo se trata de una compleja serie de factores estructurales, históricos, societales, territoriales, comunales y familiares que han posibilitado los logros popularmente tildados de individuales y atribuidos al esfuerzo.

Un ejemplo crítico del concepto del talento es el que hace Norbert Elias en su libro *Mozart. Sociología de un genio*, donde analiza desde una perspectiva sociológica la figura del músico del siglo XVIII que falleció a los 35 años y dejó una herencia musical invaluable en la cultura occidental. Wolfgang Amadeus Mozart fue hijo de otro músico, Leopold Mozart, quien a muy temprana edad comenzó a educarlo musicalmente a él y antes a su hermana mayor, Maria Anna Mozart. Wolfgang fue expuesto desde una edad muy temprana a una estricta educación musical y comenzó a ofrecer conciertos en las cortes europeas a partir de los 6 años.

Con base en el análisis de esta figura, Elias reflexiona sobre cómo la figura del "genio" es una construcción social que se encuentra incrustada en distintas valoraciones y percepciones sobre determinadas habilidades bajo un contexto histórico específico. El desarrollo de estas habilidades y características físicas específicas está posibilitado por factores sociales que, en suma, pueden generar la valoración social de "genio".

En todo caso, que alguien sea visto como un genio talentoso no se trata de una característica propia innata, sino de una construcción social posibilitada, en gran medida, por las condiciones y acciones de la familia, muy comúnmente de los padres o personas así de cercanas, y, también, por la educación y la calidad de esta.

Tal vez dentro de una sociedad meritocrática parezca más aburrido hablar de los factores estructurales detrás de logros y premios otorgados o atribuidos al individuo, y, en contraste, sea más popular enfocarse en el esfuerzo personal y los supuestos talentos innatos de los genios. Pero la realidad es que las condiciones educativas y de aprendizaje para el desarrollo de los supuestos talentos son sumamente distintas para cada persona, y, en gran medida, son responsables de las diferencias que podemos encontrar en los resultados desiguales entre la población. La educación heredada o incentivada por la familia, sumamente desigual entre la población, es principio de muchas de las desigualdades de resultados observadas en nuestras sociedades, que luego son justificadas como producto del talento o de las habilidades o inteligencia innatas.

Una forma de observar las enormes diferencias entre la herencia que pueden otorgar las familias a sus hijas e hijos es a través del total de gasto dedicado al rubro educativo. En promedio los hogares que tienen algún estudiante entre sus integrantes dedican 2 mil 400 pesos mensuales a los gastos en educación. Pero, como podemos imaginar, esto cambia entre hogares según su estrato económico.

Los casos más extremos muestran que los hogares más ricos, específicamente del 1% más rico en el país, gastan en educación hasta 15 veces más que los hogares del decil I (el 10% con menos ingresos). Estos hogares en la cima de la estratificación social dedican 12 mil pesos al mes para la educación (en promedio, ya sea que estén estudiando en educación básica o universitaria, pública o privada), frente a 781 pesos de los que se dispone en los hogares más pobres (ver la gráfica 4.1).

Además, si comparamos los gastos en educación respecto del total de ingresos de los hogares, las diferencias entre las posibilidades de los distintos estratos para invertir en educación se profundizan más. Mientras que para el hogar mexicano promedio, con integrantes estudiantes, los gastos educativos representan el 6.4% del total de sus ingresos,

GRÁFICA 4.1

Gastos en educación por hogar según percentil de ingresos (2018)

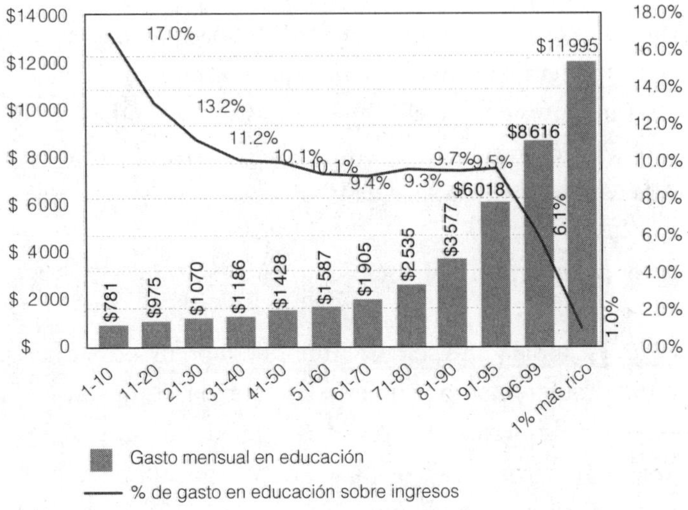

FUENTE: Elaboración propia con datos de ENIGH (2018) y Evalúa CDMX (2019).

este indicador llega hasta 17% en el caso de los hogares más pobres y disminuye a 1% en el caso de los hogares más ricos.

Pero las diferencias de gasto del hogar en educación según el estrato al que pertenecen las y los estudiantes no solo provienen de su familia de origen, sino que se profundizan con aspectos territoriales, como la inversión desigual de los gobiernos de las localidades. Por ejemplo, de acuerdo con el Evalúa CDMX, las alcaldías del sur-oriente de la Ciudad de México cuentan con una escuela pública de educación básica por cada 227 niñas y niños, mientras que las alcaldías más ricas en la misma ciudad cuentan con una de estas escuelas por cada 124 estudiantes.[17]

Según información de la OCDE, en México se dedican cerca de 3 mil dólares al año de gasto público por estudiante en escuela primaria o secundaria (esto en 2019). A su vez, en Colombia el gasto por estudiante es 33% mayor (4 mil dólares anuales) y en Chile es más del doble (6 mil 500 dólares). Mientras que el promedio de gasto en los países de la OCDE es de 11 mil 300 dólares anuales. Algunos países como Corea del Sur, Estados Unidos y Noruega superan los 15 mil dólares anuales, esto es, cinco veces lo que se gasta por estudiante en nuestro país.[18]

Ante tales diferencias de inversión privada (familiar) y pública en educación, ¿podemos seguir pensando que los resultados educativos de las y los estudiantes dependen solo de su esfuerzo y talento? ¿Estamos dispuestos a aceptar que, en gran medida, el talento son los papás, la familia, la comunidad y la sociedad?

Harvard y la compra de lugares

En 2019 un escándalo en Estados Unidos destapó una cloaca de sobornos y fraudes que tenían por objetivo garantizar el ingreso de hijos e hijas de multimillonarios a universidades de élite. El escándalo consistió en que se hicieron públicos casos en que, por un pago millonario a una institución que supuestamente asesoraba a aspirantes universitarios, esta enviaba a un sustituto experto en el examen de admisión (el famoso SAT[19]) o sobornaba a entrenadores de las universidades para que reclutaran a los jóvenes en sus equipos deportivos (con lo que bajaban así el estándar necesario para ser admitidos).[20]

En este escándalo, llamado "Varsity Blues" por el FBI, estuvieron involucradas personalidades de Hollywood como Lori Loughlin y Felicity Huffman, así como el dueño de la empresa que ejecutaba los sobornos, William *Rick* Singer.[21]

Estos casos de compras millonarias de lugares en las universidades llamaron la atención de la opinión pública sobre un proceso truqueado tanto por la vía ilegal como la legal. Ejemplos hay muchos. Uno de ellos es la "segunda revisión" que dan las universidades a algún caso después de que la familia del aspirante hace una donación millonaria a la institución (se ha documentado que esto sucede al menos en Harvard[22]). También es criticable que 42% de las universidades privadas en Estados Unidos tienen consideraciones especiales para con los hijos de sus egresados[23] (¿alguien dijo *nepo babies?*). O que hay empresas que, nuevamente, a cambio de pagos de miles de dólares, pueden prácticamente escribir ensayos de admisión completos.[24]

¿Por qué es escandaloso? Recordemos que la narrativa meritocrática promueve la idea de que el ingreso a este tipo de universidades de élite está mediado por los méritos, talentos y esfuerzos de cada uno de los estudiantes. Se supone que los mejores estudiantes son los que logran entrar a las mejores universidades.

La creencia de que en cierta universidad ingresan solo los mejores talentos, que luego se convierten en los mejores profesionistas, es básicamente la razón por la que se ha dado tanto valor a haber estudiado en Harvard, Yale, UPenn, Columbia, Princeton, etcétera. Gracias a eso, los alumnos llegan a obtener los mejores empleos y los mayores ingresos, y a ocupar la cúspide de la sociedad meritocrática. Tal discurso aplica tanto para Estados Unidos como para el resto del mundo.

Si las universidades de élite admitieran que, en realidad, la gran mayoría de sus estudiantes provienen de los estratos más privilegiados, que pagaron millones de dólares por el lugar que ocupan dentro de sus instituciones, entonces la supuesta competencia meritocrática de credenciales educativas sería una farsa evidente. Los egresados de estas universidades no serían los que más mérito, talento o esfuerzo han mostrado, sino simplemente los más ricos.

Admitir lo anterior desenmascara la mentira meritocrática respecto del sistema educativo: el dinero y la riqueza familiares determinan el ingreso a las escuelas de élite, no los méritos individuales. Los egresados de estas afamadas universidades son, mayoritariamente, los hijos o hijas de ricos, no los mejores en sus profesiones necesariamente.

Por lo anterior, **las universidades de élite no pueden permitir que los mitos respecto de la educación y la meritocracia se derrumben: su valía se mantiene en tanto la sociedad siga creyendo su narrativa de que son ellas las únicas capaces de desarrollar y cultivar talentos.**

Pero la realidad es otra. Las escuelas funcionan como un motor reproductor de la desigualdad. "La educación otorga falsa legitimidad a un sistema injusto",[25] al hacer pasar por "esfuerzo" las diferencias escolares que son causadas por la desigualdad entre los hogares de donde provienen los estudiantes.

Por cierto, Sophia Macy, la hija de Felicity Huffman, involucrada en el caso Varsity Blues, compartió tiempo después que había sido admitida a la Carnegie Mellon University por sus propios méritos y por sus resultados del examen de admisión (SAT), de alguna manera presumiendo que ella podía entrar por la puerta legal de ingreso a la educación superior de élite.[26] Olvidaba, claramente, que no deja de ser la hija de una familia millonaria con ventajas inimaginables para el resto de la población.

Los datos sobre desigualdad educativa en Estados Unidos son impresionantes. Casi 6 de cada 10 jóvenes de entre 19 y 22 años no asiste a la universidad, mientras que 80% de los jóvenes del quintil más rico sí asisten a una. Pero hasta en la cima hay grandes diferencias: mientras que 1 de cada 10 hijos de hogares del *top* 10% asiste a una escuela de élite, dicha cifra aumenta a 4 de cada 10 para los del *top* 0.1%.[27]

Como mencioné en el capítulo 2, en su libro *Los herederos* el sociólogo Pierre Bourdieu describía hace 60 años los diversos mecanismos por los cuales el sistema educativo legitimaba falsedades como el supuesto talento de los niños más ricos. Pero no solo eso, sino que también señalaba cómo las familias más pobres naturalizaban (es decir, realmente llegaban a creerse) su falta de talento:

> La autoridad legitimadora del sistema escolar puede multiplicar las desigualdades sociales porque las clases más desaventajadas, demasiado conscientes de su destino y demasiado inconscientes de las formas en que se produce, ayudan así a hacerlo realidad sobre sí mismas.[28]

En México y en el resto de Latinoamérica también sucede algo similar a lo que ocurre en Estados Unidos. Cada que se publican los resultados del examen de admisión para la UNAM, estos dan cuenta de que 9 de cada 10 alumnos no es aceptado. Aunque es claro que la competencia es injusta por las diferencias de origen social, la narrativa es otra: "entran a la universidad los que tienen más méritos". En una respuesta a un hilo reciente sobre el tema en Twitter, se pueden leer afirmaciones como "Se debe producir calidad, no cantidad. Y si no se quedaron en la Universidad fue por flojos huevones" o "Solo leí excusas por no haber obtenido un alto puntaje en el examen [...] Solo los mejores entran".[29]

Ese discurso se refleja en muchos lugares: por ejemplo, en páginas de asesoría en el proceso de ingreso se señala que entre las principales razones por las que los aspirantes no logran entrar a esta universidad se encuentra la falta de estudio y los nervios.[30] Desafortunadamente, tal narrativa ignora totalmente el contexto de desigualdad detrás de los resultados diferenciados al responder esas 120 preguntas en tres horas que pueden determinar el resto de la vida de los jóvenes.

Hay todo un mercado de numerosos cursos que preparan a los estudiantes para el examen de admisión, cuyo costo ronda de entre mil y hasta 14 mil pesos[31] (recordemos que el 80% de los hogares en México ganan menos de esa cantidad en un mes, ver capítulo 1). Además, hay denuncias de la venta de las respuestas de los exámenes de admisión[32] y se han registrado incidentes que ponen en duda la fiabilidad del proceso, como la supuesta acusación de fraude en el examen para ingresar a la educación media superior del Comipems (en la Ciudad de México), que luego fue manejada como un error.[33]

Desigualdad educativa: el principal motor reproductor de la desigualdad

Mercantilización de la educación: educación privada versus pública

¿La educación es una mercancía o es un derecho? ¿Puede ser ambos? Si la educación pública fuera de calidad y te diera acceso al mismo capital cultural y social que la educación privada, ¿alguien pagaría por asistir a una escuela privada? En general, existen diversas preguntas sobre la pertinencia de la educación privada y sobre cómo puede coexistir con la educación pública, especialmente para no generar desigualdades.

Pero lo que sucede es básicamente lo contrario. Socialmente, existen diversos estigmas sobre la educación pública, frecuentemente basados en la realidad (o la creencia) de las distintas calidades de las escuelas públicas y privadas. Debido a las distintas posibilidades de inversión educativa mostradas entre los hogares, la asistencia a escuelas privadas en México es un privilegio al que solo accede el 12% de las y los estudiantes a nivel general.

Ese porcentaje desagregado por nivel educativo se ve de la siguiente forma: 6% de estudiantes en educación básica asisten a escuelas privadas; aumenta a 14% en media superior y 31% en superior. Como se pueden imaginar, lo anterior está asociado también con la oferta pública en cada nivel, mucho más escasa en el caso de las escuelas de educación superior.

Claramente, no es fortuita la asistencia a escuelas privadas, sino que tiene un matiz de clase social. Quienes acceden más frecuentemente a este tipo de educación son las personas de los hogares con mayores ingresos en el país. Solamente 2 de cada 100 estudiantes de los hogares del decil I acuden a escuelas privadas. En cambio, la mayoría del 1% más rico del país estudia en escuelas privadas (56%).

GRÁFICA 4.2

Tipo de escuela a la que asisten estudiantes según percentil de ingreso del hogar al que pertenecen (2028)

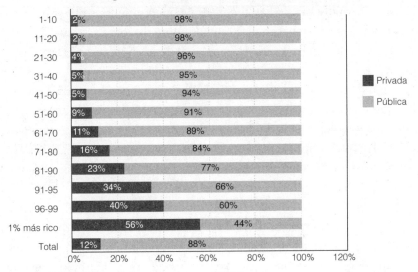

FUENTE: Elaboración propia con datos de ENIGH (2018).

Los montos invertidos por las familias más ricas en la educación privada de sus hijas e hijos son inimaginables para la gran mayoría de la población. Por ejemplo, el veintil más rico del país (esto es, el 5% de los hogares con mayores ingresos) gasta en promedio 28 mil pesos mensuales en la educación privada de sus hijos en nivel superior. Para un hogar medio en el país, dicho monto equivale prácticamente a la totalidad de sus ingresos mensuales, aunque solo representa una pequeña fracción de sus ingresos para los hogares más ricos.

Tampoco es de sorprenderse que la calidad de las escuelas privadas suele ser superior a la de las públicas, lo que implica muchas ventajas para sus estudiantes respecto del promedio de la población. Por ejemplo, el informe Mundos paralelos, de Oxfam México,[34] muestra que las primarias de estratos bajos en la Ciudad de México tienen un aprovechamiento de 32% en la prueba PLANEA, frente a 94% de las de estrato alto. Como ya se mencionó en otros apartados, no hay razón "biológica" o "natural" que explique estas diferencias: simplemente es el gasto —público o privado— invertido en distintas proporciones.

La cúspide de la desigualdad en términos educativos se encuentra en el nivel de educación superior. Tomemos ahora el ejemplo de la Zona Metropolitana de la Ciudad de México: mientras que 9 de cada 10 jóvenes que pertenecen al 20% más pobre no logran llegar a la universidad, esto solo pasa con 4 de cada 10 de los hogares más ricos (ver gráfica 4.3).

Las distinciones entre las universidades a las que logran acceder se pueden observar muy claramente: las universidades de élite privadas, que cobran colegiaturas de decenas de miles de pesos mensuales, están prácticamente ocupadas por las hijas y los hijos de los hogares más ricos del país. Así, 15% de jóvenes que pertenecen a una familia del 1% más rico asisten a este tipo de escuelas de élite.

En la gráfica siguiente se presentan todos los datos al respecto. Estas escuelas dan acceso no solo a una educación que podría ser de mayor calidad, sino a una red de contactos y capital social que posibilita un futuro más promisorio para sus estudiantes. Ejemplo claro de esto es la *tecnored* identificada en años anteriores, que relacionaba a estudiantes del ITAM con puestos claves en el gobierno[35] (y que no necesariamente se desmanteló en el sexenio actual; se profundiza en esto más adelante en otro apartado).

Pero el acaparamiento de los estratos más altos de la sociedad por las mejores escuelas del sistema educativo del país no sucede solo con las universidades privadas. Mientras que año con año, 9 de cada 10 alumnos no es aceptado en la UNAM, sucede también que 7 de cada 10 alumnos que asisten a la máxima casa de estudios pertenecen a hogares del 40% de la población más rica. En resumen, los más ricos siempre están sobrerrepresentados en todos los escalones más privilegiados del sistema educativo. Y nada tiene que ver con el talento académico u otras habilidades supuestamente innatas.

GRÁFICA 4.3
Universidades a las que asisten los jóvenes,
Zona Metropolitana de la Ciudad de México

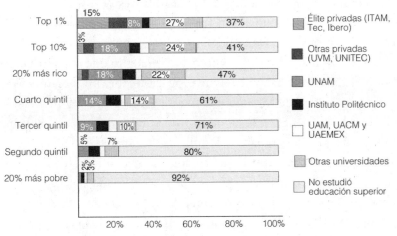

FUENTE: Elaboración propia con datos de Encuesta sobre las Trayectorias Educativas y Laborales de los Jóvenes de la Zona Metropolitana de la Ciudad de México (2010).[36]

"Amarte duele": segregación escolar y social

¿Recuerdan la película *Amarte duele*, donde Ulises y Renata se enamoraban, pero su relación era imposible? Esto era porque uno de ellos, *Ulises* (interpretado por Luis Fernando Peña), venía de una familia con carencias y estudiaba en una escuela pública de la Ciudad de México, mientras que *Renata* (interpretada por Martha Higareda) era de familia acomodada y estudiaba en un colegio privado (y caro, al parecer) de la misma ciudad. Tal vez la frase más recordada de la película es cuando Mariana (que interpreta Ximena Sariñana), hermana de Renata, le dice a su mamá: "Así se les dice, ma, *nacos*".[37]

Bueno, esta típica historia de amor imposible al estilo de Romeo y Julieta tiene un detalle en particular que nos puede servir para ejemplificar la desigualdad y la segregación educativa en México: los personajes parecen habitar el poniente de la Ciudad de México, una zona altamente segregada y de donde provienen las fotos más virales que muestran la desigualdad de forma cruda:[38] de un lado, el Pueblo de

157

Santa Fe y, del otro lado, las modernas colonias de Paseo de las Lomas, Zedec Santa Fe, etcétera. En ciudades tan segregadas, con escuelas que no tienen interacción alguna entre distintos estratos sociales, donde estos personajes se conocieron fue justo en una tienda musical en el Centro Comercial de Santa Fe.

En realidad, esto es poco probable. Eso es lo que encontró el antropólogo Gonzalo Saraví en su investigación sobre jóvenes universitarios en la Ciudad de México. La investigación toma una universidad de élite del poniente de la ciudad y otra pública del oriente de la ciudad, y entrevista a estudiantes de ambas instituciones. Saraví encuentra que las vidas de los universitarios son completamente distintas: los círculos sociales que frecuentan, los lugares a donde acuden a consumir y las actividades de ocio que practican. Se trata de mundos paralelos, habitando en una misma ciudad. Así pues, incluso en el presente sería improbable que Ulises y Renata pudieran encontrarse en una misma plaza comercial.

Tener escuelas segregadas, donde los niños, niñas y jóvenes no conviven con otros estratos sociales, es problemático para la sociabilidad, el entendimiento y la solidaridad entre distintas clases sociales. Incluso Saraví encuentra el caso de estudiantes que vienen de las distintas universidades y que son pareja, y le narran la "incomodidad" de convivir con los mundos del estrato social distinto. Vamos, que todos recordamos el trágico final de *Amarte duele* (y, si no la han visto, les recomiendo que lo hagan).

Efectivamente, la mercantilización de la educación, la segregación entre escuelas privadas y públicas y el elitismo de las escuelas más prestigiosas tienen efectos más allá de los educativos o de los resultados de vida que posibilitan para sus estudiantes. Un sistema educativo segregado provoca una sociedad más segregada, menos solidaria y más encerrada dentro de sus propias burbujas.

Por ejemplo, un muy interesante estudio hecho en India prueba algunos beneficios de que alumnos de estratos distintos estudien juntos en la educación básica. La investigación echa mano de un "experimento natural", es decir, de una situación que sucedió orgánicamente, ajena al estudio, pero que pudo analizarse de forma similar a un experimento: una política pública del gobierno que comenzó a exigirles a las escuelas privadas que ofrecieran algunos lugares gratuitos dentro de sus instituciones para estudiantes pobres.

Los resultados encontraron que al tener compañeros pobres, los estudiantes de familias ricas tienden a ser más prosociales, más dispuestos a participar en proyectos caritativos de la escuela, generosos y con preferencias más igualitaristas; además, es menos probable que los discriminen y exhiben una mayor voluntad de socializar entre ellos. De ahí que la investigación se haya titulado "La familiaridad no genera desprecio".[39]

Este estudio en particular continúa una larga tradición de investigaciones que confirman cómo la interacción escolar entre distintos estratos sociales se relaciona con menos discriminación entre los estratos bajos de la sociedad. La familiaridad hacia otros estratos sociales construida a partir de la convivencia continua en las escuelas puede que disminuya la percepción de "otredad" hacia individuos de otras clases sociales, lo que podría estar detrás de los resultados de menor discriminación. Niños y niñas pueden entender mejor a sus pares con familias de distintos niveles de riqueza e ingreso. Tal vez si la educación en México no fuera tan segregada, las familias de Renata y de Ulises habrían entendido y permitido su amor, y habrían evitado el trágico final.

Universidades de élite para las élites

Ya hablamos de algunos de los procesos causantes de la desigualdad educativa en nuestras sociedades: la mercantilización de la educación y la segregación escolar, así como los efectos de todas estas en la reproducción generalizada de la desigualdad social. Falta ahora completar el mapa con un componente sumamente importante para entender la desigualdad educativa: las universidades de élite.

Como ya veníamos introduciendo cuando se citó el escandaloso caso Varsity Blues, que implicó sobornos y falsificaciones para lograr el ingreso a Harvard y otras instituciones de similar renombre, el afán por acceder a universidades de élite ha crecido durante los últimos años. ¿Por qué es tan importante ser admitido en universidades de élite? Para Sandel, se debe a que las brechas de desigualdad se están ampliando y los papás no quieren que sus hijos e hijas terminen en una clase media cada vez con una menor calidad de vida: "A medida que crece la brecha de renta, también lo hace el miedo a caer".[40]

Recuerdo una conversación con un amigo de mi barrio, estudiante siempre de universidades públicas, y que ha trabajado como programador codo a codo con egresados de universidades privadas de élite en México y, ahora, de otras universidades a nivel internacional. Mencionamos cómo uno de los aspectos más característicos en el ámbito laboral de los egresados de estas universidades es que se veían a sí mismos como merecedores del sueldo que ganaban o de mucho más que eso. Sus actitudes, su trato hacia los demás, sus creencias sobre su papel dentro de la empresa lo demostraban. Eso, usualmente, tenía diversos efectos que determinaban su avance dentro de la empresa. Y era algo que claramente no mostraban los egresados de universidades públicas (como en el caso de él y el mío, de la Universidad de Guadalajara, una universidad estatal), sin importar que tuvieran las mismas capacidades o hasta mejores.

Efectivamente, las escuelas de élite tienen una función esencial en términos subjetivos para sus estudiantes: la de generarles una sensación de merecimiento, de *entitlement*. El investigador Shamus Khan realizó una etnografía en la escuela preparatoria St. Paul's (o sps, por sus siglas en inglés), en Estados Unidos, una escuela de élite dirigida a las clases más altas de ese país. Él había sido alumno de ella y luego volvió como profesor para complementar su investigación.

En su libro, Khan describe "cómo la escuela produce rasgos 'meritorios' en los alumnos" y "cómo se desarrollan estos atributos en entornos de élite a los que pocos tienen acceso".[41] Según encuentra, **entre las principales características de estas escuelas está que buscan convertir la riqueza y ventaja de origen con la que llegan los estudiantes en una narrativa de mérito individual**, anclada en diversos discursos y en el fomento y desarrollo de habilidades y destrezas que, en el mediano plazo, pretenden enmascarar la realidad de su capital social y cultural familiar.

El autor también rescata cambios que ha habido con el paso de los años en las escuelas de élite. Básicamente, menciona que "se han abierto", se han diversificado en torno a aceptar más estudiantes de orígenes distintos. Pero destaca que para quienes vienen con desventajas la lucha por ocupar esos lugares es muy competitiva. Y no así para quienes tienen la riqueza de la familia como respaldo.

Reflexionemos con mayor detenimiento en qué más aporta estudiar y egresar de las instituciones educativas de élite. Definitivamente, la calidad educativa es un factor crucial y diferenciador con respecto a otras universidades que no son de élite. El aspecto subjetivo de fomentar, desarrollar y solidificar el sentimiento de merecimiento es otro factor relevante. Pero tal vez la ventaja más importante que otorgan estas universidades a sus estudiantes es el prestigio y las redes sociales a las que tienen acceso. Y es algo que estas instituciones cuidan de forma cautelosa.

Ya sea por vías formales (bolsas de trabajo, programas de inserción laboral o de prácticas profesionales, reuniones de egresados) o informales (recomendaciones entre colegas o *alumni,* grupos que se Whats-App), el hecho de acceder a universidades de élite de entrada aumentará las posibilidades de mejores empleos u oportunidades, que, en gran medida, no tienen que ver con el desempeño académico de los estudiantes.

Que quede claro: **las redes a las que dan acceso las universidades de élite se convierten en un sistema informal de acaparamiento de oportunidades y ejercicio de poder, de captura de instituciones y de cierre social**. En gran medida, eso es lo que venden las instituciones educativas de élite, ya sea que se trate de universidades privadas o de públicas: la consolidación y reproducción de un grupo de estudiantes y egresados que serán futuros miembros de lo que "el sociólogo C. Wright Mills denominó la 'élite del poder', lo que los marxistas apodaron la 'clase dirigente' y lo que los presidentes de la Ivy League denominan simplemente 'líderes'".[42]

En Estados Unidos, los egresados de la Ivy League están sobre-rrepresentados en las posiciones de liderazgo político y corporativo de ese país.[43] En Reino Unido, tres de cada cuatro primeros ministros son egresados de Oxford y Cambridge, y son mayoría en las posiciones de jueces y servidores públicos.[44] En México, la red de tecnócratas egre-sados de universidades de élite (*tecnored*) también ocupaban la mayoría de los cargos públicos hasta antes de 2018 (característica que aún con-tinúa, aunque en menor medida, en el sexenio de López Obrador).[45]

El problema del acceso a espacios de poder y la formación de las clases dominantes mediado por el paso por universidades de élite (a las cuales mayoritariamente acceden personas nacidas en familias ricas o poderosas) se complica aún más en el caso de las universidades pri-vadas. Esto porque, como cualquier otra institución mercantilizada en el sistema capitalista, su razón de ser y principal incentivo es generar mayores ingresos. Y eso lo van a obtener, en mayor medida, mediante la admisión de estudiantes de mayores ingresos que busquen obtener el mayor prestigio y acceder al mayor capital social posible.

Así pues, el dilema ético para las universidades de élite y privadas es "¿generamos un sistema más 'justo' en términos meritocráticos (lo que sea que eso signifique) y desde una perspectiva igualadora que atienda las desigualdades de origen o maximizamos las ganancias que podemos generar mediante la admisión de los estudiantes que puedan pagar las colegiaturas más altas?".

Deberíamos elogiar menos a las credenciales de las escuelas de élite y ser más críticos de lo que realmente representan.

Una visión distinta de la educación

Cómo luchan contra la desigualdad educativa en China

Hace unos meses, Arnaud Bertrand compartió en sus redes sociales una reflexión muy interesante sobre la lucha del gobierno de China en contra del peso que tenía la riqueza de los hogares (la cual ha crecido exponencialmente durante las últimas décadas para las personas más ricas del país) en la desigualdad educativa del país. Mencionaba que un colega suyo, multimillonario, que vivía en Shanghái, le contaba que se mudaría a California, Estados Unidos, para que su riqueza pudiera darles amplias ventajas a sus hijos, algo que sería mucho más difícil de lograr en China.

¿Por qué un millonario de China buscaría mudarse a Estados Unidos para usar su riqueza en favor de sus hijos? Hay diversos ejemplos. Desde hace algunos años, el gobierno chino ha emprendido acciones para limitar el peso que tiene la riqueza en la reproducción de la desigualdad educativa, mediante la Política de Doble Reducción (o *Double Reduction Policy*), la cual prohíbe el lucro en las instituciones de tutoría extraescolar (*after-school tutoring*) y exige una disminución de la carga de tareas que se llevan a casa los estudiantes.[46]

Para poner el contexto, tenemos que entender que en China, casi desde que nace un hijo o hija, sus padres ya están pensando en estrategias para que puedan tener un mejor desempeño en el "Gaokao", que es más o menos el equivalente chino del SAT de Estados Unidos: un examen estandarizado de acceso a las universidades celebrado anualmente, con duración de tres días. Este examen es sumamente competitivo y genera mucha presión en los jóvenes, por lo cual suelen estudiar entre 12 y 13 horas al día y enfocan en gran medida su educación en la mejor estrategia para un puntaje más alto. "Solo el 10% de una clase logrará ir a una universidad *top*, y, si no lo logras, se te considera un fracaso, de ahí viene la presión".[47]

Como se podrán imaginar, en un país donde la desigualdad económica ha crecido a pasos agigantados durante las últimas décadas, claramente los más ricos han buscado maneras de sesgar a su favor las probabilidades de que sus hijos accedan a una de las mejores universidades del país. Por eso ha crecido de forma espeluznante la industria de las tutorías extracurriculares, al grado de que había 320 millones de estudiantes chinos inscritos en alguna de estas instituciones, lo cual representaba un negocio de poco más de 120 mil millones de dólares en 2019.[48]

El gobierno chino ahora busca evitar que la riqueza de los hogares pueda pagar ventajas "no meritorias" en forma de clases o tutorías extracurriculares para sus hijos. En ese mismo sentido, el gobierno ordenó que las escuelas públicas y privadas comenzaran al mismo tiempo su proceso de admisión, y quienes busquen enrolar a sus hijos en una escuela privada deben someterse a un sistema computarizado de lotería, es decir, aleatorio, que definirá a qué escuela ingresarían.[49]

Adicionalmente, el gobierno dejó de garantizar el ingreso a las escuelas de educación básica bajo el simple criterio de la proximidad territorial, puesto que esto había aumentado por años los precios de las viviendas cercanas a las escuelas con más prestigio, dado que los más ricos querían asegurar el ingreso de sus hijos.

Todas estas medidas tienen como objetivo desvincular las formas por las cuales la riqueza puede dar ventajas en la asignación de instituciones educativas de mejor calidad. Qué tan funcionales son las medidas es algo que habría que ver con el paso del tiempo. Pero sin duda muestran una perspectiva sumamente diferente a la que estamos acostumbrados en países de Occidente (principalmente, comparado con Estados Unidos), donde de antemano se sabe que quienes poseen más riqueza asistirán a mejores escuelas, y, en el caso de las escuelas de élite, serán sus egresados quienes seguirán acaparando una parte importante de los ingresos, de la riqueza y del poder en el futuro.

De cualquier modo, las medidas descritas para combatir la desigualdad educativa en China parecen tener un objetivo central implícito: generar mayor igualdad de oportunidades para buscar así una competencia meritocrática justa entre los diversos talentos. Dicho de otro modo, que quienes mejores puntuaciones logren en el Gaokao sean las personas "más talentosas" y no las que pagaron más millones para recibir una mejor tutoría extracurricular.

El problema de este objetivo es el mismo que he señalado cuando hablamos de los análisis de movilidad social relativa de forma aislada o de la concepción más básica de igualdad de oportunidades: **pugnan por la construcción de una "meritocracia real" sin cuestionar la existencia de las brechas**, creyendo que si todos los estudiantes en China pueden llegar con las mismas condiciones, sin ventajas "especiales" más allá de su talento y esfuerzo, a aprovechar las oportunidades de ingreso a las universidades, quienes registren los mejores puntajes en el examen de ingreso y logren graduarse de las mejores universidades en el país serán merecedores de esas nuevas condiciones ventajosas y sus consecuentes y esperables resultados. Para esta concepción, la desigualdad de resultados no es problemática por sí misma mientras venga de una competencia meritocrática justa en el sistema educativo. Sin embargo, me parece, esa concepción ilusoria de buscar una "meritocracia real y justa" continúa opacando los problemas mismos de este planteamiento.

Ingresos aleatorio y universalización de la educación

De alguna manera, el ingreso aleatorio a las universidades ha buscado trastocar este ideal de búsqueda de una "real y justa meritocracia". Algunos experimentos de ingresos aleatorizados a instituciones educativas se han llevado a cabo en universidades de países occidentales, por ejemplo, en algunas escuelas de educación básica en Reino Unido[50] y, tal vez el caso que nos es más familiar, en el ingreso a la Universidad Autónoma de la Ciudad de México (UACM), donde la selección de los estudiantes que ingresan se hace mediante un sorteo.

Si bien se percibe que los sistemas de sorteo tienen distintas ventajas, como el de equilibrar las oportunidades de ingreso, frente al sistema completamente competitivo del uso de exámenes sin ninguna otra consideración, en cualquier caso, la realidad es que estos experimentos de ingreso por sorteo siguen teniendo problemas estructurales importantes.

Tal vez el más importante sea que un sistema de sorteo por sí mismo no modifica la existencia de brechas sumamente amplias en la calidad educativa de las instituciones. Esto es aún más importante si se parte desde una perspectiva radical en la que no se cree en la idea de los talentos y en realidad la gran mayoría de los resultados académicos se relacionan más con la calidad de las instituciones académicas que con las características individuales de los estudiantes. En todo caso, una ventaja alentadora podría ser que habría incentivos para que esas brechas se redujeran, esto si quienes tienen más poder pugnaran por el mejoramiento de la institución educativa en la que aleatoriamente habría sido asignado alguno de sus hijos.

Lo anterior implica que, para que el sistema de sorteo funcione de forma estructural y tenga repercusiones sociales amplias, debería crecer y ser adoptado por la mayoría de las instituciones del mismo nivel educativo, y no solo por una o unas cuantas determinadas escuelas (peor aún cuando se trata solo de las escuelas nuevas, que apenas están consolidándose y compitiendo en prestigio, como el caso de la UACM).

Cuando mencionamos los sistemas de sorteo para el ingreso en universidades o cuando tenemos noticias como la ya mencionada de que en la UNAM son rechazados 9 de cada 10 aspirantes, debemos tener claro un aspecto que se puede perder de vista: que estos procedimientos de selección y priorización de espacios universitarios son solo necesarios cuando se cumplen dos condiciones: primero, que la oferta educativa es insuficiente para todas las personas que potencialmente podrían ingresar y ser estudiantes y, segundo, que la calidad educativa de estas instituciones tiene brechas amplias.

En ese sentido, me parece que el ideal de cómo luchar contra las desigualdades educativas —y sus efectos en la reproducción de la desigualdad social— debería siempre tener como horizonte el cumplimiento tanto de una universalización del derecho a la educación, es decir, que la oferta educativa sea suficiente para todos, como una política que activamente busque la reducción de las brechas de calidad entre las escuelas.

Lo anterior no es fácil de lograr y, sobre todo, requiere montos presupuestales mucho más altos de los que normalmente se invierten en México o en el resto de América Latina. Recordemos que el promedio de gasto educativo por estudiante (en nivel básico) en los países de la OCDE es de 11 mil 300 dólares anuales, frente a los 3 mil dólares anuales en México: las brechas de gasto gubernamental en educación son gigantescas.

Y esta desigualdad también se reproduce al interior de México. Por ejemplo, hace cerca de 10 años, Baja California era el estado con el presupuesto más alto en educación, casi 25 mil pesos anuales por estudiante, mientras que el estado de Oaxaca gastaba menos de 14 mil pesos.[51] Por otro lado, estudiar en la UNAM o la UAM implica acceder a un presupuesto anual por alumno de 125 mil pesos al año, mientras que las universidad públicas estatales en promedio destinan 56 mil pesos por alumno de presupuesto anual (por ejemplo, en la UdeG, la universidad donde trabajo, la cifra es de 49 mil pesos); asimismo, en las universidades tecnológicas apenas se destina un presupuesto de 28 mil pesos, y en las politécnicas, de 22 mil pesos.[52]

¿Cómo podemos ignorar las brechas educativas cuando un estado gasta el doble de lo que otro en educación o cuando entrar a la UNAM o la UAM asegura el doble del presupuesto de una universidad estatal o cuatro veces el de una politécnica?

Nuestro sistema educativo es profundamente desigual por diseño, y por eso debemos dejar de creer en una entelequia de igualdad de oportunidades o que ignora las brechas de acceder, aunque fuese por sorteo, a cualquiera de estas universidades. Actualmente, es tan injusto nacer en la Ciudad de México frente a nacer en Oaxaca, en términos de oportunidades educativas, como lo es nacer en una familia rica frente a una pobre. Y no olvidemos que, aun cuando el ingreso a la UNAM fuese por sorteo y se aseguraran los gastos del estudiante durante su carrera, seguiría siendo injusto el inmenso presupuesto frente al de las universidades más olvidadas del país.

Claramente, la intención no es pugnar por la reducción del presupuesto público en las universidades más privilegiadas por el Estado, sino que las universidades más rezagadas reciban un mayor presupuesto, de manera que así se puedan acotar las brechas. De igual forma, garantizar la universalidad de la educación superior, y en todos los niveles, es un aspecto indispensable. En suma, **el objetivo debe ser romper la trampa del sistema educativo como motor reproductor de desigualdades.**

Desvincular educación y dignidad de vida

Un cambio más profundo que tenemos que buscar socialmente, a nivel de narrativas y de entendimiento del merecimiento, es el de dejar de pensar que alguien es valioso o merece una vida digna solo cuando ha logrado más formación educativa. Es decir, debemos entender que **tener más credenciales educativas no es un determinante necesario de los resultados de vida.**

Esto tiene diversos matices, tanto positivos como negativos. No se trata del discurso de la industria del *billionaire coaching* que básicamente dice: "No necesitas estudiar para hacerte millonario". Tampoco comparto la idea neoliberal de que "solo deberían estudiar los que se interesen específicamente en hacerlo" y, por tanto, que el Estado no debería financiar la educación. Claramente, también estoy en contra de la *vaucherización* de la educación, lo que hasta cierto punto parecen haber provocado algunos gobiernos de supuesta izquierda en México y otros países de la región.

Más bien la idea es que todas las personas en nuestra sociedad deberían tener derecho a una vida digna, sin importar si estudian hasta nivel posgrado o si solo logran estudiar la educación básica (sin olvidar que la educación es un derecho para todas las personas). Es decir: no solo se debería tener acceso a una vida cómoda y digna en el caso de haber estudiado y accedido a las mejores credenciales educativas.

Ese aspecto es el que se ha olvidado en nuestras sociedades. Es por eso por lo que los mitos que derivan de la narrativa meritocrática imaginan que con mayor educación se puede vencer la desigualdad de oportunidades y que las personas "talentosas" pueden salir de la pobreza. Imaginan que dotando de capital humano a todas las personas se puede vencer la pobreza (al menos la "pobreza inmerecida"). También por eso el énfasis neoliberal en las condicionalidades de los programas sociales, en "vigilar" que los pobres sí estudien (como si fuera una "elección" no condicionada el no seguir estudiando), como veremos más a detalle en el capítulo 6.

Cuestionar esa narrativa implica entender la educación como un derecho, pero también como una elección libre. Si alguien, en una situación ideal de igualdad de oportunidades y de condiciones, elige estudiar libremente, por ejemplo, una de las carreras que menos ingresos en promedio genera para sus egresados, o simplemente no estudiar más, esta persona debería poder vivir una vida digna, y no solo acceder a pisos mínimos de bienestar, con brechas acotadas frente a los pares que han tomado "otras decisiones" en términos educativos, como, por ejemplo, estudiar la carrera que hoy en día genera más ingreso en promedio a sus egresados.

Objetar realmente las bases meritocráticas y neoliberales de la educación nos lleva a verla como un derecho que el Estado debe garantizar, pero no como una llave de acceso a una vida adecuada, sino simplemente como un medio para desenvolver el potencial humano, como uno de muchos caminos hacia el florecimiento de nuestras sociedades.

MITO 5
Los jóvenes prefieren no tener viviendas

La lucha por la vivienda es una lucha de clases.

La irresponsabilidad de las juventudes y la vivienda

El acceso a la vivienda es un derecho humano. Aun así, cada vez es más común encontrar análisis, artículos en medios de comunicación, comentarios en redes sociales y hasta declaraciones de autoridades políticas que, si bien reconocen que cada vez son menos personas las que compran una vivienda,[1] señalan al mismo tiempo que esto se debe básicamente a una elección o decisión, "una preferencia" de las nuevas generaciones. En un artículo publicado hace algunos años en un conocido medio de comunicación en México, afirmaban que los "jóvenes mexicanos prefieren viajar que comprar una casa".[2] En otras ocasiones incluso se menciona que es consecuencia del comportamiento "irresponsable", nuevamente, de los jóvenes, quienes han "preferido" no tener vivienda y "han dado prioridad" a otras necesidades o consumos.

Ejemplos sobran, pero tal vez uno de los más sintomáticos se dio en 2022, en el contexto de una protesta por el derecho a la vivienda llevada a cabo en la ciudad de Guadalajara. Dicha protesta se realizó durante el Primer Foro de Vivienda 2022, y hacía notar que es casi imposible acceder a una vivienda adecuada a las personas jóvenes que trabajan y viven en la ciudad.

La protesta criticaba también los escandalosos negocios inmobiliarios en los que ha estado envuelto el partido gobernante de la ciudad y del estado (Jalisco), así como los terrenos que el gobierno ha cedido en la zona céntrica de la ciudad para la construcción de departamentos pequeños (en ocasiones de menos de 30m²) y comúnmente vendidos como "inversiones para rentarse en Airbnb". En general, la protesta reprochaba la falta de regulación del mercado.[3]

Lo más impactante de este caso es que el presidente municipal, al ser entrevistado luego de salir del lugar donde se organizó el foro, declaró simplemente: "¿Quieren vivienda? Trabajen".[4] Con tres palabras tan cortas al gobernante le fue posible demostrar claramente otra de las consecuencias que la narrativa meritocrática tiene en nuestras sociedades: la de creer que si las personas no pueden acceder a una vivienda adecuada, es porque no trabajan o no se esfuerzan lo suficiente.

IMAGEN 5.1

FUENTE: @GatitosVsDesig, 13 de noviembre de 2022.

Renuncia a tu café de Starbucks y compra una casa

Las narrativas que estigmatizan el consumo de los jóvenes y asumen que esta es la razón de que no les sea posible comprar una casa son una tendencia mundial desde hace algunos años. Por ejemplo, en 2017, el australiano Tim Gurner, un joven empresario heredero que está en el negocio de desarrollos inmobiliarios para la inversión y el alquiler (conocidos como BTR o *build-to-rent*), se hizo viral por declarar en una entrevista: "Cuando intentaba comprar mi primera casa, ¡no compraba *avocado toast* por 19 dólares y cuatro cafés a cuatro dólares cada uno!".[5] Con ello daba a entender que parte del problema de que los jóvenes no puedan comprar una vivienda se debe a ese tipo de consumo, considerado lujoso o excesivo.

Igualmente, el canadiense Kevin O'Leary, otro multimillonario que forma parte del conocido programa *Shark Tank* (ese donde los participantes les presentan ideas de negocios a empresarios multimillonarios, una forma de proyectar una interpretación del mito del emprendedor) y autor y conferencista en temas de educación financiera, tiene entre sus recomendaciones más importantes para los *millennials* que "no compren café de cuatro dólares" y no tener más de cuatro pares de zapatos y tres pantalones.[6] Efectivamente, hay personas como Kevin que cobran mucho dinero por dar este tipo de recomendaciones.

Incluso en un debate en Reddit hay personas que aseguran con certeza que "si no estás dispuesto a renunciar a ciertos lujos y ahorrar, tal vez no mereces una casa".[7] En Latinoamérica, el mito también se ha esparcido rápidamente y con frecuencia se ha señalado al consumo de café de Starbucks como responsable de la crisis de acceso a la vivienda actual.

En abril de 2024, luego de una nueva ola de polémica en redes sociales sobre el derecho a la vivienda, me tocó leer un tweet que se burlaba de consignas como la de que somos "la generación que jamás va a tener casa propia" a través de una falacia de hombre de paja: "Ramsés, 30 años, vive en casa de sus papás, estudió Filosofía y Letras, 50 mil pesos en tatuajes, paga 10 *apps* al mes, + Smart Fit, viaja diario en Uber, trae unos tenis de 20 mil pesos y iPhone 14. No trabaja".[8]

Este tipo de comentarios son muy comunes y reproducen claramente la narrativa meritocrática. Ya sea que se culpe a la falta de esfuerzo, la falta de trabajo o simplemente los estilos de vida y de consumo (viajes, comida, conciertos, etcétera), el mito es útil para desviar la discusión sobre las disfuncionalidades del mercado de la vivienda hacia una cuestión individual y atomizada: "¿Qué están haciendo mal los jóvenes que no les alcanza para acceder a una vivienda?", en lugar de reflexionar: "¿Qué estamos haciendo mal como sociedad y como gobierno para que no hay viviendas para los jóvenes?".

Co-living y "los jóvenes no quieren salir de casa"

Entre las distintas formas que adopta el mito de que es simplemente una cuestión de preferencias que los jóvenes *millennials* y *gen Z* no compren casa, una muy común es que "no quieren salir de casa de sus padres".[9] Un reportaje mencionaba que 6 de cada 10 jóvenes mexicanos "no tenían prisa" por empezar una vida adulta como la de sus padres.[10]

Efectivamente, el porcentaje de personas entre 18 y 34 años que viven con sus padres (en este caso, con información para Estados Unidos) se ha duplicado frente a lo que sucedía en los años ochenta con los *boomers*, y actualmente esta situación tiene el doble de probabilidad de suceder entre jóvenes que solo estudiaron el bachillerato frente a quienes terminaron la universidad, es decir, afecta más a las personas con menor nivel educativo.[11]

Ya sea que se mire desde una perspectiva crítica, aludiendo a por qué es casi imposible para muchas personas jóvenes que sus ingresos sean suficientes para salir del núcleo familiar y rentar o comprar una vivienda, o que tan solo se aborde como una "decisión" unilateral de los jóvenes ("viven con sus padres porque quieren"), es problemático creer que vivir con los padres es parte de una "estrategia" de las nuevas generaciones.

Por último, también son comunes las narrativas que dicen que las personas más jóvenes prefieren el *co-living*, es decir, compartir vivienda con personas que no son familiares o muchas veces ni siquiera amigos. Los artículos[12] que analizan y promueven el *co-living* como algo *trendy*, curiosamente, mencionan que esta tendencia surgió en Silicon Valley ante la escasez de viviendas (asequibles, agregaría yo). En dichos artículos, proponen el *co-living* como un estilo "moderno" de habitar y retratan de una forma *cool* que las personas jóvenes actualmente no puedan pagar una vivienda adecuada en las ciudades (debido a la alta especulación de precios) y que se vean obligadas a compartir su hogar.

Un artículo en un medio español proclamaba incluso que "los españoles se apuntan a vivir en *co-living* para desquitarse de la sociedad del confinamiento".[13] Es decir, venden el *co-living* más como una estrategia para "convivir con la comunidad" luego de la pandemia que como una de las pocas alternativas que quedan ante el aumento tan alto del alquiler tras la crisis económica.

No sobra decir que la popularización del *co-living* que promueven distintas empresas "emprendedoras", normalmente extranjeras, tiene un efecto secundario nada menor: elevar los precios promedios de la vivienda.

En 2022 se popularizó el caso de un anuncio de una empresa que ofrecía vivienda en forma de *co-living* en México, que rentaba sus habitaciones de unos cuantos metros cuadrados a un precio equivalente al doble del salario promedio. Esta además se daba el lujo de ofrecer vacantes laborales para recepción y limpieza, que serían remuneradas simplemente con "una caja de fruta y con una habitación gratuita", y no con un salario como lo marca la ley.[14] Habría que distinguir entre esta forma de vivienda comunal mercantilizada, que genera ganancias para un actor privado ajeno a la vivienda, y las cooperativas de vivienda.

Así pues, son múltiples las expresiones de la narrativa meritocrática y el mito de que "los jóvenes prefieren no tener vivienda". Pero en todas ellas se observa una estrecha relación con la legitimación de la desigualdad y de no cuestionar, en lo más mínimo, la situación del mercado de vivienda.

No son los Starbucks y los viajes, es que el dinero no alcanza

Aunque las explicaciones simplistas y los mitos construidos desde la narrativa meritocrática para entender el acceso a la vivienda culpen a las personas mismas por no tener la capacidad económica de comprar una vivienda (o por "elegir no comprar una vivienda" o "querer" vivir con la familia u otras personas), la realidad es sumamente distinta.

En resumen, hay suficiente evidencia para asegurar que la vivienda adecuada es cada vez menos accesible y asequible en México (y en el mundo). A continuación se citarán algunos ejemplos y análisis que lo demuestran.

Y la carencia (y la vivienda), arriba, y lo salarios, abajo

Entre los datos que me parecen más sintomáticos de la realidad en el acceso a la vivienda está el siguiente que hemos calculado ya desde hace un par de años y mostrado en diversos foros: tomando en cuenta el salario promedio del país (según los datos de la Encuesta Nacional de Ocupación y Empleo —ENOE—), la mediana del precio al que se venden las viviendas (según lo reporta la Sociedad Hipotecaria Federal (SHF) y el costo de las tasas de interés para créditos hipotecarios, **encontramos que en 2005 se necesitaban entre 70 y 80 años de trabajo para comprar una vivienda, mientras que en 2022 este indicador subió a 120 años.**

Este dato muestra que no era "sumamente fácil" comprar una vivienda en el pasado; de hecho, hacerlo ya era inalcanzable para un segmento importante de la población. Pero la situación ha empeorado aún más. Mucho más.

En la gráfica 5.1 se puede observar cómo han evolucionado de forma dispar los precios de las viviendas y los salarios en el país durante los últimos 18 años. En promedio, el precio de las viviendas ha aumentado 51% en términos reales, mientras que los salarios promedio en el país han disminuido 21% en su poder adquisitivo. En la gráfica

GRÁFICA 5.1

Evolución y relación entre precios de vivienda y salarios promedio en México

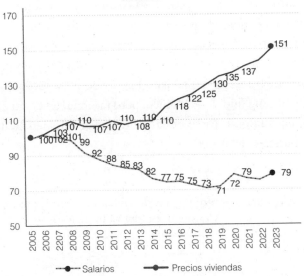

FUENTE: Elaboración propia con base en ENOE y SHF.

también se puede apreciar que el aumento anual de los precios de la vivienda durante 2023 fue uno de los más altos de toda la serie (con excepción del alto incremento de 2014).

Hay que decir que, aunque muchos tratan de desestimar la crisis de vivienda promoviendo la narrativa de que estos aumentos acelerados en los precios solamente han ocurrido en colonias "de moda" como la Condesa o la Roma, en la Ciudad de México, o la Americana, en Guadalajara, la realidad es que los datos disponibles hablan de un aumento nacional promedio de los precios. Es decir, se trata de algo que se vive en todo el país, y no solo en algunas colonias *trendy* o *cool* del momento.

De hecho, el indicador del aumento del precio de las viviendas en México a nivel nacional, al ser un promedio, invisibiliza aumentos aún más altos en algunas ciudades en específico. En las gráficas 5.2 y 5.3 se puede observar esto para las dos zonas metropolitanas más grandes del país.

La Zona Metropolitana del Valle de México es una de las que muestran los aumentos más acelerados durante los últimos años: casi 70% de aumento del costo de las viviendas por encima de la inflación, al mismo tiempo que el salario promedio ha caído 42% en su poder adquisitivo. En el caso de la Zona Metropolitana de Guadalajara, el aumento de los precios de la vivienda alcanza 46% por encima de la inflación, mientras que los salarios han caído 29%. Es imposible pagar una vivienda en Ciudad de México, pero también en Guadalajara. Y, en general, en una gran parte de las ciudades de México (y del resto de Latinoamérica y del mundo).

GRÁFICA 5.2

Evolución y relación entre precios de vivienda y salarios promedio en la Zona Metropolitana del Valle de México

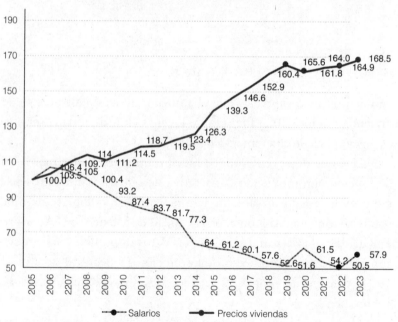

FUENTE: Elaboración propia con base en ENOE y SHF.

GRÁFICA 5.3
Evolución y relación entre precios de vivienda y salarios promedio en la
Zona Metropolitana de Guadalajara

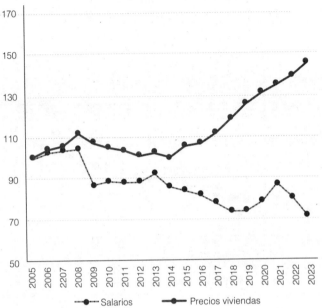

FUENTE: Elaboración propia con base en ENOE y SHF.

El análisis de precios de vivienda y salario anterior utiliza valores *deflactados*. ¿Qué significa esto? Quiere decir que descuenta la inflación del cálculo mostrado. Dicho de otra manera, si no quitamos la inflación del precio promedio de las viviendas a nivel nacional, estaríamos encontrando que el aumento de 2005 a 2023 fue de 330%. Básicamente, esto significa que una vivienda que costaba 1 millón de pesos hace 18 años, el día de hoy cuesta 3.3 millones de pesos.

El caso es aún más grave para la Ciudad de México, donde el aumento durante el mismo periodo sin descontar la inflación fue de 369%. Dicho de otra forma, una vivienda que en la Ciudad de México costaba 1 millón de pesos hace 18 años, hoy costaría 3.7 millones. Mientras que en Guadalajara el aumento fue de 319% sin inflación.

No solo es la Condesa ni la Americana, las viviendas son inalcanzables en las ciudades enteras. De hecho, menos del 30 % de los

GRÁFICA 5.4
Relación entre inflación generalizada (INPC) y aumento de precios de viviendas

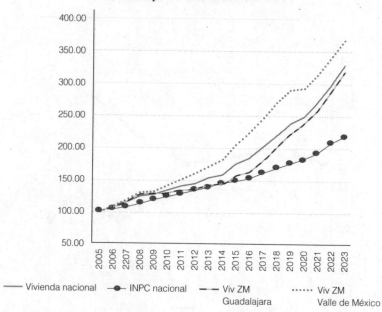

—— Vivienda nacional ●— INPC nacional – – Viv ZM Guadalajara ⋯⋯ Viv ZM Valle de México

FUENTE: Elaboración propia con base en ENOE y SHF.

GRÁFICA 5.5
¿Cuántas personas son dueñas de su vivienda?

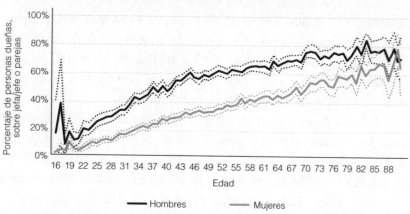

—— Hombres —— Mujeres

FUENTE: Elaboración propia con base en ENOE y SHF.

hombres jóvenes jefes de hogar y 15 % de las mujeres jóvenes jefas de hogar eran propietarias de su vivienda (aun contando si estuvieran pagándola), como se puede observar en la gráfica anterior. Claramente, este indicador ha venido disminuyendo durante los últimos años, como reflejo del aumento de la crisis de acceso a la vivienda para las personas más jóvenes.

La crisis de vivienda que ya estaba aquí

Vale la pena repetir que este análisis de ninguna manera trata de comunicar que la crisis de acceso a la vivienda adecuada en México no existiera en el pasado. Ha existido desde hace mucho tiempo (si no es que siempre), pero solía afectar más frecuentemente a la clase baja de la sociedad. Tal vez lo más novedoso es que hoy en día es difícil acceder a vivienda incluso para los jóvenes de estratos medios altos.

Un ejemplo de cómo la crisis de vivienda lleva años existiendo es el del *rezago habitacional*. De forma general, este concepto se usa para referirse a viviendas que no satisfacen el bienestar las personas que las habitan,[15] ya sea porque están construidas con materiales no adecuados, porque están en condiciones no óptimas o porque los espacios son extremadamente reducidos para el número de personas que los habitan.

Varias instituciones calculan de forma distinta el rezago habitacional (según estándares mínimos que toman como aceptables), pero, en general, en México actualmente se calcula que entre 25% y 44% de la población vive en situación de rezago habitacional.[16]

El siguiente mapa muestra la incidencia del rezago habitacional en los distintos municipios del país. Como ha de imaginarse, tiene una distribución espacial sumamente desigual, tanto entre los municipios y alcaldías del país como dentro de ellas. En algunas regiones de la sierra en Chihuahua o el sur del país, el rezago afecta casi a la totalidad de las viviendas.

De hecho, la incidencia del rezago habitacional es cinco veces mayor entre los hogares del 10% más pobre (decil I) frente a los hogares

GRÁFICA 5.6

Porcentaje de viviendas en rezago habitacional en México por municipios (2020)

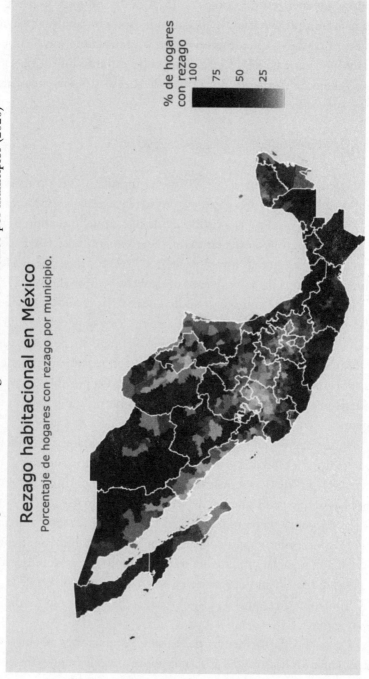

Rezago habitacional en México

Porcentaje de hogares con rezago por municipio.

% de hogares
con rezago
100
75
50
25

FUENTE: Elaboración propia con base en el Censo de Población y Vivienda (2020).

del 10% más rico (decil X), por lo que podemos asegurar que es algo que afecta más fuertemente a los hogares de estratos más bajos.

También es cierto se trata de un problema que ha disminuido lentamente de forma gradual. Sin embargo, en general esto se debe a que los gobiernos suelen apuntar a los mínimos estándares que determinan las instancias evaluadoras y centran la inversión pública en mejorar dichos indicadores.

Por ejemplo, el Coneval estableció el piso de cemento o concreto como el mínimo aceptable para que una vivienda no presentara rezago en esa dimensión (material del suelo). Y a partir de ello el gobierno federal, durante el sexenio de Felipe Calderón, lanzó el programa "Piso Firme", que se centró en dotar de piso de cemento a decenas de miles de viviendas. De esa forma, el indicador de carencia por calidad y espacios de la vivienda pasó de 17.7% a 13.6%, pero habría que cuestionar si esto reflejó realmente un avance adecuado hacia una vivienda que satisfaga el bienestar de la población.

Trabajar para los renteros: la vivienda en alquiler durante la crisis

En una sociedad capitalista con baja intervención del Estado como la mexicana, el acceso a la vivienda se encuentra casi completamente mercantilizado. ¿Qué quiere decir esto? Que el acceso a la vivienda suele hacerse mediante el mercado, ya sea comprando o rentando una. Así pues, para quienes no son propietarios, la forma más común de acceso a la vivienda es el alquiler.

El alquiler de vivienda es una relación contractual mercantil en términos legales en México, pero es también una relación de poder y dominación entre quienes necesitan un lugar para vivir y quienes tienen una vivienda que no habitan.[17] Y, como es común en las relaciones de poder y dominación en la actualidad, se caracteriza por marcadas diferencias en términos de clase social, género, etnicidad y edad. Por ejemplo, en la Ciudad de México, 37% de los hogares en situación de pobreza muy alta pagan alquiler, frente a solo 17% de los hogares en el estrato alto.[18]

En cuanto a la dimensión generacional, las diferencias son abismales. Tomando como ejemplo el caso de la Ciudad de México, paga alquiler cerca del 50% de los hogares donde el jefe o la jefa del hogar es una persona de 30 años o menos. Por su parte, es un indicador que baja a menos del 10% para hogares que son dirigidos por una persona con 60 años o más.

En la gráfica 5.7 se visualiza cómo además es una condición mucho más frecuente en el caso de las mujeres jefas de hogar: 8 de cada 10 jefas de hogar jóvenes pagan alquiler en la Ciudad de México, frente a 6 de cada 10 en el caso de los jefes de hogar jóvenes. De igual forma, es más frecuente en el caso de ciudades afectadas por la crisis de vivienda, aunque, como ya se ha mencionado, se trata de un problema nacional.

Acceder a la vivienda mediante un alquiler no debería ser necesariamente un problema, en cuanto se tenga certeza de que las condiciones de este no cambiarán repentinamente de un día a otro o que

GRÁFICA 5.7

Porcentaje de hogares que pagan renta en la Ciudad de México según sexo del jefe o jefa del hogar (2018)

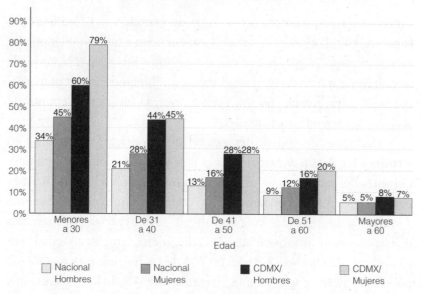

FUENTE: Elaboración propia con base en ENIGH (2018).

el pago que se tenga que hacer mes con mes no represente una parte importante de los ingresos del hogar. De acuerdo con los estándares internacionales,[19] los hogares no deberían dedicar más del 30% de sus ingresos al pago de alquiler (o de hipoteca).

Por lo anterior, es sumamente preocupante cómo ha aumentado el porcentaje de ingresos que dedican los hogares al pago de alquiler en México. Por ejemplo, en la Ciudad de México, solamente entre 2018 y 2020, en el transcurso de dos años, el decil I (el 10% más pobre) de los hogares inquilinos pasó de dedicar 42% a 51% de sus ingresos al pago del alquiler. Es decir, los miembros de estos hogares trabajan 15 días cada mes para pagarle al rentero, condición que además dificulta que puedan llegar a ahorrar en algún punto de su vida lo suficiente para el enganche de un crédito hipotecario.

De hecho, analizando el resto de los deciles, visibles en la gráfica 5.8, es posible constatar que casi una de cada tres personas en la Ciudad de México está en una situación vulnerable en términos de acceso a la vivienda, pues dedica al alquiler más del 30% de sus ingresos.

GRÁFICA 5.8

Porcentaje de ingreso por hogar dedicado al pago de alquiler en la Ciudad de México (2018-2020)

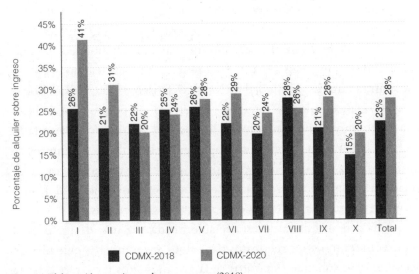

FUENTE: Elaboración propia con base en ENIGH (2018).

Además, también se puede observar que incluso es alto el pago del alquiler frente a los ingresos propios para los hogares del decil VIII o IX, que muy probablemente no se encuentran en situación de pobreza y podrían catalogarse como un estrato medio.

Hace algunos años se hizo popular el resultado de un estudio[20] que analizó distintas ciudades a nivel global y encontró que, entre 2016 y 2020, la ciudad de Latinoamérica donde había empeorado más la relación salarios/precios de renta era Guadalajara (sexto lugar a nivel mundial). En 2016 era necesario usar el 60% de un salario promedio para pagar un alquiler promedio en la ciudad. Y en tan solo cuatro años el indicador pasó a 105%. Esto quiere decir que, según el estudio, un trabajador promedio en Guadalajara podría dedicar todo su salario a un alquiler promedio de la ciudad y aun así no le alcanzaría para cubrir completamente el pago necesario. ¿Qué están haciendo tan mal nuestras ciudades y sociedades que las personas que trabajan en ellas no pueden ganar lo suficiente para vivir en ellas? ¿Quién se beneficia de esto?

El problema de la crisis del alquiler afecta sobremanera a algunas ciudades y entidades federativas. Por ejemplo, en la gráfica 5.9 se observa la relación entre qué tantos hogares necesitan pagar alquiler mes con mes frente al porcentaje de sus ingresos que deben dedicar al alquiler. En esta relación, el estado peor posicionado es Quintana Roo, ya que 25% de los hogares pagan alquiler y, en promedio, dedican más del 50% de sus ingresos al pago de la renta. En una situación crítica se encuentran también la Ciudad de México, Jalisco y Colima. Los hogares que pagan alquiler en Veracruz y Guerrero son pocos, pero dedican una parte muy importante de sus ingresos al alquiler (casi la mitad).

En general, la relación de poder entre inquilinos y renteros se torna cada vez más desigual, y los últimos cada vez tienen mayor capacidad para exigir rentas más caras y condiciones más estrictas, al mismo tiempo que ofrecen viviendas cada vez menos adecuadas.

Una muestra clara de esta relación cada vez más desigual es el endurecimiento de los requisitos para alquilar en muchas ciudades de México: 1) se solicitan depósitos cada vez más altos (dos, tres o hasta

LOS JÓVENES PREFIEREN NO TENER VIVIENDAS

GRÁFICA 5.9

Relación entre porcentaje de hogares que pagan alquiler y porcentaje de ingresos que dedican al pago de este, por entidades federativas (2020)

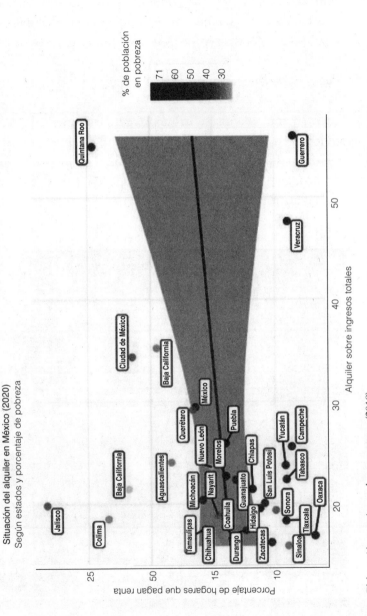

Situación del alquiler en México (2020)
Según estados y porcentaje de pobreza

FUENTE: Elaboración propia con base en ENIGH (2018).

187

cuatro meses de renta); *2)* se exige aval con propiedad no hipotecada dentro de la misma ciudad e incluso descartando propiedades de ciertas colonias o zonas; *3)* piden comprobar ingresos, cartas de trabajo y cuentas bancarias; *4)* complican las condiciones de habitabilidad (por ejemplo, no mascotas, no niños, etcétera), entre muchos otros.

La clase rentera y su paraíso fiscal

Frecuentemente cuando se habla de regular el mercado del alquiler de vivienda en México, quienes se muestran escépticos dicen que esto "afectaría a las personas adultas mayores de clase media que con el esfuerzo de toda su vida compraron una vivienda extra y usan este ingreso de su renta para sobrevivir".

IMAGEN 5.2

Mientras 15% de los hogares pagan alquiler, solo 4% se queda con esos ingresos

FUENTE: @GatitosVsDesig, 30 de marzo de 2020.

Esta narrativa que trata de defender a ultranza el libre mercado del alquiler de vivienda en el país esconde la verdadera identidad de aquellos que se quedan con el ingreso generado por los alquileres en el país. ¿Para quiénes trabajan esas personas que dedican 15 días al mes al pago del alquiler?

En el país, solo 4% de los hogares reportan recibir ingresos por alquiler. Es decir, todo el ingreso que se paga por viviendas en alquiler en México va solo para ese 4% de los hogares. ¿Quiénes son esos renteros? En la gráfica 5.10 se puede observar que prácticamente nadie del 90% de la población con menos ingresos reporta recibir ingresos por el pago de alquiler de alguna vivienda en renta. Es en el 10% más rico donde el indicador pasa a 30%, o sea, 3 de cada 10 personas del decil más rico del país reportan recibir ingresos por una vivienda en renta.

GRÁFICA 5.10

Porcentaje de hogares que pagan alquiler y que reciben ingresos por alquiler según deciles de ingreso

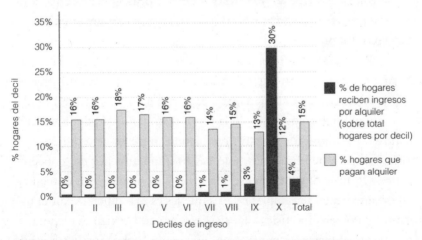

FUENTE: Elaboración propia con base en ENIGH (2018) y Evalúa CDMX (2018).

Otro dato que demuestra la capacidad de concentración y acumulación de los ingresos generados por alquiler en el país es el del porcentaje que se apropia cada estrato social sobre estos ingresos. Los resultados muestran que prácticamente todos los ingresos se quedan

GRÁFICA 5.11
Distribución de ingresos por alquiler según percentiles de ingreso

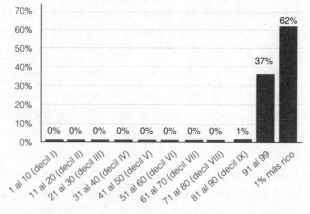

FUENTE: Elaboración propia con base en ENIGH (2018) y Evalúa CDMX (2018).

entre los más ricos de la sociedad: **99% de los ingresos por alquiler son reportados por el 10% más rico del país y, de hecho, 6 de cada 10 pesos generados por alquiler van a parar a manos del 1% más rico del país.**

Si lo anterior no fuera poco, la clase rentera en México suele recurrir a la evasión de impuestos. Si bien el Servicio de Administración Tributaria (SAT) es poco transparente al respecto, es posible calcular que, aunque según los datos de la ENIGH estiman que puede haber al menos 1.5 millones de hogares recibiendo ingresos generados por el arrendamiento de inmuebles, solo pagan impuestos por ese concepto menos 470 mil contribuyentes,[21] de los cuales, además, un porcentaje importante deben ser empresas (a las que les es más difícil evadir el impuesto) y no personas físicas. La clase rentera en México es evasora.

Por lo anterior, se puede asegurar que **la lucha por la vivienda es una lucha de clases**. Hay una clase rentera, ubicada mayoritariamente en el 1% más rico del país, que se apropia de la mayor parte de los ingresos generados por alquiler, los cuales recibe mes con mes derivados de la necesidad de vivienda de un porcentaje cada vez más alto de la población en el país.

Mientras sean menos las personas propietarias de vivienda, al mismo tiempo se garantizan más ingresos que irán a parar a los bolsillos de la clase rentera, la clase dominante del país. Hasta pareciera que la crisis de acceso a la vivienda les conviene. ¿Será que las acciones y el cabildeo de esa clase rentera son parte de las razones por las cuales cada vez empeora más el mercado de la vivienda en México y el mundo?

En todo caso, si hay algo que queda claro en este punto es que las personas jóvenes y gran parte de la sociedad se han sumado a las filas de todos aquellos que ya no pueden acceder a una vivienda mediante la compra o la renta, ante el aumento exponencial y constante de los precios y frente a una disminución del poder adquisitivo del salario.

No, no es que los jóvenes de ciertas colonias acomodadas compren Starbucks, *avocado toast* y salgan de viaje frecuentemente (la mayoría ni siquiera puede darse esa vida). Lo que sucede es que realmente hay una crisis de acceso a la vivienda que remite a factores estructurales, fuera del control de los jóvenes. Analicemos ahora las razones que pueden estar detrás del aumento de los precios de la vivienda y la acumulación de más poder en manos de la clase rentera.

El Gran Despojo: la vivienda como inversión y el abandono del Estado

Hace ya más de un siglo, Marx hacía referencia a la llamada *acumulación originaria,* proceso histórico que describía como la disociación del productor y los medios de producción. Esta dio lugar a una clase burguesa capitalista, dueña de los medios de producción, y una clase trabajadora, que era la productora directa, pero se encontraba desposeída de medios de producción, lo que la obligaba a vender su trabajo a la burguesía, la cual se apropiaba de la plusvalía generada por su trabajo, y se reproducía así el proceso de acumulación del capital.[22]

Lo importante aquí es que dicho proceso histórico suele pensarse bajo un símil de la narrativa meritocrática: un grupo poblacional ahorró mucho, durante mucho tiempo, y pudo acumular el capital suficiente para convertirse en clase capitalista. Pero frecuentemente se omite que fue un proceso violento de despojo y privatización de lo común, apoyado por el Estado y claramente injusto.

Algo similar pasa desde hace décadas con el tema de la vivienda cuando se mira desde una perspectiva de economía política. Es el proceso al que llamo el "Gran Despojo": un proceso histórico de acumulación de vivienda (y, por obvias razones, de suelo, algo más analizado por las corrientes históricas de pensamiento económico). Si bien se suele contar desde una narrativa meritocrática como un proceso pacífico en el que hubo personas cautas y frugales que decidieron ahorrar y repentinamente acumularon gran parte de la vivienda disponible, en realidad se ha tratado de un complejo entramado de políticas de mercantilización del acceso a la vivienda ejecutadas desde el Estado, de permisividad ante estrategias poco éticas (o hasta ilegales) de especulación y financiarización, e incluso despojo ilegal y violento de viviendas con el fin de continuar el proceso de acumulación. Veamos con detalle algunos de estos mecanismos.

La mercantilización de la vivienda y el papel del Estado

El acceso a la vivienda es un derecho humano. A pesar de esto, en una sociedad como la mexicana (y en gran medida también en el resto de la sociedad latinoamericana), su acceso se encuentra mediado casi en su totalidad por el mercado. ¿Qué quiere decir esto? Que para acceder a una vivienda tienes que ir al mercado y comprar una vivienda o rentarla.

Pero estas no han sido las únicas maneras en que como humanidad hemos accedido a la vivienda. Históricamente, varios países[23] han generado estrategias de acceso a vivienda social no mercantilizada, ya sea por medio de la planeación, construcción y hasta administración de esta. Los primeros ejemplos datan de hace más de cinco siglos, como el caso de Fuggerei, uno de los proyectos de vivienda social más antiguos de los que se tiene conocimiento.

En México, por ejemplo, existen algunas instituciones como el Infonavit (para trabajadores en el sector formal privado de la economía), Fovissste (para trabajadores del Estado) y Fonhapo (Fideicomiso Nacional de Habitaciones Populares, antes de ser extinguido por decreto presidencial en 2022) que, actualmente, dan acceso a crédito hipotecario para que las personas puedan acudir al mercado a comprar una vivienda, y, en menor medida, dan apoyos para mejoramiento y construcción de vivienda. Pero la lógica de estas instituciones al otorgar créditos hipotecarios sigue fundada en el acceso mercantilizado a la vivienda (con apoyo financiero gubernamental); no sería así el apoyo a la autoconstrucción y mejoramiento de vivienda supervisada, que podría verse como una forma parcial de desmercantilización.

Pero ¿cuál es el alcance que tienen estas instituciones en México? Según datos del Censo de Población y Vivienda 2020, 17% de las familias habitan una vivienda que rentan, mientras que el 69% de la población es propietaria. De las personas propietarias, un poco más de la mitad habrían construido su vivienda, 1 de cada 3 la habría comprado y 1 de cada 10 la habría heredado.

De todos los hogares en el país, solo 12% fueron apoyados por el Infonavit para adquirir o construir su vivienda (ver el cuadro 5.1), 2% por el Fovissste, 4% mediante un crédito hipotecario con un banco comercial y 43% habría usado recursos propios.

Pero, dado que el Infonavit está dirigido a población con seguridad social y con un empleo en el sector formal, tiene una distribución regresiva: es cuatro veces mayor el porcentaje de hogares que recibieron un crédito de Infonavit en el decil X (10% más rico) respecto del decil I (10% con menos ingresos). Las opciones de acceso a la vivienda para las personas de menos recursos, como el caso del Programa de Vivienda Social, son políticas con financiamiento infinitamente menor que el de las instituciones ya mencionadas.

Entonces, para la gran mayoría de la población en México, la única forma de acceder a una vivienda es de forma mercantilizada: ya sea rentando o con recursos propios para comprar o construir. En total, las estrategias del Estado son responsables de poco menos del 15% de la

Cuadro 5.1

Condición de propiedad de viviendas en México, forma en que llegó a serlo, según deciles de ingreso (2020)

Decil	Inquilina	Propietaria	¿Cómo se convirtió en propietaria?			¿Con qué recursos construyó/compró su vivienda?				
			Compró	Construyó	Heredó	Recursos propios	Infonavit	Fovissste	Otros organismos de gobierno	Banco
Sin ingresos laborales	11%	75%	21%	45%	6%	52%	7%	1%	0%	4%
I	11%	71%	11%	50%	7%	53%	4%	1%	0%	2%
II	17%	65%	15%	41%	6%	45%	8%	1%	0%	2%
III	19%	63%	17%	39%	6%	42%	10%	1%	0%	1%
IV	20%	64%	21%	35%	5%	38%	14%	1%	0%	2%
V	20%	65%	21%	38%	5%	41%	13%	1%	0%	2%
VI	21%	65%	27%	33%	5%	37%	16%	2%	0%	3%
VII	20%	67%	27%	34%	5%	38%	17%	2%	0%	3%
VIII	19%	69%	29%	34%	5%	38%	19%	2%	0%	3%
IX	19%	71%	35%	30%	5%	36%	19%	3%	0%	6%
X	21%	72%	42%	26%	4%	34%	18%	4%	1%	13%
Total	17%	69%	24%	38%	6%	43%	12%	2%	0%	4%

Fuente: Elaboración propia con base en Censo de Población y Vivienda (2020).

propiedad o construcción de las viviendas que habitan los hogares. El derecho de acceso a la vivienda se encuentra, pues, a merced del mercado, de sus fallas y de su voluntad.

El cambio en la oferta de la vivienda

Que el acceso a la vivienda se encuentre mercantilizado implica que las llamadas "fuerzas del mercado" serán las responsables de determinar los precios de la vivienda y el equilibrio entre oferta y demanda. Esto, en caso de que el mercado fuera eficiente, hubiera una competencia perfecta y no presentara ninguna de sus clásicas fallas, ya analizadas por la ciencia económica *mainstream* desde hace décadas.

En un hilo de Twitter que me parece tremendamente didáctico, Rosalba González Loyde[24] desmenuza las razones por las cuales el mercado de la vivienda y el suelo no se comportan de la forma "tradicional", en el sentido de la teoría económica, y cómo una mayor demanda de vivienda no se puede satisfacer solo con cambios en el lado de la oferta, puesto que no podemos imprimir más suelo.

La oferta no se puede adaptar en su totalidad a la demanda, y el claro ejemplo de los efectos de la falta de regulación del mercado en perjuicio de la población se observa en el caso de los cientos de miles de viviendas económicas que se construyeron durante las décadas pasadas, abaratando el costo mediante el uso del suelo en las periferias de las ciudades, sin servicios públicos ni transporte adecuado; se crearon así colonias que hoy se encuentran en condiciones de vulnerabilidad, inseguridad y abandono alarmantes.[25]

Ya en apartados anteriores se visualizaba que los precios de las viviendas siguen creciendo, aunque los salarios de la población han perdido poder adquisitivo en los últimos años. ¿Cómo sucede esto? ¿Para quiénes construye el mercado? ¿Quién compra las viviendas cada vez más caras si son cada vez menos personas las que pueden comprarlas?

Un dato muy claro que también hemos comunicado desde hace ya varios años es que, de acuerdo con la Sociedad Hipotecaria Financiera, el 50% de las viviendas que se venden en la Ciudad de México cuestan al menos 3.3 millones de pesos. Tal precio es solo accesible para un 4% de las personas que habitan la ciudad (solo 2% de la población joven). Esto significa que el otro 50% de las viviendas que se venden se lo disputa el 96% de la población.

¿Y qué sucede con el resto de las viviendas que se siguen construyendo pero casi nadie puede comprar?

Para evidenciar cómo la oferta y la demanda en el mercado de la vivienda no se equilibran aunque se les permite actuar de forma autónoma y sin regulación, a finales de 2023, Andrés de la Peña y yo[26] analizamos los cambios recientes en la oferta de vivienda en México, a la par de analizar los ingresos de los hogares en el país y su capacidad de compra de viviendas.

En términos generales encontramos al menos dos grandes conclusiones. La primera es que en términos de la oferta se centra en tres grandes tendencias: *1*) que cada vez se construyen menos unidades de viviendas: entre 2015 y 2016 se construyeron unas 565 mil viviendas nuevas, frente a 300 mil que se construyeron entre 2021 y 2022; *2*) que cada vez es menos diversa la vivienda que se construye: en 2013-2014, las categorías de "tradicional", "media", "residencial" y "residencial plus" (es decir, aquellas viviendas de estratos medios y superiores) alcanzaban 28% del total de viviendas construidas, mientras que este porcentaje pasó a 67% en 2023; *3*) que cada vez se construyen más viviendas caras y ya casi no se construyen viviendas populares, aun tomando en cuenta el factor de inflación como lo contempla el Código de Edificación de Vivienda (CEV, 2017), que basa sus categorías de vivienda en unidades de medida y actualización (UMA), las cuales se actualizan año con año: entre 2013 y 2014, el 21% de la vivienda construida correspondía a vivienda económica (con valor de hasta 118 UMA mensuales, es decir, poco menos de 400 mil pesos al valor de la UMA en 2024) y popular 128 (hasta 128 UMA mensuales). Ese 21% en 2014 pasó a 1% en 2023. Es decir, se dejaron de construir casi en su totalidad viviendas de categorías económica y popular 128. Por otro lado, la suma de viviendas construidas en categorías tradicional, media y residencial pasó de representar el 29% en 2013-2014 a 68% de la oferta en 2023.

Es claro que el mercado de vivienda se reorientó hacia la construcción de vivienda para sectores de la población de ingresos más altos.
Pero, con la oferta reorientada a viviendas de las categorías más altas de
precio, ¿quién puede pagarlas? ¿Quién está comprando esas viviendas?
¿Se están logrando vender? Quienes las compran ¿realmente podrán
seguir pagándolas en el futuro?

La segunda gran conclusión va en el sentido de estas preguntas. Al
analizar la demanda potencial de vivienda de acuerdo con los ingresos
de los hogares en el país, encontramos que "algo no cuadra", que **la
producción de vivienda, cada vez más cara, no tiene relación
con lo que realmente pueden pagar los hogares que deberían
ser los principales consumidores de ese mercado.**

La gráfica 5.12 muestra con mucha claridad este argumento. Con
los datos más recientes, encontramos que el 40% de la población del
país tiene ingresos con los cuales podría comprar, como máximo, una
vivienda de categoría económica (tomando en cuenta cuánto tendrían

GRÁFICA 5.12

**Distribución de hogares por categoría de vivienda que les es asequible y
distribución de oferta de vivienda construida de acuerdo con categorías de
vivienda del CEV (enero a agosto de 2023)**

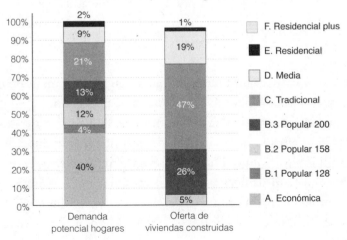

FUENTE: Elaboración propia con base en ENIGH y Registro Único de Vivienda, presentada en
De La Peña y Jaramillo-Molina (2023).

que pagar de hipoteca, que no supere el 30% de sus ingresos totales y que no tuvieran que pagar un enganche al inicio del crédito). Pero en 2023 solo el 0.4% de las viviendas construidas pertenecían a esa categoría.

En el otro lado de la moneda, mientras que 30% de la población tendría ingresos suficientes para comprar una vivienda en categorías media y tradicional, resulta que el 66% de la vivienda construida pertenecía a estas categorías. La oferta de vivienda está sesgada a un mercado objetivo que no corresponde con los ingresos y la demanda potencial de los hogares, y el supuestamente libre mercado ha descartado completamente de quienes podrían comprar viviendas de las categorías inferiores de acuerdo con el CEV: es decir, han preferido producir ganancias más altas a partir de construir y vender un menor número de unidades.

Especulación y financiarización de la vivienda

En el mercado de la vivienda parece no aplicar los supuestos del libre mercado en cuanto a la competencia perfecta, donde se supondría que la "mano invisible" haría que la oferta y la demanda coincidieran en un equilibrio benéfico para todas las partes. El mercado de la vivienda es, como mucho, un mercado imperfecto: no hay competencia perfecta, algunos pocos agentes acaparan gran cantidad de la oferta de suelo y de construcción de viviendas, y existen amplios indicios de especulación de precios y cárteles inmobiliarios que manipulan el mercado para su beneficio a costa del perjuicio del resto de la población.

Un caso en particular puede mostrar de forma nítida los problemas del mercado de vivienda y de permitir que opere la supuesta mano invisible a antojo. Durante la pandemia de covid-19, en varias ciudades en Latinoamérica y a nivel mundial, sucedió algo que debería siquiera extrañar a quienes creen en la visión ingenua del libre mercado: miles de anuncios de "se renta" podían observarse en las fachadas de departamentos y casas; se encontraban vacíos al mismo tiempo que miles de personas se quedaron sin un lugar donde vivir.

A pesar de que las viviendas estaban deshabitadas y de que no encontraban personas que tuvieran los ingresos suficientes para habitarlas, los precios de las viviendas no disminuyeron: los renteros se negaron a bajar sus precios.

Recuerdo con mucha claridad cómo, a inicios del año 2021 (todavía con la pandemia en estado crítico), al entregar el departamento donde vivía en Ciudad de México, pude escuchar la conversación entre mi rentero y su agente inmobiliario. El agente le preguntó: "¿En cuánto vamos a anunciar el precio de renta?", a lo que mi rentero respondió: "Le podemos subir unos 2 mil pesos más". Esto equivalía a un aumento de 15% del precio al que me lo rentaban a mí. El agente le mencionó: "Sí, el mercado está muy caliente, pero tal vez valdría la pena dejarlo como estaba". Y mi rentero dijo: "No pasa nada, lo intentamos subir y, si no, en unos meses veremos".

Afortunadamente, a mí ya no me tocaría pagar el precio 15% por encima de lo que pagaba en su momento, y eso tiene que ver con que, de acuerdo con la legislación de la Ciudad de México (que de por sí no es muy benéfica para el inquilino), al renovar un contrato de arrendamiento, el rentero no puede aumentar el precio por encima de la inflación.[27] En cambio, si el rentero cambia de inquilinos, puede modificar el precio de contentillo, sin ninguna restricción más que la de su propia imaginación y codicia.

Este ejemplo pone en evidencia uno de los factores que explican el aumento tan acelerado de los precios de las viviendas durante los últimos años: especulación, poder de mercado e imposición de precios. En la Ciudad de México (y en las distintas ciudades del mundo), la fortísima disminución en el poder adquisitivo de las personas y el debilitamiento de la demanda de alquiler podría haber hecho que los precios de las viviendas disminuyeran.

Sin embargo, esto no pasó. Como documentamos en el informe "La situación inquilinaria en México en el contexto de la contingencia sanitaria por COVID-19",[28] la clase rentera de la ciudad prefirió expulsar a sus inquilinos (aunque no tuvieran dónde vivir) que negociar un precio adecuado a la situación económica. Negociar implicaba aceptar que los precios podrían bajar, y esto no era aceptable para los renteros.

Se estima[29] que miles de personas, principalmente jóvenes, finalizaron sus contratos de arrendamiento en la Ciudad de México debido a la pandemia. Muchos de ellos tuvieron que irse a vivir con algún familiar, muy comúnmente fuera de la ciudad, lo que en muchos casos implicó incluso dejar la escuela o el trabajo que tenían.

No podemos argumentar que exista una reunión periódica donde renteros que tienen una o dos viviendas en renta conversen y se pongan de acuerdo para no disminuir los precios del alquiler o de venta de las viviendas, y así colectivamente distorsionar el mercado. Pero este comportamiento colectivo sí que es posible entre **grandes inmobiliarias y constructoras, que acaparan una parte importante de la oferta de vivienda en las ciudades, especulan con los precios y se comportan como cárteles económicos.**

En un mercado competitivo, ante una baja en la demanda o en el poder adquisitivo, los precios bajarían al ser presionados por la competencia.

En un mercado acaparado en pocas manos, no habría tal competencia y podrían mantenerse "artificialmente" los precios arriba.

En economía, un cártel es aquel grupo de participantes en un mercado que se coluden, es decir, se ponen de acuerdo para no competir entre ellos, ya sea para fijar precios más altos sobre un bien en el mercado en que participan o, por ejemplo, en el contexto de la pandemia, para no disminuir precios ante una disminución de la demanda. Dependiendo del país, el tipo de acuerdos y la evidencia, estos cárteles pueden ser ilegales por ir contra la competencia económica.

Claramente, es más factible la creación de un cártel económico en mercados como el inmobiliario, donde las barreras de entrada son sumamente altas y donde se ha demostrado que algunas compañías constructoras e inmobiliarias capturan una gran parte de la oferta.

Por ejemplo, el referéndum de Berlín en 2021 apuntaba precisamente contra compañías que acaparaban el mercado de la vivienda, pues una de ellas, Deutsche Wohnen & Co., era propietaria de más de

100 mil viviendas en la ciudad. En total, 243 mil viviendas en Berlín (esto es, cerca del 16% de los departamentos de la ciudad) se verían afectadas por la propuesta de expropiar a las compañías que poseyeran más de 3 mil departamentos.

Al platicar en 2024 con las colegas activistas detrás del movimiento inquilinario de la ciudad y del referéndum, me informaron que las autoridades habían decidido no obedecer el mandato de la ciudadanía (ya que había ganado el apoyo a la expropiación con 56%). Pero que ahora mismo se encontraban por solicitar un nuevo referéndum, que en este caso sí fuese vinculante y no les permitiera a las autoridades hacer caso omiso de la iniciativa ciudadana.

A diferencia de otros países, en México es escasa la información pública que pueda ayudar a probar la existencia de los cárteles. Pero existen recuentos claros de inmobiliarias en distintas ciudades del país que se hicieron de una parte importante del suelo disponible (o que no lo era pero que "convirtieron" en disponible, ya sea por medio de incendios forestales, cambios de uso de suelo o recepción de terrenos que antes eran públicos), no en pocas ocasiones con la anuencia y sospechosos acuerdos con los gobiernos locales. Estas inmobiliarias han construido múltiples complejos departamentales, con lo cual han terminado controlando un porcentaje importante de la oferta de vivienda y, con base en su poder de mercado, han podido especular con los precios.

En términos muy básicos, en economía, **especular con un bien refiere a una compra no interesada en su uso; la adquisición se hace solo con el fin de venderlo rápidamente y obtener una ganancia alta debido al rápido aumento esperado de su precio.** Frecuentemente la especulación de precios se relaciona con una espiral inflacionaria que deriva en una *burbuja* en el mercado, es decir, cuando el precio de un bien excede su valor "intrínseco" por un porcentaje amplio.[30]

En la gráfica 5.13 se puede observar cómo ha evolucionado durante las últimas décadas el índice de precios de la vivienda (IPV) en México, el cual ha superado ampliamente la inflación generalizada, de forma que no puede explicarse el incremento de los precios de las

GRÁFICA 5.13
Evolución de precios de vivienda e inflación generalizada (Nacional)

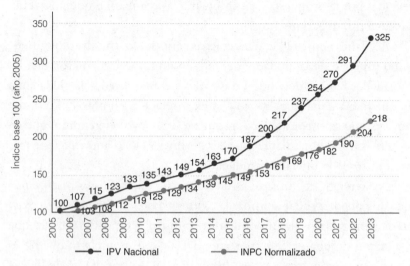

FUENTE: Elaboración propia con base en SHF e Inegi, presentada en De La Peña y Jaramillo-Molina (2023)

viviendas solamente por la inflación o el aumento de los costos. Mientras que de 2005 a 2023 la inflación generalizada alcanzó el 218%, en el caso del IPV el aumento fue de 325 por ciento.

Si, como ya se demostró, la oferta de vivienda construida y vendida en el país no tiene relación con la demanda de vivienda (específicamente con los tipos y costos de vivienda demandada), y el aumento de los precios no se explica por la inflación generalizada, ¿por qué se siguen construyendo y ofertando viviendas que casi nadie puede comprar o rentar? ¿Existe una burbuja en el mercado inmobiliario, resultado de la especulación de precios y el actuar colectivo de los cárteles?

Hay un último factor que introducir dentro de los problemas asociados a la imperfección del mercado de la vivienda, y se trata de la reciente *financiarización* de este sector. Me parece que es un concepto un tanto confuso, pero ayuda mucho a entender la dinámica reciente del mercado de la vivienda.

En términos sencillos, la financiarización de la vivienda señala que, más allá del objetivo básico que tiene la vivienda de satisfacer una necesidad humana (o varias, por lo cual incluso se la considera un derecho humano), recientemente la vivienda se ha convertido en un vehículo de inversión, un depósito de valor para el capital financiero. Como toda inversión, al igual que una acción en la bolsa de valores, la principal característica que busca el inversor es que el activo en el que ha invertido genere rendimientos. Y cuanto más altos sean los rendimientos, mucho mejor.

Los ejemplos en las ciudades son muchos. Incluso las redes sociales ahora están inundadas con anuncios que, literalmente, venden departamentos y casas como "oportunidades de inversión" y aseguran rendimientos de hasta 28% anuales. ¿Qué significa la promesa de tal nivel de rendimiento? Que es lo que *estiman* que suba el valor de su inversión, de la vivienda, durante este tiempo. Es decir, "compra hoy una vivienda por 1 millón de pesos, y en un año puedes venderla a 1.3 millones, con una ganancia fácil de conseguir de 300 mil pesos". O una de 3 millones de pesos en caso de que el comprador *invierta* en 10 viviendas.

Pero ¿qué pasaría si se diera una crisis económica o el mercado llegara a un punto muy alejado del poder adquisitivo de la población en las ciudades?, podría preguntarse un probable inversor en vivienda. No pasa nada, el aumento sostenido de precios está garantizado: aun si la demanda llegase a ser débil, el proceso de especulación con los precios continuaría en tanto el poder de mercado que reúnen las inmobiliarias fuera suficiente para, colectivamente, empujar los precios sin competencia libre ni otros oferentes que puedan cuestionar los altos aumentos de precios.

Los procesos de financiarización se multiplican, y ya existen incluso mecanismos para invertir en una vivienda aun cuando no se cuente con el dinero suficiente para comprar un departamento o una casa entera. Entre estos se encuentran las "fibras"[31] (fideicomisos de infraestructura y bienes raíces) y los proyectos de *crowdfunding* en inmuebles.

Un ejemplo claro es el de la empresa de *crowdfunding* inmobiliario 100 Ladrillos:[32] si no tienes para comprar una vivienda completa de millones de pesos, puedes comprar "un ladrillo" (el equivalente a una acción), cuyo costo inicial es de 7 mil pesos, y así puedes recibir los rendimientos que genere el proyecto inmobiliario. Los rendimientos se generan por el aumento del precio (la apreciación), por el alquiler del inmueble o, en su caso, por su venta. Dicho de otra manera, estos negocios dependen de dos factores para poder generar rendimientos: que el alquiler aumente de forma importante año con año o que el inmueble se aprecie y se pueda vender para cobrar esos rendimientos de la apreciación.

Aquí entra otro detalle clave: **dentro de un mercado especulativo de vivienda y con una gran burbuja de precios, la inversión es más segura y costeable si no se mantienen relaciones de largo plazo con inquilinos o si simplemente se mantienen desocupados los inmuebles.** En el primer caso, porque la ley impide que a un inquilino se le aumente el alquiler en altos porcentajes anuales y porque este podría simplemente estar en desacuerdo y obligar a una negociación que el rentero no está dispuesto a llevar.

El segundo caso, el de mantener los inmuebles vacíos, es de hecho muy obvio: ¿cómo podría cobrar el rendimiento de 30% anual del departamento en el que invertí 1 millón de pesos hace un año sino poniéndolo en venta? ¿Y cómo puedo ponerlo en venta si el departamento está ocupado? Incluso si me interesara venderlo en el mediano plazo, podría suponer un riesgo que lleguen inquilinos y luego pedirles que desalojen el inmueble, frente a simplemente asumir el costo de las rentas que no se cobren por algunos meses, siempre y cuando el aumento del valor del inmueble supere al menos el 10% anual.

Es internacionalmente conocida la estrategia especulativa de mantener vacíos los inmuebles, ya sea por negativa a disminuir sus precios cuando la demanda es débil o porque se busca cobrar en el corto plazo los rendimientos de su supuesta apreciación.

En México, un trabajo de investigación a profundidad en la Zona Metropolitana de Guadalajara, hecho por Andrés de la Peña,[33] demostró que la gran mayoría de las decenas de torres departamentales recientemente construidas en la ciudad estaban vacías, luego de meses o años de haber sido finalizadas. Como asegura esta investigación, lo más problemático de esto es más que obvio: estos proyectos inmobiliarios especulativos que permanecen vacíos no son vivienda, puesto que no son habitados.

Airbnb, nómadas digitales, gentrificación y desplazamiento

Los jóvenes no tienen dónde vivir y el suelo disponible en las ciudades se usa en proyectos inmobiliarios que no pueden considerarse vivienda y que no pretenden ser habitados. Incluso muchos de estos proyectos inmobiliarios se construyen con características que, por sí mismas, los hacen inhabitables en el largo plazo: espacios menores a 35 metros cuadrados, viviendas que no cuentan con separaciones adecuadas entre habitaciones, etcétera.

Pero aquí entra otro factor crucial para el mercado de la vivienda en México, al menos en años recientes: Airbnb y la posibilidad de alquilar vivienda en el corto plazo. Ya mencionaba antes que para el capital especulativo sería un contrasentido poner en renta de largo plazo un inmueble, puesto que compromete las posibilidades de cobrar los rendimientos de la inversión en poco tiempo. Pero esa estrategia de cortoplacismo en las ganancias sí que es compatible con el alquiler por plataformas: una forma segura de obtener rendimientos por unos meses o el periodo que se desee, sin tener que lidiar con contratos de arrendamiento legales y que obligan a plazos mínimos de ocupación.

La idea de la plataforma digital Airbnb surgió (o al menos eso narran)[34] a partir de un contratiempo que tuvieron sus creadores: vivían en Silicon Valley y un día perdieron a su *roomie*, así que se vieron ante la necesidad de subarrendar la habitación vacía que había quedado para poder complementar el alquiler ante el exagerado aumento de precios de la ciudad.

Con el paso del tiempo, el negocio de Airbnb constituyó una alternativa para inversionistas inmobiliarios, que vieron y explotaron la posibilidad de alquilar viviendas en el corto o mediano plazo, escapando a las regulaciones de hotelería y vivienda en alquiler de los países donde operan. Incluso por un tiempo no tuvieron que pagar impuestos sobre alquiler en algunas ciudades, aunque son cada vez menos los lugares donde aún sucede esto. En todo caso, el equipamiento de las casas o departamentos en renta sigue sin ser completamente regulado, y hace poco más de un año se dieron casos en la Ciudad de México de jóvenes que fallecieron mientras habitaban un inmueble alquilado por un corto plazo por la falta de detectores de humo y de gas adecuados.[35]

El negocio de Airbnb ha crecido de una manera exponencial. De acuerdo con los informes globales de la empresa,[36] finalizaron el año 2023 con más de 5 millones de usuarios anfitriones y 7.7 millones de viviendas y cuartos anunciados a nivel mundial, lo que implicó un crecimiento anual de 18%, así como un crecimiento histórico en sus ganancias hasta alcanzar 17% anual.

México y el resto de Latinoamérica no son la excepción. De acuerdo con un estudio del Banco de México, desde hace ya tres años, la oferta de alquiler de corto plazo en la aplicación equivalía a cerca de un tercio de todos los cuartos de hotel disponibles en el país.[37]

Tan solo en la Ciudad de México, Guadalajara, Monterrey, Cancún, Tijuana y Querétaro, la oferta de lugares de alquiler de corto plazo supera los 60 mil, según los datos de Airdna Data[38] al primer trimestre de 2024, con un crecimiento anual de hasta 25% en algunos de ellos. Incluso en algunas colonias, como la Condesa en la Ciudad de México, cerca del 15% del parque habitacional se encontraba ofertado en Airbnb como vivienda en alquiler de corto plazo.[39]

Actualizando un análisis propio anterior,[40] a mayo de 2024 los datos mostraban que, aunque originalmente la idea de Airbnb era "rentar la habitación que te sobrara en tu hogar para completar el pago mensual del alquiler", en la Ciudad de México, por ejemplo, 65 de cada 100 anuncios en la plataforma eran de viviendas enteras. El gran problema es que esto constituye también menos vivienda ofertada para quienes viven en la ciudad permanentemente.

Por otro lado, dos de cada tres usuarios anfitriones en la aplicación tenían más de un anuncio activo, lo que muestra al menos la posesión de varios inmuebles en la ciudad. Incluso, 27% de los anfitriones tenían hasta 10 anuncios activos. Tomando en cuenta un precio promedio de la vivienda en la Ciudad de México de alrededor de 3.3 millones de pesos, estaríamos hablando de que 3 de cada 10 oferentes en Airbnb podrían ser inversores con un capital de al menos 33 millones de pesos en bienes inmuebles.

De hecho, el usuario anfitrión en Airbnb con el mayor número de inmuebles (un tal "Mr. W") tiene anuncios de 266 inmuebles enteros, lo que supone un capital equivalente a casi 900 millones de pesos. Además, tan solo en los 50 anfitriones con el mayor número de anuncios se reúne 14% de la oferta inmobiliaria de viviendas enteras (2 mil 500), que representa un capital total de 8.2 mil millones de pesos.

MAPA 5.1

Oferta inmobiliaria en Airbnb en distintas áreas de la Ciudad de México

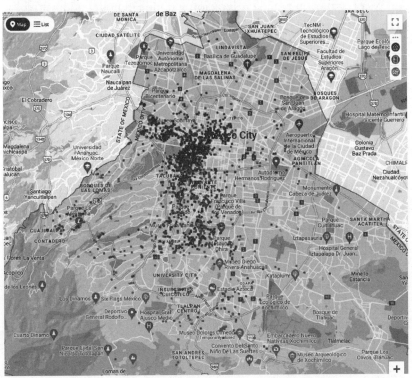

FUENTE: Información de Airdna.

Curiosamente, si bien ninguno de los gobiernos en México ha logrado poner a disposición pública bases de datos sobre la propiedad de inmuebles y el acaparamiento de la vivienda, la plataforma Airbnb sirve como un botón de muestra de la alta concentración en este mercado.

Así pues, el usuario anfitrión típico de **Airbnb no son jóvenes que quieren completar el pago de la renta de este mes, sino son grandes capitales financieros en busca de ganancias altas de corto plazo aprovechándose de la baja (o nula) regulación y requerimientos fiscales de este negocio.**

Un mercado objetivo clave para Airbnb son los llamados "nómadas digitales", es decir, trabajadores remotos extranjeros que, frecuentemente, ante la crisis de acceso vivienda propia de sus ciudades, han optado por emigrar de sus lugares de origen a otros en el extranjero con baja regulación para la migración y donde el poder adquisitivo de su moneda sea mayor.

El caso se hizo todavía más controversial en México, especialmente en la Ciudad de México, cuando la exjefa de gobierno (y futura presidenta del país), Claudia Sheinbaum, anunció, orgullosa, en octubre de 2022, el convenio que habían firmado con Airbnb para generar facilidades a la recepción de hasta 75 mil trabajadores remotos extranjeros o nómadas digitales. En una ciudad donde miles de personas habían sido expulsadas apenas meses antes por la clase rentera que se negó a negociar con los inquilinos durante la crisis económica, y donde el gobierno simplemente decidió no usar ninguna herramienta de apoyo a los inquilinos, la indignación no se hizo esperar, y el anunció despertó críticas e incluso manifestaciones en contra del convenio y a favor del derecho a la vivienda.

Luego de todo lo analizado, es obvio que una política de atracción de nómadas digitales y de apoyo al crecimiento de Airbnb implica, casi automáticamente, menos vivienda para vivir en las ciudades a cambio de más vivienda para invertir y rentar en el corto plazo.

Ha sido ampliamente documentado cómo las posibilidades de lucro con Airbnb han dado pie a la demolición de vivienda, habitada por población propia de la ciudad, para la construcción de complejos directamente dedicados a la renta por plataformas. Incluso hacen alianzas con otros negocios o empresas que pueden amueblar la vivienda y hasta administrar el alquiler de esta. En muchos casos, se trata de viviendas con características propias de habitaciones de hotel, no adecuadas para su uso habitacional de largo plazo.

En Guadalajara y Zapopan, ciudades contiguas, se ha denunciado que terrenos públicos del centro de los municipios fueron transferidos a inmobiliarias privadas, las cuales construyeron vivienda dirigida al alquiler de corto plazo, además de que fueron beneficiadas con incentivos fiscales justificados en que "construirían vivienda en zonas deprimidas u olvidadas del centro histórico de la ciudad".

Tal vez el caso más emblemático es el de un terreno codiciado del centro histórico de Zapopan, el cual fue transferido a privados que, se suponía, construirían un museo. El engaño no tardó en salir a la luz pública, y el supuesto museo, ubicado en la planta baja del edificio, terminó siendo una mínima parte de un complejo habitacional de decenas de departamentos que se vendían a precios de 3 o 4 millones de pesos, enfocados en el alquiler de corto plazo y que presumían de estar en una de las zonas más codiciadas de la ciudad.

Tenemos, pues, alianzas y acuerdos con el gobierno que generan ganancias altas para privados, a costa de la disminución de la oferta de vivienda en la ciudad para quienes realmente la habitan, y auspiciados por lagunas legales y tratamientos fiscales preferentes que se alejan completamente de la ingenua idea del "libre mercado".

Gentrificación y desplazamiento

La gentrificación y el desplazamiento son dos fenómenos involucrados en el mercado inmobiliario que vienen a la mente luego de analizar el incremento del poder de Airbnb y de la financiarización de la vivienda. No se puede entender el aumento de las rentas de alquiler en el corto plazo si no se habla de la gentrificación, de la turistificación y del desplazamiento de la población vulnerable.

La *gentrificación* es un concepto que surgió hace más de 50 años. Denota cambios en ciertas zonas de las ciudades, tales como renovación urbana e inversión pública, que, acompañados de un cambio en la demanda de vivienda, terminan desplazando a los habitantes más vulnerables de dichas áreas. Dicho de otra forma, no se puede hablar de gentrificación sin, al mismo tiempo, mencionar el desplazamiento de los más pobres.

De la mano va también la *turistificación*, que refiere a la orientación hacia el turismo de las actividades productivas, la inversión pública y, en el caso aquí tratado, la oferta de vivienda. Este fenómeno acarrea rápidas transformaciones en los espacios urbanos, lo que a su vez genera aumentos de precios de la vivienda, desplazamiento de los habitantes y ciudades cada vez más desiguales:[41] aquella zona orientada al turismo, renovada y cuidada por la inversión pública, y una zona deprimida y olvidada de dicha inversión, donde viven los trabajadores de la industria turística.

Bajo este modelo, el crecimiento del turismo solo es posible en la medida en que los costos laborales sean más baratos, lo que afecta directamente a los trabajadores que sostienen la industria. Al mismo tiempo, este modelo suele generar acumulación de capital en pocas manos, comúnmente actores globales.

Ciudades de México como Oaxaca, San Miguel de Allende, Cancún, Playa del Carmen, entre muchas otras, son ejemplos claros de la turistificación, y ya sufren ampliamente sus consecuencias. De hecho, ya se resaltaba en el apartado anterior cómo es que Quintana Roo (estado donde se encuentran las ciudades de Cancún y Playa del Carmen) figura entre las entidades donde el porcentaje de hogares que alquilan y el porcentaje de ingresos que dichos hogares dedican al pago del alquiler son alarmantemente superiores. En gran medida, **las amplias ganancias globales del turismo se sostienen con la precarización de su clase trabajadora.**

La popularidad reciente de que han sido objeto algunas colonias, municipios o comunidades en distintos países de Latinoamérica y a nivel global ha estado relacionada de cerca con la creación de proyectos de inversión pública en dichos territorios: renovación de parques, alumbrado público, construcción de ciclovías, mejora del transporte público, ampliación de la oferta cultural y hasta el acceso a servicios de internet gratuito o bicicletas públicas, entre muchos otros. La inversión diferenciada en las ciudades, que ha privilegiado algunas zonas y dejado a otras rezagadas, ha provocado la gentrificación y turistificación de colonias como Condesa, Juárez y Roma en la Ciudad de México, así como la colonia Americana en Guadalajara (el barrio más *cool* del mundo, de acuerdo con un dudoso artículo publicado en la revista *Time Out*).[42]

No por nada en la Ciudad de México se habla del "polígono Ecobici": ese cuadrante central de la ciudad que acumula una inversión pública sumamente ventajosa frente al resto de ella. Y que, coincidentemente, ahora está mucho más asediada por la vivienda financiarizada y por la vivienda para alquiler de corto plazo, enfocadas en el turismo y en los nómadas digitales.

En 2022 se hizo muy popular la denuncia en redes sociales que hizo la actriz Alexandra Dunnet,[43] quien mencionaba que su edificio en la colonia Condesa había sido completamente desalojado, que todos los demás departamentos ya estaban dirigidos a Airbnb y que a ella le quedaban pocos meses para que se venciera su contrato de arrendamiento. También apuntaba que, aunque ella pagaba 10 mil pesos al mes por el departamento, en la plataforma podían encontrarse otros de su edificio por un precio de más de 80 mil pesos al mes. Es decir, ¡ocho veces más! De hecho, con que se alquilara un mínimo de cinco días al mes, esa vivienda generaría más ingresos que alquilada mediante un contrato de arrendamiento común de personas que habitan en la ciudad. El detalle, claro, es que este costo es permisible tal vez para algunos turistas o para nómadas digitales, pero resulta simplemente impagable para la población trabajadora local.

Los testimonios como el anterior son numerosos. Y en muchos casos implican prácticas incluso violentas. En distintas ciudades se han documentado desalojos forzosos y procesos legales opacos y corruptos,[44] en perjuicio de la ciudadanía y a favor de los grandes capitales inmobiliarios.

Basta decir que la ley es muy laxa en algunas ciudades respecto de la regulación de los desalojos. Con la aprobación de la primera constitución de la Ciudad de México, se establecieron algunas regulaciones a los desalojos desde un enfoque de derechos humanos. Pero el Congreso de la ciudad y el *lobby* de las inmobiliarias, en 2019, echaron para atrás algunas de estas regulaciones, con lo que se permitió así, por ejemplo, el uso de cargadores privados.

Actualmente, en la Ciudad de México no es ilegal llevar a cabo un desalojo por la noche o madrugada, con la ayuda de "cargadores privados", que comúnmente se trata de golpeadores que intimidan, amenazan y violentan a las personas desalojadas. Los testimonios abundan, con la complacencia del gobierno y de la mano de los ya mencionados cárteles inmobiliarios.

Así pues, en los casos más violentos, el aumento de la oferta de vivienda en Airbnb y de la vivienda especulativa se ha dado a partir del desplazamiento forzoso de familias enteras, cuyo alquiler de largo plazo no era tan prometedor como el arrendamiento de corto plazo dirigido a nómadas digitales que pueden pagar en dólares varias veces más lo que se cobraba anteriormente.

Desalojar y expulsar a los pobres para construir viviendas más caras, vacías o dirigidas al turismo colonial. Así, el mercado especulador puede seguir subiendo sus precios.

En resumen, el Gran Despojo consiste en evitar a toda costa que ciertos estratos sociales vivan en colonias de las que quieren apropiarse los más ricos. Consiste en mercantilizar casi por completo el acceso a la vivienda y permitir que las constructoras decidan para quién quieren construir edificios. Pero requiere también que el Estado sea permisivo ante la formación de cárteles inmobiliarios, la especulación con los precios y la financiarización del mercado.

Supone, pues, convertir el suelo y la vivienda en un activo financiero con el objetivo de generar altos rendimientos en el corto plazo, a costa de la pérdida de vivienda donde pudiera vivir la gente común.

El Gran Despojo recurre a medidas coercitivas y violentas de desplazamiento, como los desalojos forzosos, contra quienes se oponen al

avance del gran capital inmobiliario, la gentrificación y la turistificación de las ciudades y las colonias.

El Gran Despojo se ha convertido en un amplio proceso social
cuyo fin último es despojar a la mayor parte de la población de una
vivienda garantizada, al mismo tiempo que una parte muy importante de la oferta inmobiliaria se acumula en pocas manos. Así, se crea una
dependencia ineludible, por la cual al menos una parte importante del
salario y los ingresos de la clase trabajadora es transferida de forma
garantizada a los bolsillos de la clase rentera.

El Gran Despojo, es decir, la creación de una mayoría de la población desposeída de una vivienda, es el equivalente moderno a la
acumulación de capital originaria que criticó Marx hace más de 150
años. Luchar contra el Gran Despojo es una de las tareas más urgentes
de nuestros tiempos. La lucha por la vivienda será una de las más críticas de nuestra generación.

El acaparamiento, la especulación, la financiarización y la gentrificación dan lugar a una "burbuja inmobiliaria", en la cual los precios del
mercado no están realmente determinados por la oferta y la demanda.

Es entonces, claramente, un tema de poder y de lucha de clases.

Combatir la especulación y regular la vivienda

La lucha por la vivienda es una lucha de clases. Y la finalidad última de
las narrativas que culpan a las personas más jóvenes por no tener vivienda y que aseguran que estos "prefieren" no tener una vivienda es evitar
que se forme un colectivo, o un sujeto social, que exija políticas de regulación al mercado inmobiliario que garanticen el derecho a la vivienda.

Y es por eso por lo que vencer estas narrativas y mitos ha sido
probablemente la principal ganancia de las denuncias y críticas recientes que se han hecho sobre la crisis de la vivienda. Es necesario vencer
la idea individualista y meritocrática de que "solo los flojos y quienes
no trabajan o los que no ahorran no tienen vivienda". Pero también es
necesario vencer la idea de que "garantizar el acceso a una vivienda no

IMAGEN 5.3
Fotografías de la protesta por el derecho a la vivienda en la Ciudad de
México, noviembre de 2022

FUENTE: Roberto Rivera y @GatitosVsDesig (2022).[45]

es responsabilidad del Estado" y que "los propietarios de las viviendas
pueden hacer lo que quieran con ellas".

A mi parecer, el avance en la lucha contra estas narrativas y estos
mitos se puede entender como uno de múltiples factores detrás del surgimiento reciente de protestas por el derecho a la vivienda en México.
Las protestas más destacadas tuvieron lugar en la Ciudad de México (convocada por Gatitos contra la Desigualdad) y Guadalajara en
noviembre de 2022; Monterrey (en diciembre de 2022) y Oaxaca más
recientemente.

Algunas de las consignas de estas protestas fueron las siguientes:

1. No más gente sin viviendas y viviendas sin gente.
2. ¡La lucha por la vivienda es una lucha de clases!

3. Menos vivienda para invertir, más vivienda para vivir.
4. La vivienda es un derecho, no una inversión.
5. El derecho a la vivienda está por encima del interés privado.
6. Regulemos ya el mercado de vivienda.
7. Vivienda para todxs y no ganancias para pocos.
8. Fin a la burbuja inmobiliaria.
9. No más desalojos ilegales o forzosos.
10. El interés público es el límite a la propiedad privada.

Si bien la protesta por el derecho a la vivienda se dio en el contexto del enojo social ante el anuncio del acuerdo del gobierno de la Ciudad de México con Airbnb para promover la llegada de nómadas digitales, la realidad es que las exigencias apuntaban a la profundidad de las causas de la crisis de vivienda, y no solo se acotaban al problema de Airbnb.

IMAGEN 5.4
Fotografias de la protesta por el derecho a la vivienda en Guadalajara, noviembre 2022

FUENTE: Mario Marlo / @Marionarlo.[46]

En ese momento entregamos un pliego petitorio escrito a varias manos por diversos expertos o activistas en el tema de la vivienda (entre los que me incluyo) y firmado por casi mil 400 personas. Aunque el pliego fue recibido formalmente por el gobierno de la ciudad, la realidad es que poco o nulo interés se le dio durante el resto de la administración.

En los 14 puntos incluidos en el pliego petitorio[47] se exigían distintas medidas para atender la crisis de acceso a la vivienda en la ciudad y promulgar leyes que regulen las relaciones inquilinarias (como por ejemplo la tan solicitada ley inquilinaria) y prohíban la especulación y el acaparamiento en el mercado de la vivienda. Hablemos rápidamente de estas medidas que pueden implementar los gobiernos para garantizar el derecho a la vivienda.

Medidas de desmercantilización y regulación de la vivienda

Como tal, desde mi perspectiva teórica, el fin último de las medidas requeridas actualmente en el mercado de la vivienda deberían enfocarse en desmercantilizar el acceso a la vivienda: esto es, evitar que la única vía para acceder a una vivienda adecuada sea el mercado. A lo largo de lo que resta de este capítulo resumiré distintas medidas que pueden fomentar la desmercantilización, pero en general debe quedar claro que la vía del mercado no solo no es la vía óptima para acceder a la vivienda, sino que no debería ser la única.

Por otro lado, vale la pena hablar de la regulación al mercado de vivienda como tal, específicamente a sus actores. A diferencia de lo que pueden llegar a pensar aquellos que no conocen este tipo de medidas en otros países, la existencia de una burocracia (a veces compleja) para la solicitud de permisos y licencias de construcción no necesariamente implica que estemos hablando de regulaciones al mercado, en el sentido económico.

Las regulaciones pueden venir tanto de incentivos y desincentivos fiscales como del control y restricción de precios y de poder de mercado. En los primeros casos, por ejemplo, se puede incentivar un mercado más competitivo mediante la incursión del Estado en la construcción y administración de vivienda social, a precios más competitivos que los altos precios especulativos que el mercado y los cárteles inmobiliarios imponen.

De la misma forma, se puede incentivar la construcción de vivienda social con prerrogativas fiscales o desincentivar la construcción de vivienda lujosa en espacios de la ciudad y barrios donde sea necesaria y haga falta la vivienda popular. Podría prohibirse también la privatización de suelo y terrenos públicos para la construcción de vivienda que no tenga un fin social.

Es muy común en otros países el uso de la política fiscal para desincentivar la vivienda ociosa y especulativa,[48] por ejemplo, con el cobro de sobretasas de predial a la vivienda que esté desocupada por un tiempo determinado. Incluso en algunos casos se llega a prohibir la vivienda ociosa, con el fin de evitar la especulación.

Y, recordando el caso de la acumulación extrema de viviendas por parte de algunas empresas en la ciudad de Berlín, sería deseable debatir los límites máximos al número de viviendas que puedan acumular las inmobiliarias. Vamos, incluso algunas propuestas más radicales (o progresistas, como las quieran calificar) cuestionan por qué permitimos que quienes ya tienen satisfecha su necesidad de vivienda sigan comprando más y más propiedades inmobiliarias.

En todo caso, este tipo de medidas podrían poner límites al poder de mercado extremo que llegan a acumular algunos agentes económicos y que es indeseable incluso desde la concepción libertaria de la corriente económica ortodoxa.

Respecto a la vivienda en alquiler, son ampliamente conocidas las distintas políticas de controles a los precios de las rentas a nivel internacional. La arquitectura de estas políticas es diversa, y hay desde las que simplemente limitan el aumento del precio que se puede hacer tras la renovación de un contrato de arrendamiento (por ejemplo, como se contempla en la legislación de la Ciudad de México, con un límite de 10% anual) hasta otras que imponen límites máximos de precios de alquiler de acuerdo con las características de las viviendas mismas y las tendencias de los precios de renta en los barrios y las colonias en cuestión.

Apoyo a la demanda de vivienda

Muchas de las medidas de regulación del mercado, que deberían promover mejores precios de las viviendas en venta y en alquiler, no serán suficientes si el lado de la demanda, es decir, quienes compran o alquilan las viviendas, continúa con un poder adquisitivo debilitado. Así pues, también son importantes las medidas más amplias de revalorización del salario (solo basta volver a ver la gráfica 5.1, y la caída del salario en los últimos años) y los subsidios al alquiler para grupos vulnerables (comunes también en otros países con distintos regímenes de bienestar) o los subsidios para la reparación y el mejoramiento de vivienda; asimismo, el acceso a financiamiento, principal pero no exclusivamente, para la población que no puede contraer créditos en el mercado bancario.

Algunas de estas políticas ya son ejecutadas en México por instituciones como el Infonavit o el Fovissste, pero persiste el problema de que están dirigidas solo a la población con empleo en el sector formal de la economía. Fuera del alcance de estas instituciones queda el resto de la población, para quienes algunos programas se han dirigido (tanto a nivel federal y/o local) sin que ninguno haya tenido un impacto amplio y significativo en términos de porcentaje de la población.

Por otro lado, también son importantes en distintos países las respuestas de la política social de vivienda ante las crisis económicas. En nuestro reporte publicado en 2021,[49] encontramos que en varios países hubo políticas de respuesta frente a la crisis económica por el covid-19 que serían envidiables en México: apoyo y subsidio al pago de alquiler para personas en situación vulnerable, extensiones automáticas de contratos y hasta el llamado "paro de rentas" (también conocido como "embargo de rentas"), es decir, la interrupción temporal del pago del alquiler durante la fase más dura de la crisis económica (por ejemplo, en el caso de España,[50] solo se justificaba el paro en caso de que el hogar inquilino fuera vulnerable y los renteros no dependieran de ese ingreso para su subsistencia).

De igual forma, las cooperativas de vivienda son opciones que los gobiernos pueden promover para apoyar la construcción y compra de viviendas (incluso en algunas iniciativas en España se propone como alternativa viable para alquiler a bajo costo).

Todas estas son medidas que pueden colaborar de alguna manera a la desmercantilización del acceso a la vivienda.

Medidas para regulación del alquiler

Además de las ya mencionadas, valdría la pena destacar algunas posibilidades en términos de la vivienda en alquiler. La primera y, a mi parecer, la más urgente medida aquí sería la aprobación de una ley inquilinaria, normalmente legislada a nivel local en otros países. Analistas y organizaciones de la sociedad civil especializados en el tema han destacado la necesidad de que exista una ley particular para regular el arrendamiento en México, como sucede en muchos otros países. **El principal objetivo de esto es comenzar a entender la relación rentero-inquilino como algo más que una simple relación mercantil: como un contrato donde se tiene que garantizar el acceso a la vivienda como derecho humano.**

Entre las ventajas de la existencia de una ley inquilinaria se encuentra la de otorgar mayor certeza jurídica a ambas partes, así como trazar con más detalle sus obligaciones, derechos y rutas legales para resolver conflictos en caso de que surjan. Además, esta ley podría mandatar otras políticas que mejoren el acceso a la vivienda y colaboren a su desmercantilización.

Dentro de estas políticas, resulta primordial incluir la creación de un padrón de viviendas en alquiler que recolecte información sobre las viviendas rentadas en las ciudades, mediante obligatoria notificación de los contratos de arrendamiento, en los que quede explícito tanto el precio de alquiler como las características de las viviendas mismas y las condiciones del convenio (vigencia, aval, depósito, etcétera).

El reporte de estas condiciones al gobierno debería ser cuidadosamente normado por la ley inquilinaria, con el propósito de evitar abusos comunes actualmente, como el cobro de hasta más de dos meses de depósito o requisitos absurdos y hasta discriminatorios como no tener hijos pequeños, mascotas, no ser parejas del mismo sexo, etcétera. Igualmente, con este padrón debería combatirse directamente la evasión fiscal de los renteros que no reportan sus ingresos generados.

Una política así podría combatir la asimetría de información en el mercado de vivienda que enfrenta la mayoría de las personas inquilinas al no estar agrupadas y organizadas. Además, la información veraz sobre el estado del mercado de vivienda puede ayudar a disminuir los atropellos y la especulación de precios.

Ya antes se mencionaba cómo los gobiernos podrían analizar la dinámica de los mercados de vivienda en colonias o zonas específicas de la ciudad, y, a partir de ello, considerar la posibilidad de imponer límites al precio del alquiler o su crecimiento. Definitivamente, esto no podría lograrse sin un padrón de viviendas en alquiler.

De la misma forma, una ley inquilinaria debería incluir regulaciones claras para los casos en que se amerite el desalojo de las personas inquilinas y prohibir completamente los desalojos forzosos, en el sentido del término según la normativa internacional.[51] Para estos casos debería estar estrictamente prohibido el uso de cargadores privados, y establecerse días, horarios y procesos adecuados de notificación y realización del desalojo; asimismo, debería haber políticas de apoyo temporal por parte del gobierno para que las personas desalojadas no se queden sin protección y sin vivienda. En resumen, que siempre que se formalice un desalojo sea bajo estricto apego a un enfoque de derechos humanos.

Alquiler social provisto por el Estado

Por último, es necesario un cambio de paradigma en la intervención estatal del gobierno en el mercado de alquiler, mediante la implementación de sistemas de alquiler social. Estos son sumamente comunes en otros países, y representan hasta más del 30% de la oferta de vivienda en Países Bajos, por ejemplo.

La especificidad de estos sistemas es sumamente variada. En algunos casos, el Estado funciona como intermediario entre los renteros y los inquilinos: incluso le paga meses de alquiler por adelantando al rentero (a un precio justo y de mercado, normalmente) y media en la negociación con las personas inquilinas, a veces con el precio del alquiler subsidiado y, otras, sin subsidio, pero dando garantías y certezas legales sin tener que tratar directamente con el rentero. Un caso como el mencionado se ha probado en el municipio de Tlajomulco de Zúñiga, en Jalisco, con resultados interesantes.[52]

En otras versiones de sistemas de alquiler social, sencillamente el Estado es propietario de vivienda social (incluso constructor) y alquila vivienda con condiciones ventajosas para la población, funcionando como un actor más en el mercado inmobiliario, compitiendo y desincentivando la especulación de precios.

Entre los sistemas exitosos y sumamente conocidos de alquiler social, en que gran parte del parque de vivienda es propiedad del Estado, se encuentra el de Singapur, donde se ofrecen distintos tipos de tenencia: el alquiler es uno de ellos, con arrendamientos por 99 años y hasta 999 años. Vale la pena mencionar que, en este país, 8 de cada 10 hogares habitan en desarrollos residenciales públicos.[53]

¿Cuál es la diferencia entre comprar con un crédito provisto por el gobierno una vivienda construida también por este frente a que el Estado te la rente por 99 o hasta 999 años? Básicamente, que el gobierno con esta política está desmercantilizando la vivienda: evita que se vuelva propiedad privada que pueda venderse a un precio determinado por un mercado que, como ya vimos, tiende a especular y usar su poder en perjuicio de la población.

Una iniciativa que valdrá la pena debatir en el futuro es la de reformar la Constitución en México para que el Infonavit tenga facultades para la construcción y alquiler de vivienda.[54] A mi parecer, es una reforma positiva que vuelve a tocar el tema del alquiler social luego de décadas de haber sido ignorado por el gobierno. Tal vez lo que sería discutible o polémico sería la propuesta de que, luego de 30 años de arrendamiento, estas viviendas de alquiler social puedan pasar a ser propiedad privada del hogar que la habitaba, principalmente porque eso iría en contra de la iniciativa de desmercantilizar el acceso a la vivienda.

En general, parece que las propuestas de alquiler social seguirán creciendo en México y en muchos países como alternativas de tenencia y de acceso garantizado a la vivienda provisto por el Estado. Lo primordial debe ser desmontar la arraigada idea de que el acceso seguro y con certidumbre a una vivienda se logra solo mediante la propiedad de esta (lo cual, claramente, se suele pensar así por el usual abuso del mercado contra los inquilinos).

Regular Airbnb

El reto de regular con éxito los efectos de Airbnb en el mercado de vivienda merece una categoría por sí misma. Algunas muy buenas recomendaciones pueden encontrarse en las "directrices" que plantea The Shift, el proyecto lanzado por Leilani Farha luego de haber fungido como relatora especial de la ONU sobre el derecho a la vivienda.[55]

Según The Shift, los gobiernos deberían llevar un registro claro de las viviendas alquiladas por corto plazo (esto podría vincularse al padrón de viviendas en alquiler ya antes mencionado). A partir de esta información, podrían limitar el uso de viviendas de inversión en plataformas de alquiler turístico.

Por otro lado, las empresas como Airbnb deberían tener la obligación de compartir sus datos (anonimizados debidamente) con el gobierno, de forma que este pueda complementar los distintos sistemas de información desarrollados sobre el mercado de vivienda para conocerlo mejor y, nuevamente, disminuir la asimetría de información a la que la población se enfrenta.

Además, este tipo de alquiler de corto plazo por aplicaciones debería estar estrictamente prohibido en zonas altamente afectadas por la turistificación, donde las poblaciones locales corren el riesgo de ser desplazadas. También los gobiernos deberían asegurar que las nuevas viviendas construidas en la ciudad tengan el objetivo de alojar a la ciudadanía que la habita (especialmente a quien más lo necesite) y no al turismo de corto plazo. Más aún cuando se ha beneficiado a las inmobiliarias con cesión de terrenos públicos e incentivos fiscales, como el caso ya mencionado de Guadalajara y Zapopan.

Por último, cuando una vivienda en renta de corto plazo quede vacía por más de tres meses y se vuelva ociosa, el gobierno podría usar incentivos (incluso expropiar) para convertirla en vivienda en renta de largo plazo que habiten las personas que realmente viven en la ciudad.

Colectivizar la lucha por la vivienda

Finalmente, muchas de estas propuestas y políticas podrían no hacerse realidad por voluntad propia de las élites, sean políticas o económicas, porque de distintas maneras van contra sus intereses. Por eso la tarea más necesaria y urgente es la colectivización de la lucha por la vivienda.

Ya al inicio de este capítulo mencionaba cómo es necesario que el sujeto social luche por la vivienda, lo cual poco a poco se ha ido logrando, principalmente al ir venciendo las narrativas meritocráticas e individualistas sobre el acceso a la vivienda, que culpan a las personas mismas por no poder tener el dinero suficiente para acceder a una.

Las protestas y manifestaciones por el derecho a la vivienda citadas son una muestra de cómo se ha empezado a construir ese sujeto social que lucha por la vivienda. Pero vale la pena resaltar que se necesita una célula origen en la cual se pueda basar esta lucha, la cual, creo, deberían ser los colectivos barriales o sindicatos de inquilinos.

Actualmente en México, la forma de organización más común de colectivos que luchan por temas relacionados con vivienda y derecho a la ciudad son los colectivos vecinales, normalmente de personas propietarias. Por décadas, estas luchas han sido sumamente importantes y han logrado detener proyectos inmobiliarios corruptos e ilegales.

Pero considero que falta el componente de los jóvenes inquilinos y, en general, de todas las personas que no son propietarias. Podrían

generarse colectivos barriales de personas inquilinas, o incluso sindicatos de inquilinos, con intereses comunes en términos de defender los
precios de alquiler, las condiciones de los contratos de arrendamiento
y el respeto a la legalidad de estos.

La negociación individualizada de un inquilino desposeído de vivienda con un rentero es sumamente desventajosa. Pero los colectivos
barriales o sindicatos de inquilinos podrían negociar colectivamente
el respeto a la legalidad, denunciar los abusos y acordar precios justos
para todas las partes.

Además, tanto los colectivos barriales de propietarios como los
sindicatos de inquilinos con intereses en común podrían dar pie a un
colectivo más generalizado de lucha por el derecho a la vivienda.

Desde Gatitos contra la Desigualdad y en colaboración con el
Indesig hemos buscado generar lo que llamamos la Red Nacional por
la Vivienda (Renvi), que, entre muchos objetivos distintos, contempla
promover la creación de colectivos barriales y sindicatos de inquilinos
en las distintas ciudades del país, así como servir como una forma de
conexión de las distintas iniciativas locales en un colectivo nacional
con poder de negociación ante la clase rentera y de visibilización de las
exigencias en la materia ante los distintos órdenes de gobierno.

Que siga creciendo la lucha por el derecho a la vivienda y la desmercantilización de su acceso.

MITO 6
El vicio de la dependencia:
"los programas sociales hacen floja a la gente"

Quienes recibieron todo heredado creen que
los otros quieren todo regalado.[1]

Un doctor le hace una intervención de esterilización quirúrgica sin su consentimiento a una mujer en pobreza al finalizar su parto, porque cree que "no es necesario que los pobres tengan más hijos" y que "solo lo hacen para recibir más dinero de programas sociales". Una secretaria de Desarrollo Social les dice "que ya no tengan más hijos" a los beneficiarios del programa Oportunidades. Un reconocido académico especialista en desarrollo social y pobreza propone en un artículo que transferir dinero a los más pobres sin exigirles que se atiendan antes de la salud sería como "simplemente alimentar a los gusanos en sus estómagos". ¿Qué tienen en común todas estas expresiones?[2]

Todas las expresiones anteriores reproducen el mito sobre la supuesta dependencia de los pobres hacia el Estado. Se basa, a su vez, en otros mitos como que los beneficiarios de la política social "no trabajan", "se vuelven flojos", "tienen más hijos para recibir más dinero" o que "se gastan el dinero de las transferencias en cosas que no necesitan". De hecho, de acuerdo con la Enapobreza, **el 66% de la población percibe que los programas de combate a la pobreza hacen a la gente dependiente del gobierno.**[3]

225

Este mito de la dependencia se encuentra impregnado hasta el tuétano de la narrativa meritocrática, aderezando las críticas hacia los programas sociales o hacia las "ayudas" (como les suelen llamar) que el gobierno otorga. Completamente alejados de una perspectiva de derechos sobre la política social, este tipo de mitos se encuentran más relacionados con una perspectiva "asistencialista" de la protección social, la cual ha sido el pan de cada día durante décadas en México, en el resto de Latinoamérica y a nivel mundial.

Aunque existe amplia evidencia que desmiente la falsa idea del vicio de la dependencia, esta sigue siendo muy común en expresiones cotidianas de la población y, particularmente relevante, en el discurso de políticos, funcionarios de gobierno, académicos, miembros de organizaciones de la sociedad civil, etcétera. Como revisaré en este capítulo, es tremendo el efecto que tales mitos tienen sobre el diseño, planeación, implementación y evaluación de política pública. Bajo esas ideas falsas, se ha justificado y legitimado el desmantelamiento de sistemas de protección social y de programas sociales específicos, particularmente durante las décadas asociadas al neoliberalismo.

No les des pescados, enséñales a pescar

"No des dinero, dales comida o trabajo"

En verano de 2024, luego de las elecciones federales en México, se hicieron virales en redes sociales las críticas clasistas y racistas que se lanzaban contra los beneficiarios de los programas sociales en situación de pobreza porque, supuestamente, habían "vendido su voto por dinero", es decir, porque habían votado por el partido ganador solo por ser receptores de las transferencias monetarias del gobierno. Comentarios como "puro naco pendejo pobre mandó a la verga al país por 4 mil pesos mensuales", "vendieron al país por unos pesos, putos nacos muertos de hambre, no podía saberse" y "¿cómo vas a vender tu voto solo por las becas?, mejor ponte a trabajar, pinche huevón" fueron muy comunes en redes sociales.[4]

Durante décadas ha sido sumamente común estigmatizar a la población beneficiaria de programas sociales, pero especialmente a quienes se encuentran en situación de pobreza o que tienen alguna vulnerabilidad en particular y reciben algún tipo de transferencia monetaria. Este no es un reclamo que se les suela hacer a las condonaciones o a los beneficios fiscales que, por ejemplo, se otorgan a los hogares más ricos o a las empresas. Es un reclamo muy específico para la pobreza.

En la mayor parte de los casos, esta estigmatización se relaciona sobre todo con el tema del trabajo. De una u otra manera, se sospecha que lo que desea la población beneficiaria de programas sociales es "dejar de trabajar". La lógica de estas críticas hace notar el riesgo de que "si les das dinero a los pobres, estos dejarán de trabajar y, por lo tanto, necesitarán eternamente de las ayudas del gobierno".

Así se forma el mito del "vicio de la dependencia": darles dinero a los pobres los hará "viciosos" de depender del gobierno, porque una vez que dejen de trabajar esto se convertirá en una adicción que difícilmente dejarán.

Otro ejemplo es una publicación compartida 40 mil veces en Facebook: señalan con orgullo cómo unas personas hurgaron en la mochila de un niño que, junto con dos mujeres, pedía dinero en la calle haciendo malabares con pelotas (como se podrán imaginar, por lo que se alcanza a ver en las fotos, parecía que eran de origen indígena y tenían un tono de piel oscuro). Con "horror" encontraron que la mochila tenía muchas monedas y billetes (en realidad, de nuevo, por lo que se alcanza a ver en las fotos de la publicación, no eran más de 200 pesos). ¿Cómo era posible (y permisible) que estuvieran generando tanto dinero? El texto de la publicación critica que "darles una moneda no es ayudarlos... porque ellos ganan más que un salario mínimo". Y luego, con mayúsculas, exigen: "NO DES MONEDAS, MEJOR OFRECE TRABAJO A SUS PAPÁS... VERÁS QUE ESO NO LES INTERESA, PORQUE NO NECESITAN TRABAJAR PARA GANAR DINERO".[5]

Aunque el caso anterior no involucra a beneficiarios del gobierno, sino a personas que piden dinero en las calles, el estigma es similar: se piensa que las personas pobres "evitan a toda costa el trabajo" y que por eso darles dinero en efectivo les "permite no trabajar". Claramente, la solución de exigirles un trabajo a cambio de dinero es visto como "un correctivo a su vicio de depender y no trabajar".

Otro caso ejemplar de declaraciones estigmatizadoras viene de Samuel García, actual gobernador de Nuevo León por el partido político Movimiento Ciudadano, quien, en una entrevista en 2015, proclamó: "En el norte [de México] trabajan, en el centro administran y en el sur descansan". Aludía a que los estados del sur del país tienen indicadores de pobreza más altos y que, por lo tanto, se han "acostumbrado a no trabajar y solo recibir dinero de la política social".

En otras publicaciones en redes sociales se critica el acto de dar dinero en efectivo y recomiendan dar comida. Una publicación en Reddit, por ejemplo, sugiere: "En vez de dar dinero, porque no sabes qué van a hacer con él, les das algo de comida y una bebida, y así están bien alimentados. También te sirve como filtro. Si alguien no se lo come, no está tan necesitado".[6]

Trabajo y pobres merecedores

En general, las críticas al otorgar dinero a los pobres, en lugar de trabajo o comida, parten de una perspectiva de caridad y asistencialismo sobre la redistribución. La frase que tal vez condensa mejor esta perspectiva es aquella que se atribuye a un supuesto proverbio chino que dice: "Dale un pez a un hombre y comerá hoy. Enséñale a pescar y comerá el resto de su vida". Es decir, presuntamente, el problema con dar dinero a los pobres es que no se están desarrollando sus capacidades de trabajo y, de hecho, se está desincentivando el trabajo.

En una entrevista de 2014 a Nuvia Mayorga, extitular de la Comisión Nacional para el Desarrollo de los Pueblos Indígenas (CDI), senadora de 2018 a 2024, exintegrante del PRI, integrante actual del PVEM y parte de la bancada actual de la 4T, publicada con su retrato de forma orgullosa, mencionaba que la principal estrategia del CDI eran los proyectos productivos, que "supervisan" a la población: "[Porque,] si no los supervisas, les das el dinero, compran 50 borregas y a lo mejor se las reparten o se las comen en los 15 años de la hija o en la boda del hijo, o a lo mejor van a tener para comer seis meses. Les tenemos que enseñar que tienen que trabajar".[7]

El lector que ya haya pasado por el capítulo 1 podrá intuir que lo anterior está completamente relacionado con el ascenso de la ética del trabajo durante el siglo XIX. Desde esta lógica, el trabajo sirve para demostrar que los pobres "merecen ser ayudados"; de otra manera, no merecerían nada de caridad por parte de la sociedad. Dado que los recursos para la redistribución eran finitos, tenía que distinguirse entre los pobres "merecedores" y los pobres "no merecedores".

Como se revisó anteriormente, desde la ética del trabajo, se entendía como "pobre no merecedor" a quien tuviera capacidad de trabajo, que entonces no tendría por qué depender del gobierno. Claramente, se trata de una visión muy acotada de lo que significa *trabajo* (solo aquel que remunera el mercado) y no cuestiona siquiera las condiciones de lo que reconoce como trabajo.

Recordemos que, en caso de que se determinara que alguien que mendigaba tenía supuestamente capacidad de trabajo, esta persona era remitida a una *workhouse*, donde las personas podían trabajar para recibir a cambio una forma de subsistencia por parte del gobierno.

Entonces, la sospecha contra los pobres por ser supuestamente improductivos ya es añeja, pero aun recientemente ha guiado las políticas de redistribución o asistencia, de acuerdo con el paradigma desde el que se parte.

Por ejemplo, un estereotipo que me parece muy sintomático al respecto es el encarnado por la *Welfare Queen* en Estados Unidos, que, traducido literalmente, sería algo así como la "reina del Estado de bienestar" o "reina de los programas sociales".[8] La *Welfare Queen* era una mujer que vivió en Chicago en los años setenta y que supuestamente "se hizo rica" con el dinero de los programas sociales, usando "80 nombres, 30 direcciones y 15 números telefónicos diferentes", para así poder recibir múltiples veces el dinero de los programas sociales. Según se creía, esta mujer había comprado así incluso dos autos Cadillac.

La *Welfare Queen* se hizo famosa porque fue usada durante las campañas presidenciales de Ronald Reagan para criticar el sistema de protección social de los Estados Unidos, señalando a los pobres no merecedores de protección social y que estaban haciendo fraude al gobierno. En 2012 el estereotipo de la *Welfare Queen* fue revivido por Mitt Romney para reprobar la disminución de condiciones que había dispuesto el gobierno de Barack Obama para facilitar el acceso a distintos programas sociales.

De hecho, a partir del estereotipo de la *Welfare Queen*, en 1996 se reformó el sistema de protección social de Estados Unidos mediante la Ley de Responsabilidad Personal (Personal Responsibility Act), aprobada por un Congreso controlado por el partido republicano.[9] El nuevo paradigma puesto en marcha con la reforma, conocido como "Workfare", buscaba evitar que los programas sociales mantuvieran a los beneficiarios "atrapados en un ciclo de pobreza", por lo cual el principal requisito para acceder a un programa social era demostrar que se tenía un trabajo. La Cámara de Comercio estadounidense declaró triunfalmente que la aprobación de la ley era una "reafirmación de la ética del trabajo de Estados Unidos".[10]

Capital humano para los pobres

El ejemplo estadounidense se puede encontrar replicado en muchos otros países. A nivel global, durante las décadas donde el neoliberalismo tuvo mayor fuerza, las reformas a los sistemas de protección social fueron comunes, con cambios que por lo general tendían a acercarse en mayor o menor medida al Workfare.

En el caso mexicano, con una menor capacidad en su sistema de protección social, lo que triunfó a partir de las décadas de neoliberalismo fue el paradigma minimalista de la política social y de la focalización. El programa clave durante estos años fue Progresa-Oportunidades-Prospera, cuyo objetivo era formar capital humano en los hogares beneficiarios para que en el futuro este nuevo "activo" les fuera suficiente para ya no depender de los apoyos del gobierno.

A esta variante de la narrativa meritocrática le llamo "legitimidad sin reconocimiento",[11] en la cual la legitimidad de ser beneficiarios de programas sociales se termina construyendo en conjunto con las pruebas de medios, las condicionalidades y los controles al consumo, de lo que hablaré más adelante.

Prácticamente hasta 1991, en México las políticas sociales se enfocaron en servicios sociales, políticas transversales y subsidios al consumo (como el alguna vez famoso subsidio a la tortilla). Dentro de ese contexto, distintos académicos y funcionarios públicos apoyaron un cambio paradigmático en la protección social en México, específicamente en cuanto a las políticas para luchar contra la pobreza, cuyas dos premisas fueron, primero, enfocarse en la pobreza extrema (no en la pobreza moderada) y, segundo, eliminar los subsidios al consumo (que no funcionaban, según su argumento) para reorientar el presupuesto público y darles dinero "directamente a las personas pobres extremas". Aunque aún hoy para muchos no es legítimo, en esos años era aún más impensable darles dinero directamente a los pobres.

Para mostrar cómo se reflejó en estos años el mito del vicio de la dependencia en los cambios en las políticas públicas, me permito citar el caso emblemático de Santiago Levy y su artículo para el Banco Mundial de 1991, donde tenía como objetivo aportar argumentos para justificar la propuesta del cambio de paradigma de la política social en México ya citado.[12]

Este autor señala en este texto que el objetivo de la política social para atacar la pobreza extrema debería ser proveer de un mínimo de salud y nutrición a los beneficiarios, de manera tal que ellos puedan ponerse de pie y buscar mejorar su situación por sí mismos, no dependiendo del gobierno. Eso solo se lograría mediante la imposición de condiciones a los beneficiarios para modificar sus hábitos en salud, educación y nutrición:

> Solo cuando este círculo vicioso [referente a características de alta fertilidad, baja demanda educativa, etcétera, de las familias en pobreza extrema] se rompe, [las familias beneficiarias] pueden "ponerse de pie" y

salir de la pobreza. Se debe cumplir con un nivel mínimo de salud y nutrición para que las personas puedan invertir en capital humano, migrar de una región a otra, participar más activamente en el mercado laboral, participar en innovaciones de mayor riesgo o tener hijos y aumentar su inversión por niño.[13]

Otra manera en que este trabajo reproduce el mito del vicio de dependencia de los pobres hacia el gobierno, solo relevante para este grupo de la población, es cuando menciona que **el apoyo monetario a los hogares tiene que ser lo suficientemente bajo para que las personas no prefieran simplemente no trabajar.** He ahí una justificación que en su momento se usó para que los montos de los programas sociales Progresa–Oportunidades–Prospera fueran tan bajos e insuficientes: que los receptores no optaran simplemente por quedarse en casa sin trabajar. Es decir, para no trastocar la ética del trabajo, tan frágil especialmente en los hogares más pobres, según su lógica.

En otro pasaje, el autor lo dice de forma literal: "Evidentemente, los programas que se limitan a transferir ingresos a los pobres no incentivan el trabajo". Y el colmo de la estigmatización dentro de este artículo se advierte cuando el autor expresa: "Solo mejorar el acceso a alimentos de los pobres no serviría de mucho, puesto que podría solo alimentar los gusanos (o parásitos) dentro de sus estómagos" y no mejorar su nutrición.[14]

Así pues, la apuesta de los años noventa para alejarse supuestamente del asistencialismo y paternalismo de la protección social en México resultaba ser sumamente estigmatizante con los más pobres y reproducía la narrativa meritocrática al promover el mito del vicio de la dependencia al gobierno de los beneficiarios más pobres, cuyo antídoto era generar capital humano, es decir, dotarlos de las credenciales educativas, salud y nutrición suficientes para que pudieran "pararse" (de donde fuera que se suponía no estaban de pie), salir a enfrentarse al mercado de trabajo y triunfar. Una cita de un texto reciente del expresidente del Centro de Estudios Económicos del Sector Privado (CEESP) y miembro de la Comisión Ejecutiva el Consejo Coordinador

Empresarial deja muy clara esta perspectiva centrada en el capital humano y estigmatizante de los programas sociales y sus beneficiarios:

> Los programas sociales son un paliativo, nunca una solución. La pobreza se combate con mejor educación, mayores oportunidades, seguridad y salud para que las personas puedan obtener y desempeñar empleos productivos. Un gobierno exitoso debiera tener como meta que cada vez menos personas necesitaran el apoyo de los programas sociales.[15]

"Hábitos de pobres": salud y consumo irresponsable

La estigmatización a los beneficiarios durante las últimas décadas ha sido sumamente estudiada, especialmente con el programa Prospera.[16] En mi tesis doctoral ponía el ejemplo de la página de Facebook llamada "Lady Prospera", que cuenta con 81 mil seguidores y que se trata al parecer de una cuenta administrada por médicos que atendían a las madres beneficiarias del programa. Esta página es interesante (y terrible al mismo tiempo) porque suelen hacer toda clase de publicaciones y comentarios estigmatizantes basados precisamente en el mito del vicio de la dependencia y en otros sobre el número de hijos que tienen o el tipo de cuidados de salud que hay en su familia.

La página tiene como foto de perfil a una mujer con vestimenta tradicional de pueblos indígenas, retratada como si fuera el perfil de una beneficiaria del programa. Simplemente la descripción de la página deja muy claro todo: "El terror de los pasantes. Tengo 12 no hijos (*sic*) y aún no me quiero operar. Mi marido siempre me cuida". Cientos de publicaciones han sido compartidas miles de veces y generado comentarios ultrajantes para las beneficiarias, quienes claramente no solamente eran culpables de ser pobres, según lo que se compartía y debatía en la página, sino también de "tener muchos hijos", "no cuidarlos", "gastar en vicios", "no trabajar" y, al final de cuentas, "vivir de los impuestos de los demás".

El programa Prospera fue suspendido en 2019, justo a partir de otro mito, el del "clientelismo"[17] y la corrupción, vinculado a lo que comentaba al inicio del capítulo: las críticas que se hicieron a los programas sociales del sexenio de López Obrador criticaban paralelamente el voto por Morena en 2024. Y los nuevos programas sociales de transferencias monetarias fueron objeto, otra vez, de estigmatización por una parte importante de la sociedad.

Cuando en 2019 comenzaron a entregarse becas a los estudiantes de educación media superior, las redes sociales volvieron a cargar contra sus beneficiarios. La desaprobación retomaba algunas fotografías que habían publicado los propios estudiantes al cobrar por primera vez la beca y los criticaron porque "seguramente" se la gastarían en "caguamas", "cigarros" o "prostitutas" (aludiendo a una foto de broma que subió un estudiante afuera de un negocio presuntamente de trabajo sexual). Para quienes se oponían a las becas, supuestamente el uso que les daban se trataba de "hábitos de consumo irresponsable", en concordancia con el mito del vicio de la dependencia, que justifican la pobreza de los pobres.

Las objeciones parecieran olvidar que la transferencia consistía en menos de 27 pesos diarios de ese año, los cuales podrían no ser suficientes para sostener ni siquiera los gastos de transporte o alimento en la escuela de los estudiantes... Pero a los reproductores del mito de la meritocracia les preocupaba que "no se los gastaran en vicios".

Además, estas críticas clasistas a los beneficiarios de las becas se enfocaban en resaltar que era indeseable que se tratara de una beca universal y no una que premiara el mérito de los estudiantes, como lo eran las becas por excelencia académica. "Que los que se las merecen las reciban [las becas] y se las gasten en lo que les de la gana", decía uno de los comentarios en Facebook.[18] La preocupación hacia el consumo viene, claramente, desde el tema de si merecen o no el beneficio del programa social.

Al final, los pobres terminan siendo doblemente culpables: en primer lugar, por no trabajar o simplemente no hacer lo suficiente para salir de su situación de precariedad, ya que "el que quiere puede" y claramente ellos no quieren; y, en segundo lugar, por ser beneficiarios de un programa social que no merecen y que solo genera el vicio de la dependencia: los "acostumbra a recibir" y los hace dependientes, con lo que se generan incentivos para que no mejoren su situación personal, pues de ese modo seguirán recibiendo aportaciones monetarias o en especie por parte del gobierno.

Cosas que están bien si las hacen los ricos, pero mal si las hacen los pobres

A inicios de 2024, en México se hicieron virales en redes sociales los videos de trifulcas ocurridas en distintas tiendas Costco (una cadena de tiendas de autoservicio de mayoreo, donde se paga una membresía para poder consumir ahí) en las que las personas peleaban para poder llevarse algunas roscas de Reyes. El conflicto escalaba cuando alguien intentaba llevarse una cantidad alta de roscas, presumiblemente porque buscaba revenderlas. Estos videos generaron comentarios clasistas en redes sociales y tildaron de "muertos de hambre", "abusivos" y "que les rugen las tripas" a quienes compraban de mayoreo en Costco para revender a un sobreprecio, olvidando por completo que ese es exactamente el giro de muchísimas empresas y "emprendedores" que normalmente no son criticados.[19] Así, este se convirtió en uno de tantos ejemplos de "cosas que están bien si hacen los ricos, pero mal si las hacen los pobres".

Dentro de esa categoría existen otros numerosos ejemplos. Ocupar el espacio público para negocios: muy criticado a tianguis, vendedores ambulantes o negocios de tortas, jugos y comida en banquetas, pero permitido a los negocios establecidos en locales que ponen más mesas sobre las banquetas y las calles. Usar el agua en un día caluroso: muchos gobiernos permiten la existencia de piscinas lujosas privadas o campos de golf, pero multan a los pobres que llenan pequeñas albercas inflables para sus hijos. Invadir terrenos en cerros: permitido para los cada vez más fraccionamientos que se construyen sobre terrenos de bosques, reservas territoriales deforestadas o que sufrieron un incendio, pero estigmatizado, no reconocido y hasta en ocasiones causa de desalojo para asentamientos de hogares pobres sin acceso a una vivienda digna. Medicinas alternativas, uso de nombres "exóticos", tener muchos hijos y un larguísimo etcétera nutren esta lista.

Hay un ejemplo muy específico de "cosas que están bien que hagan los ricos, pero mal si las hacen los pobres" que vale la pena destacar en este capítulo: recibir dinero del gobierno. Y es que, cuando una persona rica recibe alguna condonación fiscal, algún tipo de exención o subsidio, o cuando incluso son beneficiarios de programas sociales, esto no suele generar ninguna crítica desde la narrativa meritocrática ni se acusa que generará dependencia hacia el gobierno.

Sin embargo, como ya revisamos antes, son muy populares las objeciones y los reproches para quienes son beneficiarios de la política social, especialmente para quienes reciben transferencias monetarias, cuando se trata de personas en situación de pobreza.

La narrativa meritocrática se vislumbra en el mito del vicio de la dependencia. Es necesario resaltar la falsedad de estos mitos y exponer claramente los factores estructurales que en realidad amparan la legitimidad y el merecimiento de la redistribución y de ser beneficiario de la política social. A continuación revisaré rápidamente algunos datos que invalidan estos mitos.[20]

GRÁFICA 6.1
Porcentaje de trabajadores con al menos dos empleos

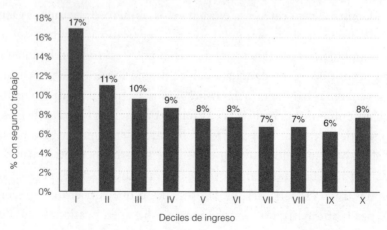

FUENTE: Elaboración propia con base en ENIGH.

Los pobres trabajadores

Demostrar la falsedad del mito de que los beneficiarios de programas sociales no trabajan o no se esfuerzan por conseguir recursos suficientes por sí mismos es relativamente sencillo. Tal vez pocos lo saben, pero, por ejemplo, es en los hogares más pobres (en este caso, me refiero al decil I, el 10% con menos ingresos) donde se presenta el mayor porcentaje de personas ocupadas en más de un trabajo: casi dos de cada cinco de estas personas reportan al menos tener una ocupación principal y una secundaria, (es decir, dos empleos). Este indicador baja hasta 6% y 8% para los hogares de ingresos más altos (decil IX y X, respectivamente).

Respecto del tiempo en horas dedicado al trabajo, el engaño de la desinformación es un poco más complejo. Si bien las personas de los hogares más pobres trabajan algunas horas menos por semana de manera remunerada, también es cierto que dedican más tiempo a trabajos

GRÁFICA 6.2

Distribución de trabajo remunerado y no remunerado según deciles de ingreso por persona

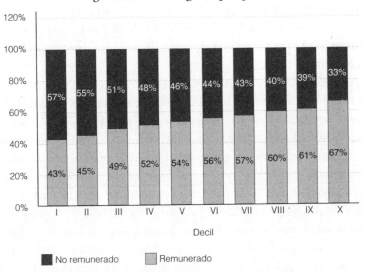

FUENTE: Elaboración propia con base en ENIGH.

no remunerados, como los cuidados, los quehaceres domésticos y el acarreo de agua o leña (tratamos esto en el capítulo 3).

Esto es sumamente importante porque no es que los hogares más pobres dediquen menos tiempo al trabajo, sino que les pagan por menos horas de trabajo, es decir, dedican más tiempo al trabajo no remunerado que al remunerado (57% versus 43%), contrario a lo que sucede con los hogares más ricos (33% versus 67%). Los ingresos extremadamente bajos de algunos hogares pueden explicarse en parte, pues, por la fuerte carga de trabajo no remunerado. O por cómo recibir más ingresos, a su vez, permite adoptar estrategias que puedan disminuir la carga del trabajo no remunerado y trabajar más horas de forma remunerada.

"Viven de los programas del gobierno"

Si ya hemos visto que es mentira que los más pobres no trabajan, claramente deberíamos imaginar que no dependen de los ingresos del gobierno y que tienen otro tipo de ingresos. Este es de los mitos más populares y que generan más descontento entre los ciudadanos.

Nuevamente, esta percepción es equivocada. En realidad, **los beneficios gubernamentales promedio de los hogares más pobres apenas alcanzan 13 pesos diarios por persona.** Está en un error quien crea que una persona se vuelve dependiente del gobierno por recibir poco más de 400 pesos al mes, y que esa cantidad será suficiente para desincentivarlos de trabajar o esforzarse por mejorar su situación económica.

Además, los beneficios gubernamentales no llegan solo a los hogares más pobres, aunque para ellos sí represente casi la mitad de sus ingresos: por cada 6 pesos que el gobierno transfiere a los hogares más pobres (quintil I) mediante programas sociales, también les transfiere 5 pesos a los hogares más ricos (quintil V). ¿Por qué solo se estigmatiza a los beneficiarios pobres? ¿Por qué solo se les critica a ellos su consumo o el número de hijos que tienen o se les ve como dependientes?

De hecho, justo como compartíamos en un hilo de Gatitos contra la Desigualdad, hay una incoherencia más que vale la pena destacar en cuanto al caso de los estigmas que se hicieron virales en 2024 después de las elecciones federales, los cuales criticaban los recursos que reciben los pobres por programas sociales.

GRÁFICA 6.3

Transferencias de programas sociales: montos y porcentaje sobre ingresos totales según decil

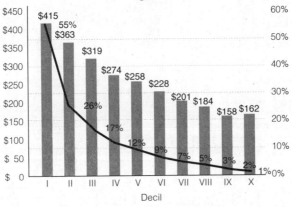

Monto promedio mensual por persona   ▬▬ % Programas / Ingresos totales

FUENTE: Elaboración propia con base en ENIGH.

Los hogares más ricos (decil X) fueron los que percibieron el mayor incremento porcentual en los ingresos por programas sociales, con un aumento de 613% registrado al año 2022 frente a lo que recibían en 2018; mientras que los hogares más pobres (decil I) apenas percibieron un incremento de 30%. A pesar de que sería más lógico reprocharles a los hogares más ricos por votar por el gobierno que les multiplicó por seis sus ingresos por programas sociales, las críticas clasistas que devienen de la narrativa meritocrática solo se enfocan en los hogares más pobres, ignorando cualquier beneficio que el gobierno haya concedido a los hogares más ricos.

CUADRO 6.1

Cambios porcentuales en ingresos en México (2018-2022)

Deciles de pob. por ingreso pre-transfer gub. per cápita	Trabajo	Negocios	Rentas de cap.	Transferencias	Jubilaciones	Becas	Donativos	Remesas	Programas sociales	Transfer. no mon.	Estim. Alquiler	Otros	Ingreso Corriente
I	27%	25%	39%	35%	100%	167%	68%	69%	30%	2%	19%	-23%	28%
II	20%	26%	6%	28%	52%	107%	35%	30%	38%	-5%	15%	-21%	21%

Deciles de pob. por ingreso pre-transfer gub, per cápita	Trabajo	Negocios	Rentas de cap.	Transferencias	Jubilaciones	Becas	Donativos	Remesas	Programas sociales	Transfer. no mon.	Estim. Alquiler	Otros	Ingreso Corriente
III	14%	28%	55%	35%	48%	77%	40%	35%	74%	-9%	16%	-43%	18%
IV	13%	17%	20%	40%	36%	49%	33%	60%	115%	1%	18%	-1%	18%
V	12%	20%	7%	37%	39%	48%	13%	58%	151%	-3%	17%	5%	16%
VI	13%	26%	23%	42%	49%	15%	12%	55%	209%	0%	17%	-2%	17%
VII	11%	12%	-2%	32%	43%	-27%	2%	52%	226%	-7%	20%	27%	14%
VIII	12%	22%	2%	27%	41%	-5%	-14%	35%	311%	-9%	18%	106%	14%
IX	9%	18%	-3%	20%	24%	-30%	-18%	20%	497%	0%	14%	169%	11%
X	0%	18%	-4%	11%	22%	-44%	-34%	64%	613%	-24%	16%	7%	3%
Total	9%	20%	-1%	25%	30%	-9%	2%	46%	113%	-9%	17%	10%	12%

FUENTE: Elaboración propia con base en ENIGH.

GRÁFICA 6.4

Hijos nacidos vivos por mujer e integrante por hogar según deciles de ingreso por persona

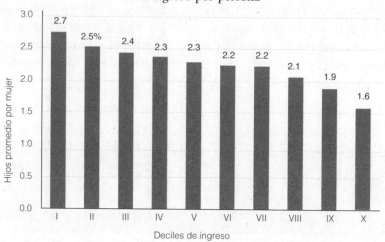

FUENTE: Elaboración propia con base en ENIGH.

"Tienen muchos hijos"

A diferencia de lo que muchos creen, en promedio, las mujeres con menores ingresos tienen menos de tres hijos y sus hogares se suelen integrar por menos de cinco personas. La diferencia promedio entre los hijos nacidos vivos entre las mujeres de los hogares más ricos (decil X) y las mujeres de hogares más pobres (decil I) es apenas de un hijo. Lejísimos queda la descripción despectiva de la página Lady Prospera, que hablaba de beneficiarias de programas sociales que tenían hasta 13 hijos. No hay datos que sustenten la popular creencia de que las mujeres más pobres tienen más hijos de los que se pueden contar con una sola mano.

Relacionado a este mito, muchas personas acusan que las beneficiarias de programas sociales "buscan tener más hijos para recibir montos de transferencias mayores", similar a lo que expresó Rosario Robles, exsecretaria de Desarrollo Social, en 2014. También se ha demostrado que lo anterior es falso, ya que ser beneficiario de algún programa social, como Prospera, no incrementó en su momento la fecundidad de las mujeres.[21] De hecho, la fecundidad adolescente disminuyó significativamente, al igual que en mujeres de mayor edad (aunque con un efecto menor).

De hecho, la tasa global de fecundidad (total de hijos que tiene una mujer al final de su vida reproductiva) en México pasó de 2.21 en 2014 a 1.60 en 2023,[22] con fuertes implicaciones para el "crecimiento" poblacional futuro, debido a que se encuentra debajo de la *tasa de reemplazo* según los estándares en demografía. Por cierto, la fecundidad en adolescentes y en mujeres con nivel educativo menor a la secundaria también ha presentado importantes descensos.

El inmerecimiento del ocio de los pobres

Ya repasaba antes cómo se cuestiona y se hacen minuciosas supervisiones al consumo de los hogares beneficiarios de programas sociales. Se les suele increpar por gastar en bebidas alcohólicas o tabaco, por poseer un "buen celular", por pagar televisión por cable o por comprar cualquier bien o servicio sospechoso de no ser indispensable para la sobrevivencia.

GRÁFICA 6.5
Porcentaje de gasto en bebidas alcohólicas, tabaco
y alimentos según decil

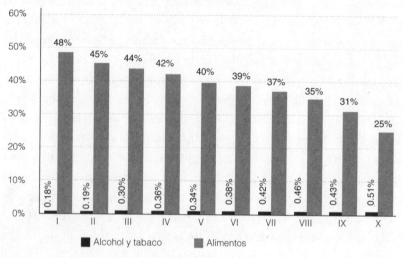

FUENTE: Elaboración propia con base en ENIGH.

La evidencia muestra que la realidad es otra a la percibida por quienes estigmatizan a los beneficiarios de programas sociales en situación de pobreza: los hogares más pobres no gastan más en "vicios" ni "malgastan" su dinero. Por ejemplo, la proporción del gasto total que representan las bebidas alcohólicas y el tabaco para los hogares más ricos es de más del doble (0.51%) frente a la de los más pobres (0.18%). En cambio, las restricciones económicas de los hogares más pobres los obligan a gastar 48 de cada 100 pesos en alimentos, mientras que los más ricos apenas gastan 31 pesos. **No hay, pues, cabida para los lujos cuando la mitad de los ingresos se gasta forzosamente en alimentos.**[23]

Por si lo anterior fuera poco, los hogares más pobres tienen que pagar más por bienes y servicios que se supone deberían ser provistos por el Estado. Servicios públicos como agua potable, alcantarillado, energía eléctrica y alumbrado público son escasos, inaccesibles o de baja calidad en comunidades y colonias de alta marginación, lo que implica mayores costos para los hogares que tienen menos.[24]

Compartir con los pobres: merecimiento, focalización y estigmas en la protección social

Ya hemos revisado la falsedad de las distintas vertientes que tiene el mito del vicio de la dependencia como parte de la narrativa meritocrática. No es que los beneficiarios de los programas sociales no trabajen. No es que tengan más hijos. Tampoco que su consumo sea particularmente irresponsable. Y muchas ideas falsas más que estigmatizan la redistribución de los ingresos y del bienestar.

Lo que realmente sí explica la baja efectividad de la redistribución en combatir de mejor manera la desigualdad y disminuir los niveles de pobreza son los distintos factores relacionados con la falta de merecimiento de la redistribución, los dobles estándares en las percepciones respecto de los ricos y los pobres (es decir, el clasismo), así como aspectos estructurales del régimen de bienestar y de las características mismas de las políticas de protección social, entre ellas el minimalismo, la focalización y las condicionalidades impuestas a los beneficiarios de programas sociales. Revisemos, entonces, algunos de estos factores.

Merecimiento: deservingness *y* entitlement

Para George Simmel, el mismo concepto de pobreza, desde un punto de vista sociológico, implicaba una diferenciación social en términos de que las personas señaladas como "pobres" eran aquellas que merecían ser objeto de la redistribución del Estado.[25]

Como ya mencionaba al principio del capítulo, las reminiscencias, muy prevalecientes, de la ética del trabajo y de la cultura de la pobreza dictan de alguna manera quiénes son merecedores y quiénes no de entre todas las personas, pero especialmente de entre las identificadas como pobres, para ser receptores de la redistribución del Estado.

Claramente, distintas dimensiones de la desigualdad se intersecan en estas valuaciones sobre el merecimiento, dependiendo del contexto temporal y territorial específico. En algunos casos, por ejemplo, en

Inglaterra, con las primeras Leyes de Pobres hace cerca de cinco siglos, la pobreza era la principal característica receptora (de ahí el nombre de estas leyes que ya revisamos con detalle en el capítulo 1).

Luego de los cambios advenidos con la ética del trabajo, los identificados como pobres serían diferenciados entre merecedores y no merecedores. La característica sobre las cual se basaba esta diferenciación era, sobretodo, si se percibía que las personas en pobreza tenían capacidad de trabajo o no. Aquellas que, de acuerdo con las normas sociales del momento, no fueran identificadas con esa capacidad, entonces serían pobres merecedoras de la mínima protección social que el Estado de aquel momento podía brindar.[26]

Un niño o niña huérfana, una persona con discapacidad, un adulto mayor sin fuerza o capacidad de trabajo o, de alguna manera, las mujeres "no unidas" (bajo la concepción de lo que en su momento era el papel de las mujeres en el mercado de trabajo) son algunos ejemplos no limitativos de pobres merecedores.

Por supuesto que esto ha sido distinto para países de otras regiones del mundo y otros contextos históricos. Regresando a la era moderna en México, con la entrada de las políticas neoliberales al país, la población objetivo de la política social, es decir, aquella vista como merecedora, pasó a ser solamente la que estuviera en situación de pobreza extrema.

Incluso en otras etapas históricas, donde la cuestión social (ver capítulo 1) se ha enfocado más en la generación de igualdad y no en la disminución de la pobreza o de la vulnerabilidad, las políticas sociales y la población objetivo de estas han sido sumamente distintas.

Otra de las dimensiones que determinan el merecimiento sobre la redistribución ha sido el esfuerzo. El ejemplo más claro es el debate que suele haber respecto de las becas académicas: si deben "premiar el esfuerzo" (normalmente medido con resultados académicos como calificaciones o exámenes) o si deben ser universales y dirigirse a todas las personas. En este caso en particular, para una posición crítica sería fácil argumentar que el esfuerzo no se refleja en los resultados académicos (ni el supuesto talento, como ya vimos en el capítulo 2); sino más bien suele asociarse positivamente con ventajas contextuales como la familia de origen, la escuela donde se estudia o la comunidad donde se vive.

A pesar de eso, en debates públicos recientes, como el suscitado con las críticas a "Mi Beca para Empezar" en la Ciudad de México, muchos se han mostrado en contra de las becas universales en educación básica y a favor de que regresen las "Becas Talento", aquellas que burdamente premiaban a quienes tuvieran calificaciones por encima de 9 (sobre 10). Para muchas personas, el esfuerzo "debe premiarse" para, supuestamente, generar los incentivos correctos en los pobres. Esta estigmatización de los beneficiarios y el entendimiento simplista del esfuerzo se extiende a un sinnúmero de políticas sociales.

Nancy Fraser ha problematizado algunas acciones afirmativas, ya que, en términos de política redistributiva, pueden generar estigmatización, especialmente si la población objetivo no es vista como merecedora.[27] En este sentido, parece fundamental precisamente la generación de una percepción de merecimiento de la redistribución sobre la totalidad de la población (con énfasis en quienes menos tienen), no solo sobre algunos grupos en específico, y mucho menos dependiendo de la capacidad de trabajo o del esfuerzo. Por eso la universalización podría suponer estándares que no recriminen a ningún grupo poblacional en específico (más adelante se complejiza esta aseveración).

La doble moral del estigma

Aunque parezca inaudito, hay personas fuera de la pobreza que seriamente creen que "ser pobre es fantástico, porque puedes dejar de trabajar y vivir del gobierno, despilfarrando diariamente el dinero transferido, el dinero de los que pagan impuestos".[28] Esta forma del mito del vicio de la dependencia es común en múltiples columnas de medios de comunicación. Me recuerda al caso de Sergio Sarmiento, quien señala que supuestamente los programas sociales desincentivan la creación de riqueza y por eso los beneficiarios se vuelven dependientes.[29] Algo parecido sucede al afirmar que "todos los beneficiarios de programas sociales, sin distinción, son clientelas inminentes".[30]

Lo que está detrás de estas narrativas peyorativas como la del mito del vicio de la dependencia es que "los beneficiarios no pueden vivir bajo los mismos estándares que nosotros (quienes no somos beneficiarios)". De hecho, investigaciones en otros países han comprobado que hay un doble estándar, una doble moral sobre cómo se juzga el consumo de quienes son beneficiarios de programas contra la pobreza y el de quienes no lo son. Así, algunos experimentos han encontrado que los juicios que se hacen del consumo (consumo ético contra consumo convencional) dependen de si se trata de una persona que recibe ingresos mediante programas sociales o no.[31]

Bajo la lógica de la narrativa meritocrática, se considera que un beneficiario merecedor es aquel que no tiene posesiones o consumo considerados "lujosos", desde la subjetividad de quien hace el juicio. Esta es una característica de la narrativa meritocrática muy dura, ya que se valora con un doble estándar el consumo de quienes son beneficiarios de las políticas sociales y de quienes no. Dicha doble moral encubre una convicción más sobre los programas sociales y la narrativa meritocrática: "aquellos que reciben de los fondos de redistribución no pueden compartir el mismo consumo o tener una vida similar a la nuestra". Sumamente grave.

Lo anterior sucede sobre todo en el caso de programas dirigidos a atacar la pobreza. Para esta narrativa, no es merecedor alguien que "se dice pobre, pero goza de servicio de televisión por cable o tiene un celular nuevo". Las antenas de compañías de televisión de paga son otros de los principales objetivos de estas críticas clasistas: "sí, muy pobres, pero bien que tienen Dish",[32] argumentan quienes reproducen estos mitos.

Este resultado es similar a la idea compartida en el artículo "las personas pobres merecen probar algo diferente a la vergüenza"[33] de Oluo. En este artículo, la narradora cuenta la vergüenza que sentía de la situación de pobreza de su familia cuando ella tenía cerca de 10 años y "entendía perfectamente que dicha situación era culpa de su madre". Un día, cuando su mamá les llevó un pastel como ocasión especial a ella y su hermano (un *Boston pie*, según narra con precisión, al parecer popular en Estados Unidos), cuenta que se sintió furiosa contra su madre: "No quería ni una rebanada. No quería que mi mamá disfrutara de nuestra pobre existencia. Quería que ella se avergonzara y lo sintiera". La autora reflexiona en retrospectiva:

> No me di cuenta de que todos los mensajes que me rodeaban y me decían que éramos pobres porque mi madre era una mala madre que no podía cuidarnos no solo la envolvían a ella, sino que también le llenaban los pulmones y se asentaban en su corazón. Solo entendí lo que los expertos querían que viera que era una mujer pobre que estaba malgastando lo que no merecía.

Tal narración muestra con claridad algo obvio pero naturalizado, que queda oculto en la narrativa meritocrática: **cuando se estigmatiza el consumo de las personas en pobreza o de los beneficiarios de programas sociales, por un consumo que es cotidiano para una persona de clase media o alta, se les niega la oportunidad de vivir como seres humanos, merecedores de dignidad y respeto.**

Hoy en día es común encontrar en Estados Unidos encabezados en periódicos y medios de comunicación conservadores que juzgan a los beneficiarios de programas sociales y critican sus hábitos de consumo: "¡compran filete y langosta con los cupones de alimentos!", señalan para menoscabar la legitimidad de los programas de cupones para comprar comida. Son tan fuertes y actuales estos estigmas (y probadamente falsos) que, algunos años atrás, legisladores del Partido Republicano en Estados Unidos seguían promoviendo nuevas formas de "prohibir y evitar" el consumo de productos de lujo para los beneficiarios de estos programas sociales alimentarios.

Los agravios de la narrativa meritocrática en torno al consumo de los beneficiarios de los programas sociales no son extensivos a otros actores sociales que reciben, directa o indirectamente, transferencias del gobierno. ¿Cuándo han visto que se arremeta contra el consumo, por ejemplo, de las personas que son acreedoras a subsidios gubernamentales, por ejemplo, a la energía eléctrica, al agua, a la gasolina o a exenciones de impuestos como la tenencia?

Tampoco es común que se inspeccione y critique con cuidado el consumo de quienes reciben transferencias indirectas por deducciones fiscales, por ejemplo, por colegiaturas y gastos médicos, a pesar de que los montos anuales sean inmensos frente a lo que reciben los beneficiarios de los programas sociales para combatir la pobreza[34] (de lo cual hablaré más en el siguiente capítulo).

Todos los ejemplos anteriores son casos de redistribución dirigida por el gobierno, del presupuesto pagado con impuestos, a los particulares. ¿Por qué solo son condenados algunos casos? Y, de hecho, no son "algunos", más bien, la pregunta correcta es ¿por qué solo son estigmatizados los pobres que reciben dicha redistribución?

Ya he profundizado en la hipótesis del merecimiento como algo que explica por qué se estigmatiza a los pobres por recibir transferencias monetarias y no al resto de la población. Una hipótesis complementaria podría ser la propuesta por Suzanne Mettler,[35] que menciona que muchos ciudadanos son críticos a las transferencias directas, mientras que favorecen y aceptan más fácilmente lo que llama "políticas sumergidas" (*submerged policies*): aquellas transferencias indirectas que son menos visibles, tales como los incentivos fiscales y los subsidios. El rol de estas políticas sumergidas no es claro para los ciudadanos, que muchas veces no conocen bien su funcionamiento, y mucho menos su impacto reproductor de la desigualdad, de ahí que sean pocos los que se opongan a ellas.

Una muestra clarísima de esta diferencia se obtiene comparando la publicidad y transparencia de los padrones de beneficiarios de programas sociales con los de los beneficiarios de deducciones fiscales, sean personas morales o físicas. Aunque ambos se benefician del presupuesto público (sea por lo que dejan de aportar o por lo que reciben de transferencias), durante muchísimos años se ha exigido que sean públicos los nombres de los beneficiarios de programas sociales[36] para supuestamente evitar el riesgo de que reciban transferencias dos o más veces (como el mito de la *Welfare Queen*); mientras que aún hoy en día son parte del secreto fiscal los nombres de las personas y empresas que se benefician de las deducciones y demás beneficios fiscales.[37] Claramente aquí el estigma de recibir beneficios del erario público solo pesa sobre las personas en pobreza que reciben dinero de programas sociales, y no sobre las clases medias altas y altas que se benefician fiscalmente (de lo que hablaré más en el siguiente capítulo).

En la lógica de la narrativa meritocrática, es un lugar común localizar la pobreza fuera de la ciudad, en localidades rurales pequeñas, aisladas, en la sierra o en el campo. Esto recuerda al texto de Carlos Barba[38] donde se analiza un *spot* publicitario de Sedesol, que muestra un hogar en situación de pobreza aislado de la sociedad, en el campo recóndito, de difícil acceso. Esas características apuntan al legítimo merecedor, de acuerdo con la narrativa desplegada por el gobierno.

Focalización, condicionalidades y minimalismo

Hay al menos tres aspectos de la protección social y de la política social redistributiva que logran generar algo de legitimidad para conservar su apoyo, pero que al final de cuentas no conllevan el reconocimiento pleno de los derechos sociales de las personas y terminan reproduciendo una noción estigmatizante.

Por un lado, se encuentra el tema de las condicionalidades. Como ya adelantaba anteriormente, en muchos programas sociales se han impuestos condiciones para ser beneficiarios, como resultado de los estigmas que durante décadas el neoliberalismo en distintos países ha proyectado sobre aquellos que han recibido ayuda de los programas sociales. Y también a raíz de las nociones y mitos viralizados por la hipótesis de la cultura de la pobreza sobre la herencia intergeneracional de costumbres y hábitos nocivos entre los pobres.

Entre estas, las asociadas a las transferencias monetarias condicionadas (TMC) son las más conocidas o familiares en México o el resto de América Latina. Estos programas comenzaron en Brasil y México prácticamente de forma simultánea en los últimos años del siglo pasado, y fueron promovidos por agencias e instituciones internacionales como el Banco Mundial, el Fondo Monetario Internacional y el Banco Interamericano de Desarrollo.

Los programas de TMC en América Latina pasaron de ser dos en 1997 a 20 en 2005, y luego 31 en 2012. Para el año 2010 cubrían a una de cada cinco personas habitantes de la región.[39] Un ejemplo de ellos en México es el ya mencionado programa Progresa-Oportunidades-Prospera. Otros ejemplos en la región son el Programa Bolsa Família en Brasil (que igual inició hace casi 30 años), la Asignación Universal por Hijo para Protección Social en Argentina, los Subsidios Condicionados a la Asistencia Escolar en Colombia (que finalizó en 2012), Chile Solidario (que luego de 2012 cambió de configuración), Juntos en Perú, entre muchos otros.

Una de las principales características de estos programas es que, comúnmente, se encuentran condicionados a la asistencia escolar y a las revisiones y controles en centros de salud de los niños y niñas de los hogares. Como mencionaba, estas condiciones y requisitos son el resultado de la creencia de que, si la sociedad "no pobre" no obliga a los hogares a que lleven a sus hijos a la escuela, no lo harán; de igual forma, que si no obligamos a los pobres a que lleven a revisión médica a sus hijos, no lo harán.

Claramente, esta es una visión reduccionista, individualista y culpabilizante de cómo, efectivamente, los hogares más pobres presentan indicadores más bajos en escolaridad y en atención de salud. Pero ¿no será acaso que eso tiene que ver con la menor disponibilidad (y peor calidad) de la educación pública a la que tienen acceso los hogares más pobres? ¿No será que no hay suficientes centros de salud cercanos a su disposición o que sus servicios son de mucha peor calidad?

En resumen, ¿no serán factores estructurales los que obligan a las personas más pobres a no hacer uso de los servicios públicos educativos y de salud? Creer que, si se les otorga un beneficio monetario a los pobres, este debe quedar sujeto a una condicionalidad o *corresponsabilidad* (como eufemísticamente se le conoce) es sencillamente la reproducción de un estigma sobre la pobreza.

A partir de mis investigaciones sobre el tema,[40] a esta variante de la narrativa meritocrática y del mito del vicio de la dependencia, como ya adelantaba, le he nombrado "legitimidad sin reconocimiento", es decir, una concepción que probablemente no responsabiliza a los beneficiarios en pobreza de sus situaciones de desventaja (de ahí la razón de que se admita transferirles dinero), pero que sí necesita de condiciones y obligaciones, así como pruebas de medios y los ya mencionados controles al consumo, para poder legitimar la existencia de un programa social y ver como merecedores a sus beneficiarios. Al final de cuentas, no hay reconocimiento de derechos, sino que el Estado cumple una función social.

La segunda característica legitimadora de la política social que ha generado estigmatización durante las últimas décadas es la focalización. Con mecanismos de focalización nos referimos a la selección de la población objetivo que hacen estos programas. Al centrarse específicamente en hogares en pobreza extrema, y no en pobreza moderada, se trazan umbrales relativamente arbitrarios para los legítimos beneficiarios, que, si bien están basados en las normas sociales actuales (o las que considera el Estado o el gobierno en turno), no reconocen como tal el derecho a ser partícipes de la riqueza social por ser ciudadanos, sino que hay que demostrar la extrema pobreza para ser merecedores. Además, en muchos casos los mecanismos de focalización son difíciles de distinguir o reconocer para la población, y pueden generar conflictos en las comunidades donde no se comprende por qué algunos hogares sí son beneficiarios y otros no.

Recordemos los argumentos de Levy ya revisados antes para justificar que los pobres extremos deberían ser los únicos apoyados por una visión racional del gasto social: solo lo suficiente para que se puedan poner de pie y valerse por sí mismos. Al final de cuentas, para esta visión reduccionista, se trata de un problema individual de falta de acceso o acceso inadecuado al mercado laboral, el cual presumiblemente tiene oportunidades para todos, y es solo cuestión de apoyar la generación de capital humano para aquellos que no han logrado beneficiarse de dicha estructura de oportunidades.

Tanto las condicionalidades como los mecanismos de focalización separan entre pobres merecedores y pobres no merecedores: si no cumplen con las obligaciones impuestas (llevar a sus hijos e hijas a la escuela y al centro de salud, en tiempos y formas dictados por el Estado), y si no entran dentro de los parámetros de pobreza extrema actuales, no se tratará de un hogar pobre merecedor de la redistribución de la sociedad y no se le apoyará en su situación de pobreza actual.

Por último, otra característica de la política social que genera legitimidad, mas no reconocimiento de derechos, es el minimalismo de la política social. Como resaltan las investigaciones sobre las TMC, una de sus supuestas bondades es el bajo costo que representan para la sociedad, lo que evita que pongan en peligro los equilibrios macroeconómicos, sagrados durante las décadas de neoliberalismo. De ahí que las TMC fueran tan populares entre los organismos internacionales que obligaron a hacer ajustes estructurales a los gobiernos de países que recibieron préstamos durante las décadas de los ochenta y noventa.

En promedio, los hogares de transferencias monetarias condicionadas en América Latina recibían apenas 0.33% del PIB en 2015. Para dicho año, México dedicaba 0.23% del PIB, mientras que Ecuador, el país que más invertía en estos programas, alcanzaba 0.66%. En promedio, las transferencias anuales de estos programas en América Latina alcanzaban apenas 153 dólares por persona, es decir, poco menos de 50 centavos de dólar por persona al día.[41]

En todo caso, como se observa, se trata de programas que por más extensos que fueran (recordemos que llegaban casi a una de cada cuatro personas en el país) no tomaban un porcentaje importante del gasto público y, por lo tanto, no "comprometían" la estabilidad de las finanzas públicas del Estado. El minimalismo de la política social se ha ajustado también a la visión de legitimidad sin reconocimiento que he mencionado, lo cual ha evitado que haya una mayor exigencia social consensuada de incrementar los montos presupuestales dedicados a estos programas.

Hacia nuevas concepciones de la política social

De acuerdo con sondeos como la Encuesta Nacional de Pobreza (Enapobreza), que las personas tengan una visión individualista y meritocrática en sus opiniones y actitudes frente a la pobreza y la desigualdad está estadísticamente asociado con distintos estigmas y concepciones sobre la responsabilidad del gobierno respecto de la redistribución.

Por ejemplo, los individuos que responden creer en las causas individualistas de la pobreza (que revisamos ya en el capítulo 1, que básicamente respaldan la idea que el "pobre es pobre porque quiere") tienden a creer que el principal responsable de que haya problemas sociales no es el gobierno ni los empresarios, sino las personas que no quieren trabajar. De la misma forma, creen que para acabar con la pobreza no deben llevarse a cabo más políticas redistributivas, sino más bien debe haber más desarrollo económico. De igual forma, estos individuos consideran que los principios más importantes de las políticas sociales deben ser premiar a las personas que se esfuerzan, y suelen estar de acuerdo con que los programas sociales hacen dependiente del gobierno a la gente.[42]

Es complejo el entramado de percepciones acerca de la legitimidad para participar en las políticas redistributivas. Según lo que he encontrado en investigaciones distintas, particularmente a partir de analizar las percepciones y actitudes respecto de la política social que recibía la población en la Ciudad de México hasta el año 2018:

- La narrativa meritocrática, aun en las variantes analizadas, no reconoce derechos sociales o ciudadanía social. Solo en ocasiones se reconoce la necesidad de que el Estado realice funciones sociales.
- Los programas sociales pueden percibirse como legítimos, pero no reconocen derechos y mantienen con dudas sobre la conducta de los beneficiarios (cultura de la pobreza), lo que justifica el establecimiento de condicionalidades.
- Cuando se les exige en los programas sociales a los beneficiarios que ajusten su conducta a ciertas reglas o exigencias (condicionalidades), no implica en ningún sentido *igualdad de estatus*. Se sigue viendo a los pobres desde una perspectiva de "otredad".

- Aun algunos programas sociales que parecen "universalistas" se alejan de la consideración de igualdad de estatus o de acceso a servicios de calidad igualitaria, por lo que se descarta la concepción original de universalismo.

En general, es tal la fuerza de la narrativa meritocrática que aun las percepciones y preferencias de las personas que se distancian de tal narrativa en su forma más pura (por ejemplo, aquella relacionada con la igualdad de oportunidades que ya hemos tratado anteriormente) no llegan siquiera a acercarse a la posición opuesta que sí reconoce derechos a la redistribución (una perspectiva colectivista o solidaria, por ejemplo). Además, las variantes de la narrativa meritocrática analizadas no se articulan en otra narrativa consolidada y coherente, sino que cada una apunta en direcciones que no necesariamente confluyen. ¿Qué se puede hacer ante esto?

Caridad vs solidaridad

En este sentido, vale la pena reflexionar sobre qué se hace en otras sociedades, sobre otras experiencias internacionales respecto de la política social. Una herramienta analítica útil para una comparación, que puede ser muy ilustrativa, es la de los regímenes de bienestar. Estos refieren a la disposición institucional específica adoptada por las sociedades en la búsqueda de empleo y bienestar, según Esping-Andersen (creador del término), o a "los arreglos entre la esfera económica, el Estado y la esfera doméstica que determinan cómo se produce y distribuye el bienestar", según Barba.[43]

Dado que cada arreglo de las relaciones entre el mercado, el Estado y la familia (los llamados tres pilares del bienestar) está asociado con una lógica de política social en particular, Esping-Andersen destaca que existen políticas sociales significativamente diferentes a través de los regímenes de bienestar, de donde se desprenden ciertos *tipos ideales*.

Esping-Andersen propone una tipología de tres distintos regímenes de bienestar para países del Norte Global: *1)* el liberal o residual, donde la provisión de bienestar se recarga principalmente en la familia y el mercado (por ejemplo, Estados Unidos); *2)* el corporativo-conservador (algunos también lo conocen como *meritocrático*), donde el Estado provee bienestar, pero de manera estratificada y atada a la noción de empleo (por ejemplo, Alemania); y *3)* el socialdemócrata, donde el Estado activamente asume la atención de mayores riesgos sociales, con seguridad social no vinculada a la condición de empleo (por ejemplo, los países nórdicos).

Al respecto de la política social, estos tipos ideales ayudan a distinguir claramente diferencias importantes. Mientras que el principio de la política social en el caso del régimen residual es la *caridad*, en el conservador es la *solidaridad vertical* y en el socialdemócrata es la *justicia*. Además, el estatus que genera acceder a la política social en el régimen residual es el *estigma* (lo que genera ciudadanías segmentadas), mientras que en el conservador se ve como un *privilegio* y en el socialdemócrata como un *derecho* (que genera una noción de ciudadanía social).[44]

Más allá de profundizar en las diferencias en los regímenes de bienestar, me parece como un ideal al que se tendría que apuntar en México que las características de la protección social provengan de un principio de justicia y que se vean los programas sociales como derechos desde una noción de ciudadanía social, ganados simplemente por el hecho de ser parte de la población del país.

Como se ha asegurado en capítulos anteriores, cuando se deconstruye la narrativa meritocrática y observamos que los frutos del trabajo colectivo de la sociedad son acaparados solo por unos cuántos y les son despojados a la mayoría, la redistribución masiva de riqueza y recursos suena claramente como un principio de justicia.

Aclaremos que esta redistribución masiva que merecen todas las personas por derecho y justicia puede y tiene que ser independiente a las políticas que se impulsen para generar una mejor distribución primaria de las ganancias (lo que se trató en el capítulo 1). No se puede permitir que la política social sea "la ambulancia que recoge a los heridos que deja la política económica", como se ha citado en múltiples ocasiones en análisis sobre este tema.[45]

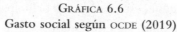

GRÁFICA 6.6
Gasto social según OCDE (2019)

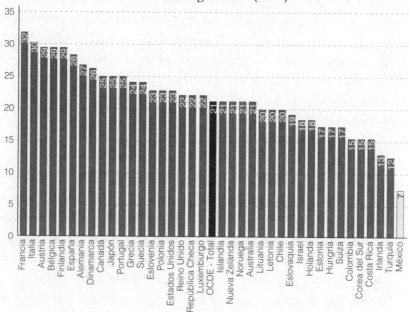

FUENTE: Elaboración propia con base en OCDE Social Expenditure Database (SOCX).

Una política de protección social distinta también tendría que responder al principio de universalidad y dejar atrás la idea del minimalismo presupuestal. El 7% del PIB que México asigna de presupuesto al gasto social es simplemente insuficiente para cumplir todos los compromisos sociales y promover la protección social desde los principios de derecho y justicia.

Cabe resaltar que en los países de la OCDE el promedio del gasto social equivale a 20% del PIB. Aunque México usara todo sus ingresos tributarios (17%) en gasto social, sería insuficiente para alcanzar estos estándares. Por eso, como mencionaré en el capítulo siguiente, lograr las metas de política social universalista y no minimalista en nuestro país será imposible si en México no aumentan de manera importante los impuestos, y ese aumento deberá tener un carácter progresivo, es decir, deberá aportar más quien más tiene.

Desmercantilizar, desfamiliarizar y redistribuir

Más allá de la universalidad y el enfoque de derechos, hay tres principios claves que deberían tener los programas redistributivos y de protección social, de forma que realmente puedan dejar atrás el mito del vicio de la dependencia y todos aquellos atados a la narrativa meritocrática: desmercantilización, desfamiliarización y redistribución.

En el capítulo anterior sobre vivienda mencioné ampliamente la desmercantilización, la cual implica que el acceso al bienestar o a determinados derechos no tenga que pasar forzosamente por el mercado. Esto quiere decir que no necesariamente tengan que ser mercancías la alimentación, los cuidados, la educación, la salud, la vivienda, el transporte, etcétera. En un régimen de bienestar soportado principalmente por el mercado, el Estado se deslinda de la provisión pública de estos bienes.

Una política social que no deja de lado la mercantilización es aquella donde el Estado puede hacer transferencias monetarias para que la población acceda con este dinero a los distintos derechos arriba mencionados. Algunos ejemplos son los famosos *vouchers* educativos o las transferencias monetarias dirigidas a que la población acceda a cuidados mediante el mercado (para que paguen una guardería privada, por ejemplo).

El principio de desfamiliarizar es muy importante en el contexto de América Latina, puesto que en gran medida la provisión de bienestar depende de la familia. Es por eso por lo que algunas tipologías de los regímenes de bienestar en la región describen como *familiarista* al tipo de régimen donde el Estado tiene un desarrollo institucional muy bajo y hay muy altos índices de pobreza, por lo que la familia se ve obligada a ser el principal pilar del bienestar.

Así pues, la apuesta por desfamiliarizar el acceso al bienestar, y que esta sea una característica transversal en la política social, implica que los programas sociales no carguen de más trabajo a la familia o que no condicionen el acceso al bienestar a la acción de algún miembro o una parte de la familia.

Un gran ejemplo de lo que no tendría que pasar con un programa social que busque la desfamiliarización es cuando Prospera cargaba de trabajo a la familia al ordenar revisiones periódicas en centros de salud, consultas de seguimiento y pláticas, cursos o talleres. Otro ejemplo equivocado es el de las transferencias monetarias del Programa de Apoyo para el Bienestar de las Niñas y Niños, Hijos de Madres Trabajadoras, que otorga transferencias monetarias para que las familias decidan si pagan por servicios de cuidados privados o si las usan para apoyar las tareas de cuidados en casa. Estos ejemplos de programas no siguen el principio de desfamiliarización.

Claramente, la desfamiliarización de la política social tiene consecuencias de género. Porque, cuando en el párrafo anterior menciono las cargas de trabajo impuestas a la familia por la política social, lo que realmente quiero decir es "impuestas a las mujeres de la familia" casi en su totalidad. Y es que por la carga del trabajo no remunerado que dentro de la familia se impone a las mujeres (como ya se describió en el capítulo 3), siempre que se habla de más trabajo que la burocracia o el diseño de la política social implica para los hogares, esto tiene una clara connotación de desigualdad de género.

Por último, el principio de redistribución es el que constantemente hemos mencionado. Redistribuir los beneficios que se han concentrado en solo unos cuantos. Redistribuir la inmensa riqueza que se ha amasado en pocas manos. Redistribuir el acceso al bienestar, que debería ser para todos porque, de origen, lo construyó colectivamente la sociedad.

Redistribuir desde un enfoque de derechos y justicia implica, para la política social, eliminar condicionalidades que parten desde los mitos como el del vicio de la dependencia y el de la cultura de la pobreza. Implica pasar de una visión de "beneficiarios" a "derechohabientes" (expresión que, por ejemplo, estamos muy acostumbrados en México a escuchar cuando se habla de los afiliados al IMSS). Implica dejar de dividir entre pobres merecedores y no merecedores, y entender que las ganancias que se reparten son, en origen, de todos y para todos. Como dirían los clásicos: "De cada cual según sus capacidades, a cada cual según sus necesidades".

MITO 7
Los pobres no pagan impuestos

Tax the rich, feed the poor,
'til there are no rich no more.
"I'd Love to Change the World"
Ten Years After

Luego de las elecciones de 2021 en México, el resultado en la Ciudad de México mostraba una nueva configuración geográfica, con una muy clara división de partidos ganadores entre el oriente y el poniente de la ciudad: partidos nominalmente cercanos a la derecha se hicieron de la mitad del poniente de la ciudad, mientras que la mitad del oriente quedó en manos de los partidos nominalmente de izquierda.

Esta división geográfica tan sencilla de distinguir visualmente estaba parcialmente correlacionada con diferencias de ingresos y estratos. En una ciudad tan segregada espacialmente como la Ciudad de México, en el oriente es mucho más probable encontrar una colonia o barrio con altos índices de pobreza o vulnerabilidad. Al contrario, la mayor parte de las colonias de estrato medio alto o alto se encuentran en el lado poniente.

Así pues, la nueva configuración espacial comenzó a generar memes de distintos tipos, dentro de los cuales claro que saldrían algunos clasistas. Una imagen viral mostraba los dos lados de la ciudad gobernados por partidos distintos, y aseguraba que se trataba de una división entre "quienes pagan impuestos" y "quienes reciben subsidios". Esa afirmación no solo era clasista, sino que, además, era ignorante de la realidad y difundía información falsa; repetía el sumamente popular mito de que "los pobres no pagan impuestos".[1]

En primer lugar, como ya vimos en el capítulo anterior, no se trata de que los pobres en México "solo" reciben o dependen de los subsidios. El vicio de la dependencia es una mentira y caracterizar de esa forma la complejidad de las razones detrás del voto en la mitad del oriente de la ciudad era claramente un error.

Pero, más allá de eso, es importante aclarar que en México (y en general en el resto de Latinoamérica y en el mundo) todas las personas pagan impuestos. De hecho, y como iré profundizando y complejizando a lo largo de este capítulo, en nuestro país el 10% más pobre dedica al menos 9% de sus ingresos al pago de impuestos. Todas pagan al menos IVA (impuesto al valor agregado) al consumir durante el día a día, aunque, en ocasiones, algunas personas, particularmente de los hogares más ricos, tienen privilegios o aplican estrategias para deducir el pago de este impuesto.

Generalmente se acusa a los negocios "en la economía informal" de no pagar ISR (impuesto sobre la renta, o sea, el impuesto sobre los ingresos de las personas físicas y morales). Pero en muchas ocasiones ellos tienen que pagar licencias u otras contribuciones para poder hacer sus ventas, y tampoco pueden acreditar IVA por estos pagos.

Como se mostrará en este capítulo, la narrativa meritocrática ha tatuado en la mente de la población la falsa idea de que los hogares más pobres no pagan impuestos, al mismo tiempo que nos ha llevado a creer que los más ricos pagan incluso más impuestos de los que deberían, y que, de hecho, sería benéfico para la población si pagaran menos impuestos.

El gran problema en México es que, por un lado, en realidad no hay suficientes ingresos tributarios, es decir, suficientes impuestos para poder financiar un Estado de bienestar universalista; por el otro, nuestro país adolece de un sistema fiscal que no es suficientemente progresivo, es decir, que no les cobra tanto a los ricos como debería (además de beneficiarlos con múltiples privilegios fiscales) y que le cobra a la clase trabajadora más de lo que sería justo. **En México se vive, diaria y constantemente, una injusticia fiscal en términos de impuestos, y esto es legitimado por los mitos que se desprenden de la narrativa meritocrática.**

El beneficio y la dádiva

Santiago trabaja como director de una empresa trasnacional y pertenece al *top* 1% del país, según sus ingresos. Alcanzar un nivel tan alto le ha costado mucho mérito y esfuerzo, según su propia percepción. Piensa que paga una alta cantidad de impuestos; más de lo que debería, de hecho. Es por eso por lo que le parece justo que anualmente su contador especializado aplique el beneficio fiscal de deducir de sus impuestos cerca de 15 mil pesos mensuales de gastos en servicios médicos, colegiaturas y los intereses de la hipoteca.

Al llegar a su casa, abre su red social favorita y se entera de que pronto desaparecerá ese programa del gobierno que llevaba dos décadas entregando 800 pesos mensuales a las familias en pobreza extrema. La noticia lo llena de júbilo. "Finalmente, esas dádivas no servían para nada. Hacen a la gente dependiente, que se acostumbre a vivir de los impuestos de los demás y de los altos impuestos que yo pago. Solo los incentiva a ser flojos, a no trabajar y a no pagar impuestos. El pobre es pobre porque quiere".

El ejemplo imaginario anterior puede parecer una versión exagerada de las percepciones y actitudes en el país respecto de la justicia distributiva. Pero la realidad no es tan lejana. De hecho, una de las causas de la incesante reproducción de la desigualdad es la legitimidad con la que cuentan los beneficios fiscales de las clases más altas en el país, y de los que carecen los más pobres cuando reciben cualquier tipo de transferencia, como lo vimos en el capítulo anterior.

El mito de que los pobres no pagan impuestos hace que se pierda cualquier tipo de legitimidad en su participación dentro de la redistribución económica organizada y operada por el Estado.

También da origen a una clasificación que tal vez todos hemos compartido alguna vez en la vida: la de dividir las política sociales en *contributivas* y *no contributivas*.[2] Dicho de otra manera, esta clasificación asume que algunas políticas son pagadas con las contribuciones e impuestos de los trabajadores (por ejemplo, los servicios que brinda el IMSS o el ISSSTE), mientras que otras operan con un presupuesto al que supuestamente no contribuyen, lo que fomenta la idea de que reciben un dinero que no merecen y reproduce los mitos sobre la injusticia de este tipo de programas.

La clasificación de políticas sociales contributivas y no contributivas está errada. En realidad, acaso podríamos hablar de políticas directamente contributivas y políticas indirectamente contributivas. Dado que todas las personas en México pagan impuestos, es imposible que alguien se beneficie de dádivas no contributivas, que se paguen con impuestos donde no han tenido participación. Así, más bien, todo programa social "indirectamente contributivo" se paga con el presupuesto general del Estado que, a su vez, está fondeado por los impuestos que todas las personas pagan. En resumen, **todas las personas, incluidos los más pobres, pagan impuestos, y los programas sociales de los que se beneficia la población están pagados con el dinero generado por todos colectivamente.**

En términos de justicia fiscal, la situación de la injusticia redistributiva en México es legítima de acuerdo con la narrativa meritocrática dominante, según la cual solo merecen redistribución aquellos que se esfuerzan, y los más pobres ni se esfuerzan ni pagan impuestos. Dicha lógica es evidente cuando las clases medias altas y altas defienden su "derecho" a deducir impuestos, al tiempo que se estigmatiza a quienes reciben "dádivas", como una beca escolar o un apoyo alimentario, porque "no vayan a hacerse flojos o malgastar el dinero en alcohol y drogas" (como se pormenorizó en el capítulo anterior).

¿Se fiscaliza y estigmatiza por igual a los más ricos y sus beneficios fiscales, que pueden llegar a deducir hasta 180 mil pesos anuales, y a los beneficiarios de los programas sociales, que reciben menos de 5 mil pesos anuales en promedio? La legitimidad diferenciada de ambos casos es tal que, como ya vimos, desde hace años son públicos los padrones de beneficiarios de programas sociales ("para evitar duplicidad de beneficiarios"), mientras que aún sigue la lucha legal para hacer pública la información sobre la totalidad de gastos fiscales y sus beneficiarios.

Mientras no se cuestione la narrativa meritocrática en el país o los mitos sobre los impuestos o sobre cómo se forma la riqueza y cuáles son las causas de la pobreza (ver capítulos anteriores), se antoja difícil legitimar un sistema de justicia fiscal más redistributivo. Por ahora, profundicemos más en los mitos sobre impuestos asociados a la narrativa meritocrática.

Los pobres (y los informales) no contribuyen

Cada vez que se propone una reforma fiscal o un aumento a los impuestos de los más ricos, el primer argumento en contra es criticar que "no pagan impuestos los pobres ni los informales". La gran mayoría de las entrevistas sobre impuestos y fiscalidad que los medios de comunicación hacen a académicos o integrantes de *think tanks* apuntan hacia que "el gran agujero negro de las finanzas públicas es la informalidad".[3]

Esto claramente se reproduce en redes sociales y en conversaciones cotidianas. Basta un botón como ejemplo: cuando anunciamos en Gatitos contra la Desigualdad la iniciativa de reforma constitucional para asegurar que el sistema fiscal de México fuera progresivo, nos encontramos con muchas respuestas en contra cuestionando que "para cuándo una ley para que los informales paguen impuestos".[4] Acá otro ejemplo de respuesta:

> Todos trabajamos, la diferencia está en que los "pobres" casi o en la mayoría de las veces buscan trabajos informales para no pagar impuestos y les quede más dinero. Y es ahí donde está el detalle, serán muy trabajadores y todo, pero no pagan la totalidad de impuestos que deberían.[5]

263

Apenas hace algunos meses, en mayo de 2024, en una entrevista con el medio Radio Fórmula, el colega de Oxfam México, Carlos Brown, hablaba de la injusticia fiscal en el país y de la necesidad de que los ricos pagaran más impuestos. La respuesta de los locutores Maricarmen Cortés y José Yuste (quienes por años han conducido programas de radio y televisión sobre temas económicos y de finanzas) puede mostrarnos muy claramente las creencias y los mitos sobre impuestos que imperan en México:

> El problema es que el 50% de la economía es informal. Y esa no paga nada. Y esa disfruta de todo. Y eso lo hace profundamente injusto. Entonces estoy de acuerdo en que los ricos deban pagar más, pero ¡los pobres no pagan nada! [...] Si nada más te enfocas en cobrarle dinero a la riqueza, la gente va a sacar su dinero del país. O va a invertir en Suecia o España o cualquier otro lado. Y a los pobres los vas a seguir dejando que gocen de todo sin pagar un peso. [...] Muchos no quieren pagar impuestos.[6]

En México, pero también en el resto de Latinoamérica y a nivel global, en los países donde la economía informal y la población fuera de la seguridad social alcanzan un alto porcentaje, se ha hecho costumbre difundir el mito de que no pagar impuestos es una "elección" que toman los pobres y las personas en la economía informal. Como veremos más adelante, esto es una gran mentira. Pero el mayor problema es que se ha usado este falso argumento para legitimar no cobrarles más impuestos a los ricos y para no emprender reformas fiscales "hasta que se ponga en cintura a los informales". Este argumento, pues, busca hacernos creer que "los pobres y los informales quieren gozar de todo sin pagar un peso", lo cual es absolutamente falso, como iremos desagregando.

Incentivos fiscales y derrama económica

El polémico y criticado multimillonario más rico del mundo,[7] Elon Musk, de quien ya hemos hablado en capítulos anteriores, confirmó en marzo de 2023 que la empresa automotriz Tesla haría una inversión en la ciudad de Monterrey, Nuevo León, para la construcción de una nueva fábrica de automóviles ("Gigafactory", como le llaman al resto de plantas en el mundo de esta empresa). El anuncio de la confirmación de la construcción de la planta se dio luego de una supuesta llamada con el presidente de México, López Obrador, y de la gestión que dijo haber hecho el gobernador del estado, Samuel García.[8]

Pero ¿qué tiene que ver la anunciada presencia en México de Tesla con los mitos sobre la recaudación de impuestos? Bueno, por años la narrativa meritocrática neoliberal nos ha vendido la idea de que cualquier inversión de los grandes capitalistas es buena porque la riqueza que de ahí se genere será "derramada" al resto de la población; así lo dicta la idea mítica de la "economía del goteo" o *trickle-down economics*. Esto se ha probado falso, como se reseñó en el capítulo 1.

El aumento en la presencia en el país de grandes empresas explotadoras y de grandes capitales, con amplio poder de mercado y estrategias rentistas, sí se relaciona con el aumento de la riqueza de los multimillonarios, pero no con el aumento en la riqueza del resto de la población. El mayor problema de nuestras economías es que hay un enorme capital concentrado solo en las pocas manos de los más ricos, quienes no están dispuestos a redistribuirlo.

¿Y los impuestos? Aquí el asunto es que, muy frecuentemente, a estas grandes empresas se les condonan impuestos o se les otorga algún tipo de incentivos fiscales para atraer la inversión de los grandes capitales. En no pocas ocasiones, los gobiernos de distintas ciudades (o hasta países) compiten en una carrera al vacío, midiendo quién se atreve a perdonarle una mayor cantidad de impuestos al inversionista, y así abaratar sus costos, o quién va a dedicar más presupuesto público para conseguir la inversión de la gran empresa, justificados en que esta "creará cientos o miles de empleos" de forma directa o indirecta.

En el caso de Tesla y Nuevo León, se anunció a finales de 2023 que el gobierno del estado aportaría incentivos fiscales por más de 2 mil 600 millones de pesos en reducción al impuesto sobre la nómina

(ISN, uno de los pocos impuestos que cobran los estados) para apoyar la construcción de infraestructura en el lugar donde se planeaba que estuviera la fábrica de la automotriz, y así incentivar la llegada de la empresa.[9]

Dicho monto presupuestal equivale al 18% de la recaudación anual del ISN, 10% del total de ingresos propios del estado y casi 5% del gasto en desarrollo social de todo un año en todo el estado.[10] Si bien es un monto inmenso, el gobierno lo justificó mencionando que era menos del 5% del total de la inversión privada proyectada, lo que constituye el límite legal sobre el cual se calcula el total de incentivos fiscales permitidos.

No obstante, a finales de junio de 2024, alrededor del terreno que compró Tesla para su fábrica, el gobierno sigue avanzando en la construcción de las facilidades que ofreció a la empresa, pero se ha retrasado la llegada de la empresa y no ha avanzado nada en su construcción.

La incertidumbre se debe, en gran medida, según se cree, a que sus ganancias a nivel mundial han disminuido en los últimos meses: se han vendido menos carros de los producidos y se ha anunciado el despido de 10% de trabajadores.[11]

Si bien puede que sí se cumpla el compromiso de Musk para la construcción de la planta, al momento el gobierno del estado ya ha comprometido una gran parte de su presupuesto público mediante incentivos fiscales para favorecer la llegada de Tesla y para que Elon Musk siga avanzando en su multimillonaria acumulación de riqueza. Otra vez, el presupuesto público usado para generar ganancias privadas. Curiosamente, Musk se ha burlado de Marx y su obra *El capital*, diciendo públicamente que se resumen en "dame eso gratis",[12] cuando los que recibirán miles millones de pesos en incentivos fiscales serán él y su empresa (y sin condicionalidades, como las impuestas en los programas sociales, para que les enseñen a trabajar).

La caridad de los ricos y la irresponsabilidad de los pobres

La baja recaudación de México frente al resto de Latinoamérica y el mundo

La recaudación de impuestos es sumamente baja en México. Esto ha sido así históricamente y su diferencia frente a los promedios de otros países se ha profundizado con los años. El caso de la recaudación en México es extraño para un país con su nivel de desarrollo económico, incluso dentro de la región latinoamericana.

La recaudación de impuestos en México, que alcanzó 17% del PIB en 2021, no solo es la más baja de la OCDE (cuyos países en promedio duplican a nuestro país, con 34%), sino que también está por debajo del promedio de la región latinoamericana (22%). De hecho, así como México es superado por países de la región como Brasil (34%), Argentina (29%), Chile (22%) y Colombia (19%), también nuestro país recauda menos que otros países con niveles de desarrollo económico más bajos, como lo son Nicaragua (27%), El Salvador (23%), Bolivia (23%) y Honduras (19%).

La explicación histórica de esta particularidad de baja recaudación mexicana tiene mucho que ver con un *lobby* activo por parte de las élites económicas desde hace décadas, el cual ha tenido como consecuencia políticas fiscales poco progresivas (que no impactan en la desigualdad), privilegios fiscales para las grandes empresas y las grandes fortunas, y un sistema fiscal sostenido mayoritariamente en la clase trabajadora.

Además, todo esto ha sido legitimado por una narrativa meritocrática que justifica los bajos impuestos con base en razones cuestionables como la corrupción y la informalidad del país (el mito de que los pobres no pagan impuestos), así como porque supuestamente promueven la generación de empleos por parte de las empresas al darles distintos incentivos fiscales.

A raíz de lo anterior, entre 1990 y 2022, la recaudación de impuestos federales en México apenas ha aumentado poco menos de dos

GRÁFICA 7.1
Recaudación total de impuestos (2021)

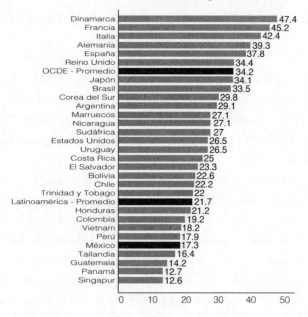

FUENTE: Elaboración propia con base en OCDE.

GRÁFICA 7.2
Ingresos tributarios federales totales

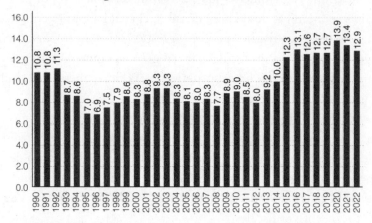

FUENTE: Elaboración propia con base en OCDE.

puntos del PIB (ver gráfica 7.2). Dentro de ese periodo, primero destaca una importante disminución de la recaudación entre 1992 y 1996 (de casi cuatro puntos del PIB), es decir, que sucedió entre el final del sexenio de Carlos Salinas de Gortari y el inicio del de Ernesto Zedillo. Recordemos que esta fue la década donde se aplicaron distintas medidas neoliberales y en la que se firmó el Tratado de Libre Comercio de América del Norte (TLCAN).

El bajo nivel de recaudación se mantuvo relativamente estable hasta 2013, y logró aumentar tres puntos porcentuales con los cambios introducidos en la reforma fiscal de 2014 al inicio del sexenio de Peña Nieto. Esta incluyó aumentos en las tasas marginales máximas de impuesto sobre la renta de personas físicas y morales, eliminó el régimen de consolidación fiscal, estableció el impuesto a las ganancias en la bolsa de valores, limitó las deducciones a 10% del total de ingresos y fijó una tasa de 5% en el IEPS para la comida chatarra y los refrescos. Más adelante, durante el sexenio, se modificó la estructura de subsidios e impuestos a gasolina y combustibles, con efectos significativos en los ingresos federales.

A pesar de las múltiples recomendaciones de la necesidad de una nueva reforma fiscal progresiva que aumentara la recaudación de manera importante, el sexenio que comenzó en 2018 se caracterizó por el compromiso del presidente López Obrador desde su campaña a "no aumentar ni crear nuevos impuestos", pero sí mejorar el cobro de los existentes.

En ese sentido, han sido destacables los esfuerzos del gobierno federal y el SAT para disminuir las condonaciones fiscales y buscar que paguen los más grandes deudores al fisco. También se endurecieron las penas a los delitos fiscales y la defraudación fiscal, y se luchó contra lo que se conoce popularmente como "factureras" (empresas que emiten facturas de operaciones ficticias, simuladas o inexistentes).

Sin embargo, los resultados de estas estrategias han sido insuficientes y poco representativos en el nivel de recaudación. Al comparar la recaudación de ingresos federales de 2018 con la de 2022, apenas se ha avanzado en 0.2 puntos porcentuales del PIB. Si bien es destacable que la recaudación no disminuyó tanto durante la crisis económica iniciada en 2020 por la pandemia de covid-19, luego de que el PIB se ha ido acercando a su tendencia previa a la crisis, la recaudación como porcentaje de este volvió a caer en 2021 y 2022.

CUADRO 7.1
Cambios en ingresos del gobierno federal
(suma del periodo de enero-noviembre de cada año)

Concepto	Cambio absoluto (miles de millones de pesos de 2023)		Cambio porcentual	
	2012 vs. 2017	2018 vs. 2023	2012 vs. 2017	2018 vs. 2023
Ingresos totales	856	434	16.5%	7.3%
Ingresos tributarios (impuestos)	1 527	515	79.1%	14.5%
ISR (Impuesto sobre la renta)	714	364	60.6%	19.1%
Impuestos Sobre el Patrimonio (fed.)	0	0	0%	0%
IVA (Impuesto al valor agregado)	147	111	17.2%	10.2%
IEPS Combustibles	568	−5	−187.5%*	−2.3%
IEPS No Combustibles	76	12	70.5%	6.2%
Otros impuestos	22	33	23.6%	22.1%
Otros ingresos (petroleros, etcétera)	−671	−82	−20.7%	−3.4%

FUENTE: Elaboración propia con base en datos de SHCP.

NOTA: Se utilizan datos de enero a noviembre de cada año para comparar correctamente con la información más reciente disponible (noviembre de 2023).

*El cambio aparece como negativo puesto que el denominador del cociente era un saldo negativo.

La recaudación en México es baja en extremo, pero ¿qué hay de las diferencias en la composición de los impuestos de donde más se recauda? Frente al promedio de la OCDE y de Latinoamérica, la recaudación en México está concentrada especialmente en el ISR (45% del total recaudado), y es poco lo que se recauda por impuestos a la propiedad y contribuciones a la seguridad social (2% y 13%, respectivamente). A pesar de esto, en términos del PIB, los países de la OCDE en promedio recaudan tres veces más que México por concepto de ISR (12.1% del PIB frente a 4.1%, respectivamente).

En impuestos al consumo (IVA y IEPS), la recaudación en la OCDE es del doble que en México (10% frente a 5.3%), mientras que en impuestos a la propiedad la recaudación en el grupo de países señalado es nueve veces la de México, y casi cuatro veces más en términos de contribuciones a la seguridad social.

Así pues, básicamente en todos los rubros de gasto la recaudación en México es muy baja, aunque lo es aún peor en términos de impuestos a la propiedad, los que, se supone, deberían ser los más progresivos. Revisemos a continuación cuál es el significado de esto y qué efectos tiene el tipo de impuestos recaudados en la desigualdad del país.

Los trabajadores sostienen el sistema fiscal

Se supone que el sistema fiscal, en términos de impuestos, tiene al menos dos objetivos primordiales: por un lado, recaudar los recursos suficientes para financiar el funcionamiento del Estado, así como la operación de políticas económicas y sociales con el fin de promover el desarrollo y la igualdad. Claramente, los programas sociales que tienen un efecto en disminuir la pobreza y la desigualdad son financiados por los ingresos tributarios, es decir, por los impuestos.

Por otro lado, el sistema fiscal tiene otro objetivo: incidir directamente en la distribución económica, puesto que cobra más ingresos a unos y menos a otros. En particular, un sistema fiscal que tiene la característica de ser progresivo debería cobrar más impuestos a los que tienen una mayor capacidad económica. Es decir, progresividad en el sistema fiscal implica que pague más quien más gana o tiene, y que reciba más quien menos gana o tiene.

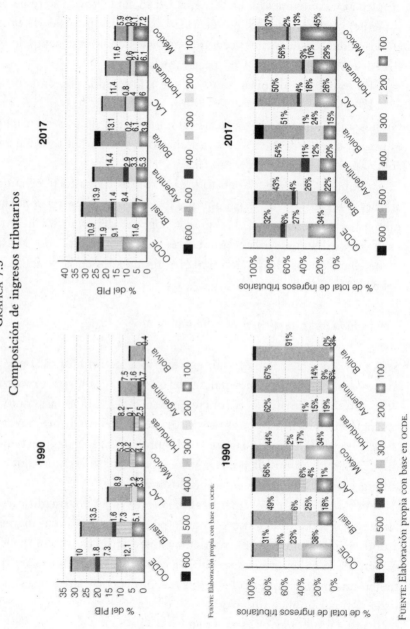

GRÁFICA 7.3
Composición de ingresos tributarios

FUENTE: Elaboración propia con base en OCDE.

Como podemos imaginar, algunos sistemas fiscales en el mundo son más progresivos que otros. Incluso, la progresividad puede ser de distintos grados o tener características diferentes. En cuanto al caso mexicano, sostengo, (junto con muchos colegas con los que he colaborado en investigaciones y haciendo activismo, al respecto) que el sistema fiscal no es realmente progresivo. Van dos argumentos sencillos del porqué y los mitos que desmontan cada uno de ellos.

En primer lugar, el sistema fiscal no es realmente progresivo si observamos el impuesto que mayor recaudación genera en el país, es decir, el impuesto a los ingresos (ISR). En el caso de este impuesto, ya en el capítulo 1 se mostraba cómo casi dos tercios de la distribución primaria de las ganancias es acaparada por las empresas, mientras que los trabajadores solo se quedan con un tercio. Dado lo anterior, una recaudación progresiva gravaría más a quienes están quedándose con una mayor tajada de las ganancias.

Así pues, en cuanto al ISR, aunque las empresas capturan 64% de ingresos en el país, pagan solo 38% de los impuestos recaudados por ingresos. Contrario al carácter progresivo que debería tener la recaudación de este impuesto, quienes se quedan con más están aportando menos de lo que sería justo.[13] Por eso, **aunque la narrativa meritocrática quiera comunicar lo contrario, en México son los trabajadores quienes sostienen el sistema fiscal.**

Otra conclusión de lo anterior es que, aunque la narrativa meritocrática trata de comunicar que la principal injusticia en términos fiscales en el país se encuentra en que "los informales no pagan impuestos", la realidad es que quienes pagan menos impuestos de los que les tocan son las empresas formales, especialmente las grandes empresas, que contratan los servicios de despachos legales para operar estrategias fiscales que reduzcan el pago de impuestos.

El caso más conocido durante los últimos años es el de las empresas de Ricardo Salinas Pliego. En 2013, el gobierno federal en México le condonó a sus empresas 7 mil millones de pesos de pago de impuestos. En 2021, el SAT declaró que Salinas Pliego debía cerca de 40 mil millones de pesos al gobierno. Aun con eso, hace poco el empresario "presumió" (con ofensas) que pagó apenas el 7% de esto, por lo que su deuda debe estar cercana aún a 37 mil millones, según la propia información del sat.[14] "A mí no me vengan con que la ley es la ley", respondió en Twitter cuando le cuestionamos el monto de impuestos que debe al fisco mexicano.[15]

Pero claro que no solo es el caso de este empresario: en general, las grandes empresas en México pagan tasas efectivas de impuestos bajísimas frente a lo que paga la clase trabajadora. De ahí que el presidente de México, López Obrador, haya declarado en 2021 que "los ricos pagan menos impuestos que la clase trabajadora y los pobres en México".[16] A pesar de eso, durante su sexenio no se promovió una reforma fiscal que aumentara el pago de impuestos de los más ricos.

El aporte de los más pobres a los impuestos

En segundo lugar, para mostrar que la recaudación no es realmente progresiva, veamos cuánto aportan al pago de impuestos los distintos estratos de hogares. Aquí recordemos también que, como se ha mencionado anteriormente, la narrativa meritocrática ha popularizado el mito de que los pobres no pagan impuestos. Si esto fuera cierto, el sistema fiscal estaría sobrecargado en los hogares de ingresos altos y medios, quienes estarían poniendo una parte mayor que lo que realmente les corresponde.

Pero, nuevamente, el mito es falso. Dada la amplia desigualdad en el país, lo mínimo esperable sería que los hogares más ricos aportaran al menos tanto como lo que acaparan del total de los ingresos. Lo que sucede en realidad es que **el 10% más rico en México se queda con 63% de los ingresos totales en el país, y aporta solo 54% del total de impuestos recaudados.**

Por otro lado, los hogares de estrato medio se quedan solo con 29% del total de ingresos en el país, pero aportan 40% del total de impuestos. Es decir, aportan más de lo que incluso les toca.

Finalmente, el 6% del total de impuestos recaudados viene de los hogares más pobres. Primero habría que decir que esto muestra claramente que es una mentira el mito de que los más pobres no pagan impuestos. Pero, además, si bien aportan en impuestos 6%, un porcentaje menor que lo que les toca del total de ingresos (8%), ese beneficio positivo que les otorga el sistema fiscal (2.2%) en México es cuatro veces menor que el beneficio que les toca a los hogares más ricos (9%).

GRÁFICA 7.4
¿Progresivo? El 10% más rico en México paga menos impuestos de los ingresos que capta

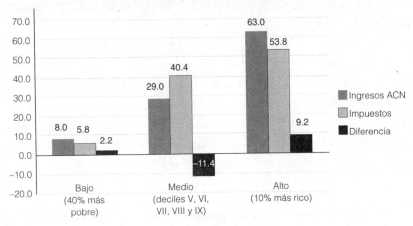

FUENTE: Elaboración propia con base en SHCP e Inegi.

Investigaciones sobre la progresividad del sistema fiscal en Estados Unidos, como las de Gabriel Zucman, han encontrado que, si bien en general casi todos los estratos sociales pagan un porcentaje muy similar de impuestos respecto de su ingreso (28%), los multimillonarios pagan incluso un porcentaje menor de impuestos (cerca de 20% sobre sus ingresos). El autor describe al sistema fiscal estadounidense como un "un gigantesco impuesto plano, regresivo en la parte superior".[17]

Lo anterior se debe en gran medida al peso que tienen los impuestos al consumo y sobre nómina en los hogares más pobres, y a que los impuestos que realmente suelen ser progresivos, como el impuesto a los ingresos, bajan su peso de forma significativa en los hogares pertenecientes a la élite económica de dicho país.

Aquí cabe destacar un dato muy importante: en Estados Unidos, como en muchos otros países del mundo, existe transparencia respecto a los datos de las declaraciones fiscales (aunque anonimizadas), de forma que con la información pública es posible calcular qué porcentaje representa el pago de los distintos tipos de impuestos sobre el ingreso de hogares de diferentes estratos, incluyendo los más ricos del país, con un nivel de detalle que alcanza al 1% más rico, al 0.1% y al 0.01% más rico, así como a los 400 más ricos de la lista de *Forbes*. Por eso Zucman puede hacer notar que en Estados Unidos la recaudación es incluso regresiva entre los más ricos.

En el caso de México, los datos disponibles son mucho menos desagregados. Como se puede observar en la gráfica 7.5, si bien la diferencia en el impacto de los impuestos en el ingreso de los distintos deciles pareciera ser progresiva, esto solo se debe al ISR, pues todos los demás impuestos terminan siendo no progresivos o, como se dice en el argot especializado, impuestos planos, es decir, que inciden básicamente de la misma forma en el ingreso de los distintos estratos.

GRÁFICA 7.5

Incidencia de los diversos impuestos según deciles de población

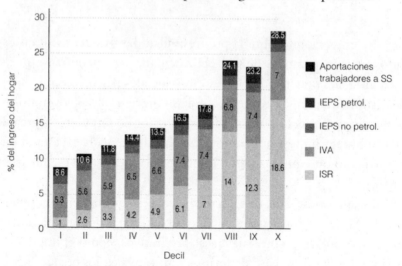

FUENTE: Elaboración propia con base en SHCP.

Así pues, en la gráfica anterior no se toma en cuenta realmente con qué porcentaje de los ingresos se queda cada uno de los hogares. Hagamos un experimento mental. No tendría sentido decir que es progresivo el "sistema fiscal" de un hogar con un negocio familiar donde, por ejemplo, una persona se queda con 8 de cada 10 pesos ganados, pero que aporta solo dos pesos al gasto familiar (es decir, 25% de lo que ganó); mientras que la persona que se quedó solo con 2 de cada 10 pesos producidos aporta un peso al gasto familiar (es decir, 50% de lo que ganó).

En este caso (el sistema fiscal de México), el gasto familiar reuniría tres pesos, de donde 66% vendría de la persona que se quedó con 80% del ingreso producido y 33% lo aportaría quien se quedó solo con 20% del ingreso. Tomando en cuenta el amplio nivel de desigualdad en México, tendríamos que volver a la gráfica anterior para constatar que, efectivamente, los más ricos no aportan ni si quiera lo que acaparan en términos de la desigualdad económica del país.

Por otro lado, en la gráfica anterior, los datos en México no permiten desagregar más allá del 10% más rico. En el caso de Estados Unidos se nota claramente cómo el corazón de la regresividad se encuentra solo desagregando al 10% más rico e incluso al 1% más rico del país. Mientras en nuestro país se sigan ocultando los datos fiscales de las élites económicas, seguiremos sin saber con exactitud qué tan regresivo e injusto es el sistema fiscal de México.

El privilegio de ser rico en una sociedad que no les cobra por explotarla

Por último, vale la pena detenernos por un momento a analizar con mayor detalle los impuestos a la propiedad en México. Como se observa en la gráfica 7.3, donde se desagrega la recaudación en México de acuerdo con los distintos tipos de impuestos, encontramos que la mayor diferencia respecto al promedio de los países de la OCDE está en los impuestos a la propiedad, ya que en dichos países se recauda hasta nueve veces más de lo que se lograr recaudar en México.

Además, los impuestos a la propiedad gravan la dimensión económica que es mucho más desigual: la riqueza. Como se mostró en el capítulo 1 y 2, la desigualdad en la riqueza es mucho mayor que en los ingresos: ahí es donde se concentran en mayor medida las brechas entre los ricos y el resto de la población.

El problema es que la riqueza o el patrimonio, al ser activos, tradicionalmente han sido más difíciles de estimar su valor y gravar. No obstante, distintos países lo han logrado mejor que otros, enfocados principalmente en impuestos a la propiedad distintos de acuerdo con el tipo de activos: impuesto predial (o que grava los bienes inmuebles), impuesto a la tenencia de automóviles o automotores, impuestos a la riqueza neta, impuestos a las transacciones de capital e impuestos a las herencias.

Al respecto, en México se desaprovecha una importante oportunidad en el cobro de impuestos a la propiedad. Por un lado, el impuesto predial y la tenencia, que son impuestos locales, se han vuelto una carrera hacia el vacío entre los gobiernos municipales y estatales, que argumentan buscan hacer más competitiva o atractiva su localidad a la inversión mediante la disminución de estos impuestos.

Por otro lado, cerca de 20 países de la OCDE recaudan el impuesto a las herencias, pero México no es uno de ellos. De hecho, en Francia, la recaudación por impuestos a las herencias equivale a 0.7% del PIB. Este impuesto existió en México y fue eliminado en la década de los años sesenta, tema al que volveremos más adelante.

Así pues, mientras que en México solo cerca de 2% de los ingresos tributarios provienen de impuestos a la propiedad (principalmente predial y otros impuestos no recurrentes a la propiedad), en países como Reino Unido, Corea o Estados Unidos este indicador alcanza más del 10%, apoyado principalmente en los impuestos al predial y a las transacciones de capital (como el caso del impuesto sobre la transferencia de acciones en Corea).[18]

México es un país con muchos beneficios en el sistema tributario para los millonarios. La diferencia entre las tasas legales y las efectivas (es decir, el porcentaje que por ley hay que pagar y aquel que se termina

GRÁFICA 7.6

Recaudación de impuestos sobre la propiedad

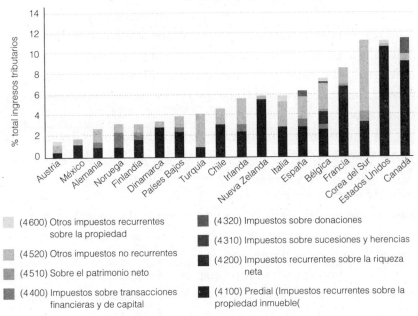

(4 600) Otros impuestos recurrentes sobre la propiedad

(4 520) Otros impuestos no recurrentes

(4 510) Sobre el patrimonio neto

(4 400) Impuestos sobre transacciones financieras y de capital

(4 320) Impuestos sobre donaciones

(4 310) Impuestos sobre sucesiones y herencias

(4 200) Impuestos recurrentes sobre la riqueza neta

(4 100) Predial (Impuestos recurrentes sobre la propiedad inmueble(

FUENTE: Elaboración propia con base en OCDE.

pagando luego de exenciones, deducciones y demás beneficios fiscales) puede ser muy grande: hasta 34% de tasa legal para el 10% más rico frente a 11% efectivamente pagado, y de 35% de tasa legal para el 1% más rico frente a 18% de tasa efectiva.

Por otro lado, los gastos tributarios también benefician particularmente a los más ricos del país. Se conoce como *gasto tributario* o *gasto fiscal* a las renuncias a la recaudación de ciertos impuestos en determinadas condiciones que realiza el sistema fiscal de un país. Estas renuncias tienen la finalidad, supuestamente, de incentivar a determinados sectores o estimular ciertas conductas en los agentes económicos.

En México, de acuerdo con las obligaciones de la Ley de Ingresos de la Federación, cada año la Secretaría de Hacienda y Crédito Público (SHCP) publica el Presupuesto de Gastos Fiscales, donde se detallan los rubros y la distribución de los impuestos que el fisco dejará de cobrar. En primer lugar, destaca que la suma de gastos tributarios del año 2020 fue equivalente a 99.2% del presupuesto total de los programas sociales reportado en el inventario de programas sociales del Coneval.

Dicho de otro modo, con los gastos tributarios, el Estado mexicano renuncia a recaudar prácticamente tantos recursos como los que redistribuye en política social con la finalidad de disminuir la pobreza, la desigualdad y garantizar el acceso a derechos sociales, justificado en vagos argumentos como el fomento a la inversión, el desarrollo y la recaudación.

El monto que alcanzaban los gastos tributarios, es decir, de los impuestos que se dejaban de recaudar, equivale a 4.3 % del PIB, alrededor de 25% del total de ingresos tributarios (figura 7.7). Una parte importante se relaciona con la tasa cero al IVA en alimentos y medicinas (casi dos puntos del PIB), lo que tiene un sentido claramente progresivo, puesto que son los hogares más pobres los que dedican un mayor porcentaje de su ingreso al consumo de estos.

Pero, como se podrán imaginar, en términos de desigualdad no es neutro el efecto que tiene el resto de los gastos tributarios. Por ejemplo, ¿quiénes creen que se beneficien más de las deducciones de ISR a

GRÁFICA 7.7
Histórico de presupuesto de gastos presupuestarios

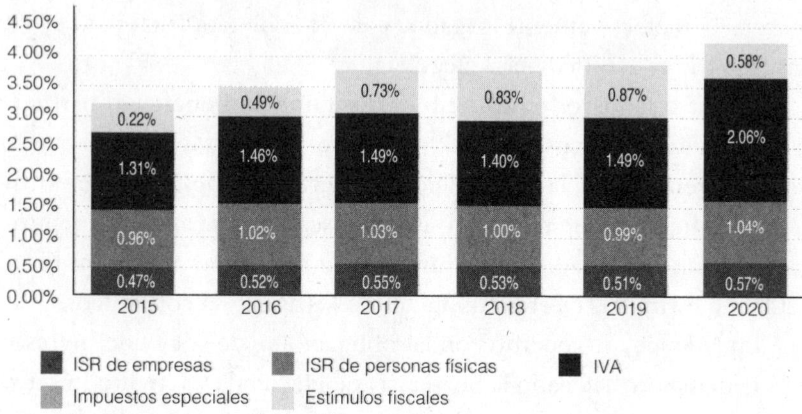

FUENTE: Elaboración propia con base en SHCP.

280

personas físicas, tales como los pagos de honorarios médicos, las primas de seguros de gastos médicos, las colegiaturas de escuelas privadas y los intereses pagados por créditos hipotecarios? En efecto, como se intuye seguramente, la mayor parte de los gastos fiscales benefician básicamente a los hogares más ricos. El decil X acumula el 97% de las deducciones por donativos, el 93% de las deducciones por primas de seguros de gastos médicos, el 83% de colegiaturas y también las deducciones de gastos en honorarios médicos.

En total, para 2020, **la acumulación de estas deducciones fiscales en el ISR para los hogares del 10% más rico equivalía a más de 20 mil millones de pesos. Esto es 40% más que el presupuesto total dedicado a la Pensión para el Bienestar de las Personas con Discapacidad.** Tal vez la diferencia más grande sea que, desde la perspectiva meritocrática, a quienes reciben mil 500 pesos mensuales por la pensión se les estigmatiza gravemente, mientras que a quienes benefician los gastos tributarios con hasta 13 mil pesos mensuales se les ve simplemente como legítimos merecedores.

Algo similar ocurre en el caso de las deducciones del impuesto sobre la renta empresarial (ISRE). Por ejemplo, en las deducciones para incentivar la "adquisición de automóviles de combustión interna", que alcanzaban un monto de 21 mil millones de pesos al año 2020, de los cuales 77% son apropiados por empresas del 10% con mayores ingresos anuales.

En general, queda claro que México privilegia en términos fiscales a las grandes empresas y los hogares más ricos. Ya sea porque se cobran tasas bajas de impuestos a los ingresos, porque simplemente no se cobran impuestos a las propiedades de los contribuyentes en otros países, porque los más ricos pueden beneficiarse de condonaciones fiscales o sencillamente retrasar sus pagos por muchos años, y porque pueden ser favorecidos por los distintos gastos tributarios que están casi totalmente acaparados por los hogares y las empresas más ricas.

De ahí se puede entender la insistencia en promover la narrativa meritocrática y los mitos de que los pobres no pagan impuestos y de que los informales son la principal causa de la baja recaudación en

México. Señalar a los más pobres y a los informales pretende que ignoremos la multiplicidad de beneficios injustos que reciben los más ricos en el país. Así, en gran medida, la extrema acumulación en pocas manos se explica por un Estado que no les cobra lo suficiente por la riqueza que acaparan y que es generada socialmente, además de una sociedad que observa esto como algo legítimo y lo justifica.

(In)justicia fiscal

La justicia fiscal es un fantasma en Latinoamérica, a la luz de la legitimidad con la que goza la riqueza en la región. Ya en el apartado anterior se demostró cómo son falsos los mitos sobre la informalidad y los pobres respecto a los impuestos. También se observó que, en realidad, en México la recaudación es inusualmente baja y privilegia a los hogares más ricos y a las grandes empresas. Entonces, la pregunta es ¿cuáles son las causas detrás de este problema de injusticia fiscal?

A continuación traeré a colación un par de probables causas detrás de la injusticia fiscal en México. Primero, por el *lobby* o la presión histórica de las élites en contra de los impuestos. Segundo, por un tema aún actual de narrativas antiimpuestos que siguen diseminando los cabilderos empresariales y que se reflejan incluso en el actuar de los legisladores y de distintos actores sociales.

Ni progresivo ni contra la desigualdad

Antes de mostrar las causas de la injusticia fiscal en México, vale la pena evidenciar la magnitud de lo que realmente logra y, sobre todo, lo que no logra. El sistema fiscal de diversos países tiene un efecto redistributivo importante. De ahí que el concepto de *justicia fiscal*, según Duncan Green, sea **"la recaudación de ingresos a través de los impuestos, la asignación y el gasto en servicios públicos. Se trata de cómo se construyen los sistemas tributarios, cómo se recaudan los impuestos, cómo se gasta el dinero público y quién se beneficia de eso".**[19]

En ese sentido, varios países han logrado disminuir la desigualdad de forma considerable mediante su sistema fiscal, esto es, mediante los impuestos y también las transferencias monetarias. Es tal el progreso de algunos países que incluso han disminuido a la mitad su coeficiente de Gini.

Por ejemplo, Irlanda, Finlandia, Francia, Bélgica, Austria y Grecia disminuyen su coeficiente de Gini más de dos décimas (0.2). Si ese efecto redistributivo se efectuara en México, la desigualdad medida por el coeficiente de Gini bajaría casi a la mitad. Pero, actualmente, en México el efecto redistributivo de los impuestos y las transferencias solo reduce una centésima (0.01) del coeficiente de Gini (ver la gráfica 7.8). Dicho de otra forma, el efecto redistributivo de aquellos países de la OCDE es básicamente 20 veces más potente, al menos según este indicador.

GRÁFICA 7.8
Efecto de redistribución vía impuestos y gasto social según coeficiente de Gini

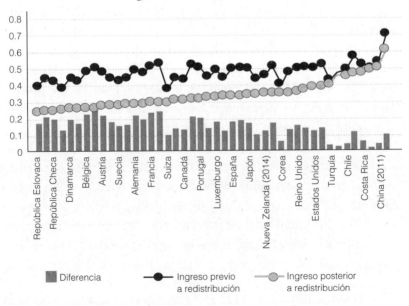

FUENTE: Elaboración propia con base en OCDE.

Incluso, de acuerdo con estas mediciones, la desigualdad previa a las políticas redistributivas del sistema fiscal es mayor en muchos países de la OCDE que en México. Pero la diferencia principal es que, al existir justicia fiscal en dichos países, los impuestos y las transferencias logran reducir de forma importante la desigualdad. No ocurre así en México, que, como se observa en la gráfica, prácticamente no cambia luego de la redistribución.

Las reformas fiscales que no fueron[20]

Al menos desde hace 60 años ha habido un relativo consenso sobre cómo el sistema fiscal en México no es realmente progresivo, grava poco a los más ricos y, en general, recauda de forma deficiente e insuficiente. Los factores detrás de dicha situación, tanto en el pasado como aún en el presente, se han relacionado con inequidad, creciente regresividad, subsidios, exenciones y evasión de impuestos.[21]

En gran medida, se trata de un problema de *path dependence* (en los términos que han propuesto Paul Pierson y Theda Skocpol, la traducción sería algo como "dependencia de la trayectoria", aunque los autores usan el término en inglés aun en artículos en español): la situación actual de la fiscalidad en México depende de decisiones históricas y arreglos institucionales que se han ido reforzando a lo largo de los años. Por eso vale la pena entender, tal vez sin la suficiente profundidad, algunos de esos momentos clave en la historia que nos han llevado al presente de injusticia fiscal en México.

Comencemos el recuento histórico de la tributación en México por la instauración del *income tax* o impuesto al ingreso, que en México se conoce ahora como impuesto sobre la renta (ISR). Su instauración fue una tendencia global a finales del siglo XIX y principios del XX, y fue el resultado del establecimiento de nuevas relaciones en la economía, particularmente entre la clase trabajadora, la empresarial y el gobierno. Notemos cómo los impuestos al final son un tema de consensos entre grupos de población distintos.

De acuerdo con el exsubsecretario de Hacienda durante la presidencia de Miguel Alemán (1946-1952), el mayor logro del gobierno posterior a la Revolución mexicana (iniciada en 1910) fue precisamente la aplicación del impuesto sobre la renta,[22] que en el país comenzó con la Ley del Centenario, en 1921.[23]

Pero dicho logro se fue rezagando durante las siguientes décadas. Desde su surgimiento y hasta la década de los años sesenta, el ISR no tuvo grandes reformas: seguía conceptualizado bajo una estructura cedular (lo que quiere decir que se tributaba de manera separada por cada una de las fuentes de ingreso), se caracterizaba por una baja recaudación debido a exenciones y evasiones, y era realmente regresivo (ver cuadro 7.3), pues tomaba un menor porcentaje del ingreso de los hogares más ricos que de otros estratos. Para esta época, el impuesto había pasado rápidamente de representar 6% del total de ingresos presupuestarios del gobierno federal a 21% en 1945, y luego se estancó durante los siguientes años, y, por ejemplo, promedió 23% entre 1960 y 1964.

Aunque las autoridades en el país tenían conciencia de la baja carga fiscal en el país en 1939, esta situación era considerada como un "mérito": una virtud o ventaja que favorecía la "expansión de las actividades empresariales". Nótese la similitud con la situación actual, 85 años después, en que sigue predominando la narrativa de que "los bajos impuestos favorecerán la actividad económica".

En décadas posteriores, esta visión dejó de ser compartida por algunos funcionarios públicos importantes. Aboites y Unda señalan que la recaudación potencial del ISR en México era de 14.6% del PIB, casi seis puntos porcentuales por encima de la recaudación del momento (y apenas un par de puntos porcentuales menos que la recaudación en pleno 2024). Esto se debía, en gran medida, a los privilegios fiscales del ISR, las exenciones y los bajos impuestos al capital, y, como consecuencia, cada vez se recaudaba más de los ingresos provenientes del trabajo y menos del capital. "El capital podía eludir, omitir, evadir impuestos; los trabajadores no", mencionan los autores. Es por eso por lo que Víctor Urquidi[24] señalaba que "la inequidad que se dejaba ver en el cobro del ISR era un hecho desalentador en la búsqueda de una mejor distribución de la riqueza", frase que, sin duda, sigue siendo vigente al día de hoy.

Ante este escenario, en 1960 se formó una comisión dentro de la Secretaría de Hacienda, con el objetivo de llevar a cabo en el país una reforma fiscal que fuera capaz de otorgar a México los recursos necesarios para financiar el desarrollo de un Estado moderno. Para lograr dicho objetivo, se contrataron los servicios del economista húngaro-inglés Nicholas Kaldor, quien realizó un análisis y propuesta de reforma fiscal para el país.

En las conclusiones de su *Informe sobre la reforma fiscal mexicana*,[25] las medidas más importantes señaladas por el académico son *1)* eliminar el anonimato de la propiedad; *2)* crear un impuesto sobre la renta personal y empresarial, en sustitución del sistema cedular, que tuviera una estructura progresiva, ambos con tasas marginales máximas de 40%; *3)* cobrar un impuesto anual a la riqueza que grabara todo tipo de activos; *4)* cobrar un impuesto universal a las donaciones; y *5)* cobrar un impuesto al gasto personal.[26]

Así pues, de acuerdo con cálculos del informe, los cambios propuestos en esta reforma fiscal tenían el potencial de recaudar hasta 20.5% del PIB para el año 1959,[27] que, según Aboites y Unda, se podría haber elevado con el tiempo hasta 32.8% en 1980.

CUADRO 7.2

Comparación de recaudación real y potencial mexicana con las recaudaciones de otros países latinoamericanos (% del PIB)

Año	México real	México hipotética	Argentina	Brasil	Chile	Colombia
1960	6.38	15.9	14.2	20.1	16.5	10.4
1970	8.25	20.6	15.0	27	21.8	13.4
1975	11.25	28.1	12.8	30.7	22.7	13.4

FUENTE: Aboites y Unda, 2011.

Los trabajos de la comisión para la reforma fiscal continuaron durante 1961. Dentro de aquella se agruparon dos alas: por un lado, la de los economistas, donde se encontraba Víctor Urquidi, que tenía a su cargo los estudios sobre incidencia en progresividad de la posible reforma; y, por el otro, la de los abogados, liderados por Manuel Sánchez

Cuen, presidente de la comisión, quienes, a la postre, serían los que terminarían dominando en el resultado de la reforma.[28]

Al final se optó por la propuesta de reforma del grupo de abogados, la cual no se trataba más que de modificaciones y adiciones a la Ley del ISR, esto a pesar del diálogo del secretario de Hacienda, Antonio Ortiz Mena (quien se destacó por la estrategia del desarrollo estabilizador), directo con empresarios del grupo Monterrey (diálogo que incluyó el viaje del funcionario a esa ciudad para mostrar los beneficios de la reforma) y otras condiciones favorables como el beneplácito y el apoyo de Estados Unidos en el convencimiento de empresarios mexicanos sobre las bondades de una reforma tributaria. Señaló el secretario que "en el momento que se vivía habría que darles primicia a los aspectos políticos y lograr que la reforma propuesta tuviera el apoyo de los grupos de más altos ingresos".[29]

Así pues, de alguna forma, el *lobby* de los empresarios para obstaculizar el cobro de impuestos más altos y progresivos fue exitoso. Al respecto, el sector empresarial mostró su beneplácito con la reforma.[30] A pesar de las condiciones favorables que hubo en ese momento para una reforma fiscal progresiva (el crecimiento económico sostenido del llamado "milagro mexicano", el impacto de la Revolución cubana y la disposición de funcionarios dentro del gobierno), la reforma fiscal progresiva no sucedió. El resultado terminó perjudicando a los ingresos laborales (que siguieron siendo la base principal del sistema fiscal mexicano, como ya se mostró en el apartado anterior), así como a la regresividad del ISR (como se puede ver en el cuadro 7.3 con cálculos de Reyes Heroles).

CUADRO 7.3
Incidencia tributaria por estrato de ingreso en 1968

Estratos de ingreso	Nivel de ingresos anuales	Incidencia tributaria sobre ingresos de los estratos
1 y 2	Hasta 2 700	16.98%
3 y 4	Hasta 4 800	11.55%
5 y 6	Hasta 8 400	10.36%

Estratos de ingreso	Nivel de ingresos anuales	Incidencia tributaria sobre ingresos de los estratos
7 y 8	Hasta 15 000	12.47%
9 y 10	Hasta 26 400	13.30%
11 y 12	Hasta 48 000	13.93%
13 y 14	Hasta 84 000	16.37%
15 y 16	Hasta 151 200	18.83%
17	Más de 151 200	9.53%

FUENTE: Reyes Heroles, 1976.

Luego de la reforma fiscal de los años sesenta, la siguiente modificación tributaria importante fue la del establecimiento del impuesto al valor agregado (IVA) en 1980. Como ya se analizó antes, este suele ser un impuesto regresivo. Por eso desde su establecimiento se usó un tratamiento diferenciado para los alimentos, las medicinas y los servicios médicos, que representan una incidencia mayor en porcentaje sobre el ingreso de los hogares de bajos recursos.

En el cuadro 7.4 se puede ver un resumen de los principales cambios en el IVA. Además de lo ahí mostrado, desde su creación, el IVA ha exentado servicios como educación y financieros, al igual que bienes tales como casa habitación, libros, periódicos y revistas, e insumos y servicios para el sector agropecuario.

CUADRO 7.4
Evolución de la estructura del IVA de 1980 a 2020

Tasas/bienes y servicios	1980	1981-1982	1983-1987	1988-1991	1992-1994	1995-2010	2010-2013	2013-2018	2019-2024
Tasa general	10	10	15	15	10	15	16	16	16
Tasa fronteriza	6	6	6	6	10	10	11	16	8
Tasa bienes y servicios de lujo	-	-	20	20	-	-	-	-	-

Tasas/bienes y servicios	1980	1981-1982	1983-1987	1988-1991	1992-1994	1995-2010	2010-2013	2013-2018	2019-2024
Alimentos básicos	0	0	0	0	0	0	0	0	0
Alimentos procesados	10	0	R	0	0	0	0	0	0
Servicios médicos	X	X	X	X	X	X	X	X	X
Medicinas	10	10	R	0	0	0	0	0	0

FUENTE: Elaboración propia con base en modificaciones al original de SHCP (2001).

NOTA: "X" refiere a bienes y servicios exentos del pago, mientras que "R" a aquellos gravados con tasa reducida.

Entre los cambios históricos más relevantes en temas fiscales, cabe destacar también la serie de reformas que Salinas de Gortari llevó a cabo entre 1989 y 1992, las cuales buscaban principalmente homologar el sistema tributario de México con el de Estados Unidos, con el fin de favorecer la integración económica regional con el tratado de libre comercio que se firmó en la época.

Además, a principios del siglo XXI aumentaron en gran medida los ingresos petroleros, y así también el porcentaje que representaban sobre el total de ingresos presupuestarios, lo que permitió que algunos gobiernos pospusieran la necesidad de una reforma tributaria. Fue con el gobierno de Enrique Peña Nieto (2012-2018) que se dio la reforma fiscal más grande de las últimas dos décadas, como parte del paquete de reformas estructurales que se echó a andar al inicio de su gobierno. Con la reforma fiscal aprobada en 2013 (y puesta en marcha a partir del ejercicio fiscal de 2014) se buscaba disminuir la dependencia de los ingresos petroleros y la incorporación de una mayor base de contribuyentes en el sector formal.[31]

Entre los cambios más importantes de esta reforma se encuentran los siguientes: a) se aumentaron los estratos de aplicación de tarifa en el ISR cobrado a personas físicas, ya que la tasa marginal máxima era de 30% hasta antes de la reforma, y luego de esta se crearon tres estratos más que gravan 32%, 34% y 35%; *b)* se limitó el monto de las deducciones a 10% del total de ingresos; *c)* se eliminó el régimen de consolidación, que permitía a las empresas el diferimiento de gravámenes de acuerdo con las pérdidas de subsidiarias; *d)* se homologó el IVA a 16% en la frontera (anteriormente era de 11%); *e)* se estableció un impuesto de 10% a las ganancias en la bolsa; *f)* se estableció un impuesto por regalías a mineras; *g)* se aplicó un impuesto de 5% a la comida chatarra y a los refrescos (contenido en el IEPS); y *h)* se eliminó el régimen de tasa cero en el IVA a alimentos de mascotas, pues se supone que el espíritu de esta tasa reducida era el de apoyar al ingreso de los hogares más pobres, quienes dedican un mayor porcentaje del ingreso a alimentos y medicinas, pero no de mascotas.

Como era de esperarse, las reacciones ante la reforma fiscal criticaron cualquier aspecto que supusiera una mayor tributación: desde el argumento clásico de que "desincentiva la inversión" hasta advertir que "la obesidad en México no es causada solo por un producto" (por el impuesto a alimentos chatarra) o que "causaría un problema de salud pública por el riesgo de abandono de perros" (por el IVA a alimentos de mascotas).[32]

A pesar de todo, esta reforma fiscal pasó en gran medida porque fue negociada junto con otras "reformas estructurales", que incluían la educativa (reforma laboral al personal docente de la educación pública en México), la de telecomunicaciones y la energética, varias de las cuales se percibía que beneficiarían a la iniciativa privada.

Aun así, como concluye Unda, esta reforma solo se suma al cúmulo de otras reformas que no han logrado hacer un cambio sustancial en la pobre hacienda mexicana, y solo puso parches sobre un sistema tributario deficiente, consecuencia de un Estado sin recursos ni poder.[33]

"Pegarle a la gallina de los huevos de oro": el lobby *de los ricos contra los impuestos*

En las reformas al sistema fiscal más recientes, hechas durante el sexenio de López Obrador, es posible encontrar expresiones de las narrativas antiimpuestos y del cabildeo ejercido por grupos empresariales y por los hogares más ricos. Asimismo, se advierten los obstáculos que se han erigido para evitar que se aprueben estas reformas y que evidencian que una reforma fiscal progresiva de gran calado sería inaceptable para estos grupos.[34]

Por ejemplo, en un análisis de las discusiones en el Congreso frente a la iniciativa de tipificación como delito grave del uso de empresas factureras, es posible encontrar que las y los diputados se manifestaban más bien a favor o en contra de la actual administración, apoyando o rechazando la iniciativa, pero sin que hubiese realmente distintos paradigmas o posiciones contrarias en torno a los temas recaudatorios e impositivos.

En realidad, las participaciones en la sesión por parte del Poder Legislativo parecían pugnar por los intereses empresariales y de los inversionistas, ya que los argumentos en contra de la reforma estaban principalmente orientados, por un lado, a la confianza hacia los inversionistas (nacionales y extranjeros) y, por el otro, a ofrecer un marco macroeconómico estable (para las inversiones, evidentemente).

Dicho de otra forma, los intereses del empresariado se hicieron notar en las preocupaciones de muchos de los diputados y diputadas. No podemos afirmar que los empresarios directamente presionen a los diputados para defender sus intereses, pero es incuestionable que han logrado posicionarlos de tal modo en la opinión pública que parecerían los propios intereses colectivos. **No olvidemos que el mayor triunfo de la élite es hacer pasar sus intereses por los del bien común.**

Dentro de las mismas participaciones analizadas, destacan algunos casos excepcionales que pugnaron por una "verdadera reforma fiscal". Dos de estas participaciones pertenecieron a legisladores de Movimiento Ciudadano y una a Morena. La diputada Laura Imelda Pérez Segura (Morena) se refirió a una "verdadera reforma fiscal" que consideraba que sería posible si se promovía un consejo fiscal. No especificó las características que debería tener la reforma, salvo la de incrementar los ingresos públicos. La diputada Fabiola Raquel Guadalupe Loya Hernández (Movimiento Ciudadano) se refirió también a la "verdadera reforma fiscal", al igual que su compañero de partido, Tonatiuh Bravo Padilla, que mencionó al respecto:

> En otras palabras, en ausencia de reformas tributarias significativas prevalecerán escenarios de debilidad hacendaria [...]. Nosotros creemos que el marco tributario que se heredó es un marco tributario que tiene múltiples inequidades y que debe, por tanto, ser modificado lo más pronto posible.[35]

De hecho, un simple análisis cuantitativo de la frecuencia en que fueron usados ciertos términos o palabras durante el debate sostenido el 26 de septiembre de 2019 (cuando se presentó la iniciativa de reforma fiscal), en la Cámara de Diputados del Congreso de la Unión, hace evidente, por ejemplo, que es mucho mayor el número de veces que se pronunciaron las palabras *inversionistas* y *empresarios* en comparación con las palabras *campesinos* e *indígenas*. De igual forma, se mencionó menos veces la palabra *desigualdad* que la de *inversionistas*.

De hecho, los *intereses de los inversionistas* recibieron constantemente más atención que las *políticas sociales* como tal. Por ejemplo, los diputados se refirieron a *la confianza de los inversionistas* como imprescindible, dependiente de *finanzas sanas* (esto es, sin déficit fiscal) y *estabilidad macroeconómica*. "Se ha logrado tener una mayor confianza de los inversionistas", comentó el diputado Marco Antonio Medina Pérez (Morena). Por su parte, el diputado Ricardo Villarreal García (PAN) descalificó a la actual administración con base en los mismos criterios: "Están reprobados porque no hay confianza en la inversión".

Respecto al tema de tipificar como delincuencia organizada a la compraventa de facturas (que realizan los popularmente conocidos como "factureros"), hubo opiniones que favorecían la *eficiencia recaudatoria*, pero hubo también quienes lo tacharon de *terrorismo fiscal* que considera a los empresarios como delincuentes, cuando son los que "se la juegan por México". Se recurre, pues, en este y otros debates, a la palabra *empresario* como una categoría moral a la que toda la ciudadanía debe defender.

Sobre esto manifestó su inquietud el diputado José Isabel Trejo Reyes (PAN), quien sostenía que hay una tendencia de "recaudación magra, quizá a la baja, a pesar de la draconiana, casi persecutoria próxima reforma fiscal". Con el mismo tono participó el diputado Pedro Pablo Treviño Villarreal (PRI), quien manifestó su desacuerdo con la reforma en los siguientes términos: "No estamos de acuerdo con leyes que traten como delincuentes peligrosos a empresarios [...] y comerciantes que presentan una factura. No estamos de acuerdo con el terrorismo fiscal".

A ese tipo de respuestas por parte de los legisladores es que se han encontrado los muy pequeños cambios que se han dado en el sistema fiscal mexicano durante los últimos años. Parecerían representar a los empresarios y cuidar sus inversiones más que ver por la situación de la hacienda pública.

Así pues, los hallazgos en la investigación *(In)justicia fiscal en México*, que provienen en gran medida de análisis de las participaciones en el debate legislativo ya ejemplificadas, así como entrevistas a profundidad complementarias, dan indicios de que la captura política por parte de la élite en el tema fiscal, más que ser una intervención directa (demostrable), se sostiene por una inercia histórica y por las narrativas cotidianas compartidas por la población mexicana; algo similar a lo que ocurre en el caso estadounidense con narrativas como la del "alivio de impuestos" (*tax relief*), que orientan a la ciudadanía en general a rechazar cualquier tipo de carga fiscal.

Esto no significa negar que algunos grupos antiimpuestos sí son claramente visibles. En la investigación se destaca la gran cantidad de grupos "libertarios" presentes en las universidades de México (como la Universidad de Guanajuato o la UNAM), financiados por el ya mencionado Ricardo Salinas Pliego, además de *think tanks* y otras organizaciones como Kybernus.[36]

Aunque no es clara o pública la evidencia de grupos financiados por otros empresarios, es difícil dudar de que los haya. Este tipo de acciones promueven la divulgación de narrativas individualistas que abogan por un menor Estado y que están en contra de los impuestos, con lo que obstaculizan la aceptación de políticas más redistributivas.

De una u otra forma, se trata de una estrategia para convertir las ambiciones privadas de la élite en los intereses públicos de la sociedad. Y, con base en eso, han logrado que en México los más ricos y las grandes empresas sigan disfrutando de un sistema fiscal sumamente laxo, que prefiere sobrecargarse en la clase trabajadora antes que tocar los intereses de los inversionistas, bajo el temor a que "se vayan" del país. Habría que ver en qué otros países encuentran condiciones tan permisivas con la explotación laboral, donde los gobiernos les regalen concesiones o empresas públicas, con un sistema de beneficios fiscales para los millonarios y donde se les permita retrasarse en el pago de sus impuestos por años y años sin siquiera vislumbrar peligro alguno de pisar la cárcel.

¿Cómo arreglar el sistema fiscal? Que los ricos paguen

Dice Michael Sandel que "el cobro de impuestos no es solo una forma de recaudar ingresos, sino también de expresar el juicio de una sociedad sobre lo que se considera una contribución valiosa al bien común".[37] En mi opinión, la recaudación de impuestos es simplemente la retribución que hace una persona o empresa a la sociedad por haberse apropiado de riquezas o ingresos, que son un producto colectivo, histórico y social.

Las posiciones que aluden al terrorismo fiscal, que proclaman *tax is theft!* y que en general asumen que el cobro de impuestos vuelve inviables los negocios y las inversiones privadas deberían recordar lo siguiente: **si tu negocio depende de no pagar impuestos (o pagar pocos), que son el costo que cobra la sociedad por el uso de su infraestructura y que requiere para su subsistencia, entonces tu negocio en realidad depende de explotar a la sociedad para beneficio privado.**

La realidad es que es posible arreglar el sistema tributario de nuestras sociedades y generar mayor justicia fiscal mediante un objetivo general muy claro: más progresividad en los impuestos, lo que implica, inequívocamente, aumentarles los impuestos a los más ricos (y realmente cobrarles). Veamos algunas ideas al respecto.

El movimiento Tax the Rich

Recientemente, y de forma particular en el contexto de la pandemia de covid-19 y la subsecuente crisis económica mundial, se ha dado un cambio radical global en el apoyo ciudadano a diversas medidas redistributivas que ahora son consideradas como justas o necesarias, relacionado precisamente con la gravedad de la crisis y el incremento de las desigualdades a nivel mundial.

De ahí que muchas protestas de ONG hayan señalado la importancia de gravar a los más ricos,[38] quienes se han visto claramente beneficiados por la crisis económica, para también así financiar las nuevas medidas de gasto social. Además, múltiples medidas de protección social que antes eran percibidas con reticencia ahora son apoyadas de manera generalizada.

Algunas investigaciones y encuestas a nivel mundial han logrado captar dichos cambios en las preferencias y las actitudes de las personas hacia la desigualdad y las políticas redistributivas. Por ejemplo, una investigación experimental en Estados Unidos mostró que la pandemia aumentó la probabilidad de que las personas perciban la pobreza como relacionada con causas estructurales en lugar de individuales, y que, en caso de que consideren que el impacto de la pandemia era considerable, también estén más a favor de políticas redistributivas.[39]

En el cuadro 7.5 se condensan algunas de estas encuestas y sus resultados, según los países de donde provienen. Por ejemplo, a nivel global, de manera generalizada, 64% de las personas encuestadas dicen que la pandemia les hizo darse cuenta de "lo grande que es la brecha entre los ricos y la clase trabajadora, y que hay que hacer algo para distribuir de forma más justa la riqueza y la prosperidad". Es decir, la mayoría de la población está a favor de que se haga algo para redistribuir en el contexto de la pandemia.

En España, por ejemplo, tres de cada cuatro personas se pronunciaron a favor del ingreso básico universal, el cual comúnmente suele recibir un apoyo más moderado. En Reino Unido, se ha estudiado el aumento de la preferencia por el ingreso básico universal asociado con la pandemia.[40] En Japón, solo 4% se oponía a las transferencias monetarias, y más de la mitad de las personas encuestadas estaba a favor de que fueran dirigidas a "todas" las personas.

En otras medidas más específicas, en Reino Unido, el 74% apoyaba el control de las rentas y 72% apoyaba la garantía de empleos; mientras que en Canadá el 87% apoyaba usar hoteles vacíos para dar asilo a personas en situación de calle y 84% apoyaba cualquier nivel de déficit necesario para afrontar la crisis. En otros países, como Francia y España, las personas encuestadas respectivamente estaban a favor de la regulación de los servicios de electricidad, gas y agua.

CUADRO 7.5

País	Indicador	Fuente
Reino Unido	74% apoya control de rentas y 72% la garantía de empleo.	YouGov, 2020
Canadá	87% apoya usar hoteles vacíos para dar asilo a personas en situación de calle, 84% apoya cualquier nivel de déficit necesario para enfrentar crisis.	Ipsos
España	82% apoya la prohibición al corte de electricidad, gas y agua, mora de hipotecas, 79% apoya prohibición de despidos y 73% apoya proveer ingreso básico.	El País
Francia	68% apoya nacionalizar transporte, energía y agua; 60%, nacionalizar industria farmacéutica; 70%, reducir influencia de accionistas en compañías.	ViaVoice
Argentina	71%: se necesitan políticas audaces y arriesgadas. 82%: dejar de pagar la deuda nacional. 82%: el gobierno debe hacerse cargo de la producción y distribución de bienes clave para frenar a los especuladores.	Analogías

País	Indicador	Fuente
Tailandia	71%: el gobierno debería controlar los precios de los bienes. 66%: el gobierno debería recortar las tarifas del agua y la electricidad. 64%: el gobierno debería aplicar una moratoria de la deuda para todos.	The Bangkok Post
Japón	Solo el 4% se opone a una prestación económica estatal, el 39% la apoya para los más afectados, mientras que el 51% la respalda para todos. El 51% apoya la reducción del impuesto sobre el consumo, sólo el 41% se opone.	
Australia	62%: el gobierno debe convertirse parcialmente en propietaria cuando las empresas son rescatadas. 80%: no se deben pagar primas ni dividendos hasta que todos los trabajadores hayan recuperado sus pérdidas.	Travel Talk
Europa	El 68% apoya la renta básica universal.	WeMoveEurope, 2020
Global	El 65% afirma que la recuperación económica tras el covid-19 debería dar prioridad al cambio climático. El 57% desaconsejaría votar a un partido sin políticas climáticas serias. El 71% afirma que el cambio climático es tan grave como el covid-19.	IPSOS II
Global	También el 64% opina que "esta pandemia me ha hecho darme cuenta de lo grande que es la brecha en este país entre los ricos y la clase trabajadora, y de que hay que hacer algo para distribuir de forma más justa la riqueza y la prosperidad de nuestro país" y el 67% piensa que "a los que tienen menos educación, menos dinero y menos recursos se les está cargando injustamente con la mayor parte del sufrimiento, el riesgo de enfermedad y la necesidad de sacrificarse debido a la pandemia".	Edelman

FUENTE: Elaboración propia a partir de la recopilación de Phillips (2020).

Así pues, el lema reciente de múltiples organizaciones e iniciativas de movimientos sociales se ha volcado hacia la simple pero poderosa idea de "Tax the Rich", "gravemos a los ricos" o "que los ricos paguen". La campaña de distintas organizaciones internacionales, como

Oxfam y Fight Inequality Alliance, se ha centrado en esta consigna. De igual forma, también lo han hecho campañas o propuestas políticas electorales en otros países, como el caso de Alexandria Ocasio-Cortez (AOC) en la Met Gala y su vestido con el mensaje "Tax the Rich",[41] Bernie Sanders con su propuesta de "Tax on Extreme Wealth",[42] Elizabeth Warren con la respectiva de "Ultra-Millionaire Tax",[43] así como Jeremy Corbin con el lema "Redistribute UK Wealth, Tax the Rich".[44]

Otra iniciativa relevante y reciente es la de Millonarios por la Humanidad (Millionaires for Humanity), donde algunos miembros de la élite entienden que toda la sociedad se beneficiaría de que ellos paguen más impuestos. Por eso, dicha iniciativa, con 83 integrantes cuando fue presentada (los herederos de Disney entre ellos), exige a los gobiernos que les cobren más impuestos: "Exigimos a nuestros gobiernos que suban los impuestos de la gente como nosotros. Inmediatamente. Sustancialmente. Permanentemente".[45]

A la par de esta ola de exigencias por una mayor justicia fiscal, existen algunas acciones destacables que se han tomado para gravar más a los más ricos. Por ejemplo, en Argentina, un país cuyos ingresos tributarios procedentes de la riqueza y la propiedad son dos veces mayores que la media de los países latinoamericanos (cuya recaudación solo representa el 0.1% del PIB regional), creó un impuesto especial (es decir, que se aplicaría una sola vez) para la riqueza neta de los multimillonarios más ricos, con el fin de financiar las políticas fiscales aplicadas y paliar los efectos sufridos por la crisis económica. Hasta abril de 2021, este impuesto recaudaba el 0.5% del PIB de las personas físicas con un patrimonio neto superior a los 2 millones de dólares.[46] También Bolivia adoptó un impuesto sobre el patrimonio similar.[47]

Otra vertiente que ha avanzado recientemente para lograr más impuestos progresivos es la "cooperación internacional tributaria". Por años la OCDE fue el organismo internacional encargado de hacer propuestas de cooperación tributaria internacional para buscar disminuir la existencia de los mal llamados *paraísos fiscales*, y la carrera al vacío de países cobrando menos impuestos para atraer inversión y capitales, propuestas que fueron poco fructíferas.

A raíz de lo anterior, hace un par de años comenzó a tomar fuerza en la ONU la propuesta de distintos países africanos para que los países del Sur Global participaran también en las discusiones y las propuestas de cooperación fiscales. La iniciativa para llevar a cabo la Convención Tributaria pasó en 2023, con 125 votos a favor, 48 en contra y nueve abstenciones.[48] Votaron en contra los países del Norte Global y de la OCDE. En cuanto a Latinoamérica, tristemente destacó que México, Costa Rica, El Salvador y Perú se abstuvieron y no apoyaron la iniciativa de los países africanos.[49]

Ya en 2024 se llevaron a cabo las primeras sesiones de la Convención Marco sobre Cooperación Tributaria Internacional de las Naciones Unidas, donde los distintos países han llegado a consensos en cuanto a tributación de las corporaciones multinacionales (para disminuir la evasión fiscal internacional), los impuestos a la riqueza, los impuestos verdes para enfrentar el cambio climático y el intercambio de información equitativa.[50] Los trabajos seguirán, y muy probablemente estamos en el momento internacional en el que se ve más cercano un cambio radical en la tributación y la justicia fiscal. Veamos ahora cómo se refleja esta realidad internacional en el caso mexicano.

Apoyo a los impuestos progresivos en México

Antes de hablar de la actualidad y progreso en la búsqueda de impuestos más progresivos en México, revisemos el apoyo de la sociedad en el país a estas iniciativas. ¿Cuál es la realidad de estas percepciones en el caso mexicano? Un discurso común y creencia popular es que la ciudadanía en general en México "no quiere impuestos". De hecho, se piensa que detesta los impuestos, ya que los ve innecesarios y no considera que se reflejen de ninguna manera en su vida diaria. Como he venido mencionando, este es el resultado de una espiral o trampa negativa, ya que el nivel de pago de impuestos es tan bajo que resulta claramente insuficiente para financiar cualquier política de protección social adecuada que satisfaga a los ciudadanos. Es decir, las personas pueden quejarse de que no ven reflejados sus impuestos, pero la realidad es que no pagan lo suficiente para percibir cualquier beneficio claramente.

Además, yo sostengo que esta visión antiimpuestos es algo que ha venido cambiando de forma reciente en el país. Las nuevas generaciones, ante las constantes crisis económicas que solo han beneficiado a los hogares más ricos y empobrecido más a la clase trabajadora, han visto en el movimiento Tax the Rich una causa justa que es urgente apoyar. Así, de acuerdo con la encuesta del Celag en 2021,[51] 67.4% de la población en México estaría a favor de un impuesto a las grandes fortunas.

En apartados anteriores se mencionaba que, según datos oficiales, solo alrededor del 15% del ingreso promedio de los hogares en México se paga en impuestos: 9% en el caso del decil más pobre y 28% en el caso del decil más rico. Si bien sabemos que los más ricos tienen altas probabilidades de realmente estar pagando un porcentaje menor, no hay cifras concretas disponibles debido a la falta de transparencia en datos fiscales en México.

Lo más cercano es la información anonimizada correspondiente al proyecto de "SAT Más Abierto", que inició en el sexenio de Peña Nieto y que se detuvo al iniciar el sexenio de López Obrador. Según estos datos del gobierno en México (cuya cifra más actualizada es de 2015), los hogares del 1% más rico pagan una tasa efectiva del 18% en impuestos sobre la renta, en comparación con una tasa legal del 34%; esto sin contar a aquellos dentro del 1% que sobrepasan las tres desviaciones estándar, que están fuera de los límites de los datos transparentados.

Entonces, en México, ¿la gente piensa que paga altos impuestos aunque no lo haga? ¿En qué impuestos creen las personas que pagan? De acuerdo con los datos recolectados por un sondeo del Instituto de Estudios sobre Desigualdad (Indesig) hecho en 2021,[52] en promedio, en México, las personas creen que pagan impuestos más altos de lo que realmente sucede. La gráfica 7.9 resume estas cifras: se cree que los hogares más pobres pagan el 25% de los ingresos del hogar en impuestos, la clase media paga el 30%, los ricos pagan el 19% y los multi-

GRÁFICA 7.9
¿Cuántos impuestos pagan las personas en México?

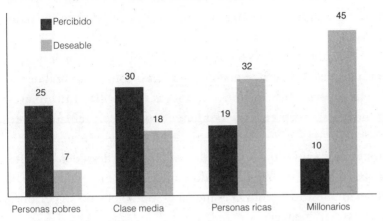

FUENTE: Elaboración propia con datos de Indesig (2021).

millonarios pagan solo el 10%. Esto es interesante porque sobreestima el pago de impuestos para los hogares más pobres y la clase media, pero encaja relativamente bien para los más ricos, y da una cifra para los multimillonarios que se desconoce, pero posiblemente no esté lejos de los datos reales.

Por otro lado, la encuesta también preguntó cuál les gustaría que fuera el pago de impuestos en el país, de acuerdo a cada uno de los estratos económicos ya mencionados. En este caso, las personas encuestadas están a favor de un sistema tributario ampliamente redistributivo: mientras que en promedio se propone que los hogares más pobres paguen solo el 7% de sus ingresos en impuestos y que la clase media pague el 18%, también se menciona el 32% para los hogares ricos y el 45% para los millonarios. En definitiva, la población en México parece percibir un sistema tributario regresivo y desea un sistema altamente progresivo.

Para profundizar en esta comprensión de las actitudes y preferencias hacia los impuestos, la encuesta incluyó algunas preguntas más específicas sobre estos. La primera fue sobre el impuesto a las herencias, que ha sido ampliamente reconocido por su poder redistributivo, hasta el punto de que Piketty propuso un impuesto global sobre las sucesiones.[53] De hecho, el impuesto de sucesiones existe en 19 países de la OCDE. E incluso existió hasta hace 50 años en México, cuando fue derogado.

En ese sentido, la encuesta preguntó si las personas están de acuerdo con un impuesto a las herencias millonarias, con un umbral de riqueza neta superior a 8 millones de pesos (cerca 400 mil dólares estadounidenses). Sorprendentemente, el apoyo es extremadamente amplio: el 65% de las personas encuestadas está "muy de acuerdo" con este impuesto, mientras que solo el 6% está "muy en desacuerdo". Este amplio apoyo puede estar relacionado con que la gente piensa que el umbral del impuesto a la riqueza es muy alto, por lo que pocas personas en México se verían afectadas.

Otro de los impuestos que se han difundido ampliamente en las redes sociales como una de las principales demandas de los ciudadanos ante el aumento de la desigualdad durante la crisis es el impuesto a la riqueza. En México, las personas encuestadas parecen estar ampliamente a favor del impuesto a la riqueza de las herencias multimillonarias: el 58% está completamente a favor de un impuesto a la riqueza de las herencias superiores a 10 millones de pesos (500 mil dólares), el 47% cuando se trata de una riqueza de 20 millones de pesos, el 59% con un patrimonio neto de 50 millones de pesos, el 72% con un patrimonio neto de 100 millones de pesos, 77% con un patrimonio neto de 200 millones de pesos y 80% para activos superiores a los 500 millones de pesos (25 millones de dólares).

De esta manera, quedan al menos dos evidencias: primero, que en general, la mayoría de la población está a favor de un impuesto sobre la riqueza neta de los multimillonarios y, segundo, que el apoyo crecerá cuanto más se ensanchen los umbrales. Por cuestiones de espacio es imposible comentar aquí todos los resultados del documento "Perceptions of Redistribution Justice in Mexico, during COVID-19 Pandemic", pero recomiendo leerlo para encontrar más detalles sobre los resultados respecto a la frecuencia con la que se debería gravar la riqueza (la respuesta mayoritaria es "de forma anual" y "permanente"), así como las tasas que deberían ser cobradas (se preguntó tanto para el ISR como para el caso hipotético del impuesto a las riquezas).

También la encuesta incluyó preguntas sobre el porcentaje de personas que apoyaban la existencia de algunos beneficios fiscales. Los que más apoyo recibieron, del 87% de las personas encuestadas, son los impuestos especiales sobre el alcohol, el tabaco y los alimentos edulcorados, y el IVA cero para alimentos y medicamentos. Esto es sumamente positivo en términos redistributivos, ya que las personas más beneficiadas por estas políticas son las que tienen menos ingresos, especialmente en relación con el IVA.

La urgente e ineludible reforma fiscal en México

El caso del avance y la puesta en marcha de más impuestos a los más ricos en México ha sido más complicado que lo que sucede a nivel mundial. Ya en apartados anteriores se mostró que, durante el sexenio de López Obrador, el aumento de la recaudación fue prácticamente marginal, a pesar de las loables iniciativas como el cobro a empresas deudoras y el avance contra empresas factureras. En este mismo sentido se ha pronunciada la presidenta electa Claudia Sheinbaum, que, siguiendo la posición de su antecesor, menciona que no habrá necesidad de aumentar impuestos y que, de momento, no se considera una reforma fiscal en el panorama.

Al respecto, distintas iniciativas nacionales han remarcado que la reforma fiscal es impostergable, debido a la reducción de espacio fiscal por el aumento del compromiso presupuestal para seguir pagando las pensiones (que alcanzarán un costo de más de 7% del PIB dentro de seis años[54]) y también para garantizar el presupuesto para el gasto social y derechos humanos. Han sido valiosos los trabajos de CIEP, FES-México, Fundar, México Cómo Vamos, Oxfam México, entre muchas otras organizaciones, así como las iniciativas surgidas desde universidades, como el caso de PUED-UNAM y otras.

Desde mi propia trinchera, hemos tratado de sumarnos al debate y a las exigencias desde Gatitos contra la Desigualdad y el Indesig, incluso generando incomodidad en el ala libertaria y conservadora de las redes sociales, que han implementado estrategias de engaño y desprestigio como forma de respuesta a la sólida evidencia y a las propuestas de gravar más a los más ricos.

Ejemplificaré solo dos resultados concretos de estas iniciativas. El primero es la creación de la Alianza por la Justicia Fiscal (AJF) en México, que integramos varias organizaciones y universidades distintas, y que ha hecho propuestas concretas para mejorar la progresividad de la recaudación en el país, entre algunas de ellas modificar los tramos y las tasas del impuesto sobre la renta de personas físicas (ISRF), limitar los beneficios fiscales para las personas de ingresos más altos, equiparar las tasas impositivas entre el trabajo y el capital, transformar la tenencia en un impuesto verde sobre la propiedad de automóviles, explorar la posibilidad de un impuesto especial a los jets privados y los yates, y fortalecer la capacidad administrativa de los gobiernos locales para recaudar el predial, entre varias más.

Otro ejemplo de estos avances es la iniciativa de reforma constitucional que en 2023 se presentó y que propone sencillamente agregar la palabra "progresiva" en la fracción IV del artículo 31 de la Constitución mexicana. Se trata de una iniciativa que nació y se desarrolló de forma colectiva entre las distintas organizaciones y personas que se agrupan en la Alianza contra la Desigualdad, entre las que se encuentran Gatitos contra la Desigualdad y el Indesig, Fight Inequality Alliance México, Oxfam México, Accionar.io, Techo México, Gendes, Poder Prieto y muchas otras más. Contó con el apoyo y la colaboración de un grupo de diputadas y diputados de Morena. Desgraciadamente, la iniciativa no ha avanzado, pero va planteando ya un camino interesante por dónde podrían avanzar los siguientes pasos en la búsqueda de una mayor justicia fiscal en el país.

Adicional a las valiosas propuestas de los ejemplos ya mencionados, sumaría la necesidad de la creación de impuestos a la riqueza multimillonaria y a las herencias y donaciones multimillonarias. En general, una forma más justa de gravar a la propiedad, que está casi exenta de impuestos en el país. Aquí vale la pena recordar las propuestas del limitarianismo revisadas en el capítulo 2. De la misma forma, la transparencia de la información fiscal será clave para entender cuántos impuestos efectivamente están pagando las personas y empresas en cada estrato social.

Como conclusión, vale la pena insistir en que una política fiscal más progresiva en México sería popular (apoyada por la mayoría del país) y justa (al posibilitar la reducción de las desigualdades). Es impostergable debido a la disminución del espacio fiscal y se encuentra en el momento más idoneo para su aprobación, puesto que podría inscribirse dentro de la gran ola de países, en Latinoamérica y el mundo, que se han dado cuenta de que no pueden llegar a sociedad más igualitarias sin repensar el sistema fiscal y llegar a nuevos pactos sociales donde los más ricos aporten lo justo y regresen a la sociedad una parte de la riqueza colectiva que se han apropiado y que sería imposible generar sin la cooperación de toda la sociedad. **El mayor triunfo de una sociedad más igualitaria sería lograr que triunfe la idea colectiva de que tributar más genera beneficios para todos. Como diría la pirinola, todo para todos.**

LUCHAR CONTRA LA DESIGUALDAD
Reflexiones finales

"¡Somos una revolución!
Esta es nuestra bandera."
JOSÉ REVUELTAS

La legitimidad de la desigualdad, mediada por discursos como la narrativa meritocrática y sus mitos, es una de las piedras angulares de la reproducción de las desigualdades a través del tiempo. Toda iniciativa actual y futura que realmente busque cerrar las brechas de desigualdad tiene que tomar en cuenta el aspecto subjetivo de su justificación y legitimidad.

Como se fue desarrollando a lo largo de este libro, profundizar en la comprensión de la narrativa meritocrática y los distintos mitos que la forman es tal vez la única forma por la cual podemos entender la acumulación extrema de riqueza en tan pocas manos a la par de la inmensa y lacerante pobreza de miles de millones de personas, sin que estas diferencias atroces e inmorales desaten el malestar social suficiente para el estallido de una revolución contra los opresores.

Tiene que quedar muy claro: las desigualdades actuales no son resultados naturales de las supuestas diferencias de talento de nacimiento y el esfuerzo individual, sino de decisiones políticas, inercias históricas y causas estructurales.

Pero mientras las personas crean que la desigualdad es "justa" y simplemente consecuencia de factores individuales bien merecidos, las brechas no harán más que profundizarse. Rosa Luxemburgo decía que "quien no se mueve, no siente las cadenas", y, en este caso, me parece que podemos decir que quien cree en los mitos de la narrativa meritocrática no puede ver sus cadenas.

Así pues, lo que es necesario y urgente es la construcción de un sujeto político que puje y exija acciones en contra de la narrativa meritocrática como el paradigma que supuestamente rige la sociedad o que supuestamente se busca alcanzar. En la medida en que se conozcan mejor las verdaderas causas de la pobreza y de la riqueza, será posible desmontar la legitimidad de los mitos de la desigualdad y la meritocracia, lo que podría promover la formación de demandas colectivas y movimientos sociales que pugnen por una sociedad basada no en la competencia y el individualismo, sino en la solidaridad y el bien común.

Por eso hace casi 10 años comencé a publicar artículos sobre el tema de legitimidad de la desigualdad y la narrativa meritocrática. Porque, si queremos un cambio transformativo y radical en la sociedad, nuestras fuerzas tienen que apuntar a desmontar estos mitos relacionados con la meritocracia, y que a partir de ahí puedan caer, por su propio peso, las estructuras que sostienen la extrema desigualdad.

En días previos a finalizar este libro, asistí a una presentación de Julio Boltvinik donde decía que "toda ciencia social es para transformar o [si no] no sirve de nada".[1] Me recordó a José Revueltas, quien alguna vez señaló que el propósito de la ciencia social no debería ser solo "acumular conocimientos",[2] sino refutar, transformar y revolucionar la sociedad.

Esto es muy importante de recordar ahora, porque, mientras más popular se vuelve el análisis de las desigualdades desde el ámbito subjetivo y de los discursos (como el de la narrativa meritocrática), más común será que haya personas que lo retomen sin el objetivo real de transformar radicalmente la sociedad. Las críticas a la narrativa meritocrática tienen que ser radicales y deberían cuestionar los cimientos de la estructura de desigualdades en sí misma.

Como menciona Littler,[3] las acciones que supuestamente buscan "generar una sociedad realmente meritocrática" oscurecen la realidad de que es una utopía imposible de alcanzar y un ideal que deberíamos abandonar. La lucha debe ir en contra de la mera idea de organizarnos bajo la competencia de los méritos, esfuerzos y supuestos talentos. Vayamos en contra de la narrativa meritocrática y dejemos de buscar la ilusa idea de vivir en una sociedad que se jerarquice de esa forma.

Al inicio del libro decía que la narrativa meritocrática es perversa, pues provoca soberbia en los ricos y humilla y estigmatiza a los pobres. Asume que todos merecen lo que tienen y que cualquier fracaso o éxito es pura responsabilidad individual. Genera culpa en los pobres y un falso sentimiento de merecimiento en los más ricos. Y esta perversidad y amplitud de la narrativa meritocrática ha hecho que nos sea difícil imaginar otros mundos posibles actualmente.

¿Cómo podría organizarse la sociedad de una forma ética, moral y justa, que sea alternativa a la narrativa meritocrática? Definitivamente requerimos de un debate amplio al respecto. Pero, en principio, me parece que una respuesta adecuada puede ser la máxima socialista que señala: "De cada cual según sus capacidades, a cada cual según sus necesidades". Claramente ante sociedades cada vez más amplias y diversas, las respuestas tienen que ser aún más complejas y aterrizadas.

Una clásica pregunta en temas de percepciones sociales sobre desigualdad y justicia distributiva es aquella donde les preguntan a las personas cómo creen que debería lucir visualmente la distribución de la sociedad ideal, y a las personas encuestadas les dan a elegir de entre cinco distintos diagramas de tipos ideales que van acompañados de un texto que describe la distribución de la sociedad. En la siguiente imagen pueden observarlos. Mi pregunta para el lector sería ¿qué tipo de sociedad elegirían ustedes como la ideal y más justa?[4]

Obviamente, estos tipos ideales dejan fuera extremos tales como que una persona posea toda la riqueza y el resto nada, u otra opción donde todas las personas posean exactamente lo mismo. Pero, descartando esas opciones, en realidad puede haber diferencias entre la elección que puedan hacer ustedes, los distintos lectores.

Por ejemplo, de acuerdo con información de encuestas internacionales, en México la respuesta más preferida es la del "tipo E" (coloquial-

IMAGEN 8.1

Tipo A

Un grupo muy pequeño arriba,
muy poca gente enmedio y
muchísima abajo

Tipo B

Una sociedad como pirámide con un
pequeño grupo hasta arriba, más gente
en medio pero más personas hasta
abajo

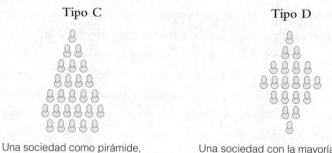

Tipo C

Una sociedad como pirámide,
pero con poca gente abajo

Tipo D

Una sociedad con la mayoría en medio

Tipo E

Mucha gente arriba y pocos abajo

mente conocido como el tipo "diamante"), mientras que en Uruguay y
Argentina la elección más frecuente se trata del "tipo D" (con forma
parecida a un rombo). Las diferencias en las respuestas de estas sociedades pueden deberse a diversos factores, pero, en general, me parece que

las sociedades lastimadas y violentadas por la desigualdad, pero también por una lacerante pobreza, probablemente elegirían el tipo E, imaginando que así pueden alejar a más personas de la pobreza.

Más allá de que haya diferencias en nuestras preferencias sobre cómo debería ser la sociedad ideal, en todo caso, pueden encontrarse acuerdos comunes respecto de las ventajas de luchar contra la legitimidad de la desigualdad y de la meritocracia. Una vez que estas luchas logren ir desmontando los mitos que reproducen la desigualdad, habrá que ir pensando en alternativas radicales de acciones y políticas específicas que partan desde una perspectiva solidaria y en búsqueda del bienestar colectivo. Aquí recuerdo nuevamente que "soy porque somos", según la filosofía *ubuntu*.

Muchas políticas y acciones radicales desde esta perspectiva podrán venir a nuestra mente cuando buscamos cambiar el paradigma de la justicia distributiva. Como se fue analizando en cada uno de los capítulos anteriores, el tipo de acción específica dependerá de si hablamos de pobreza, riqueza, género, racismo, educación, vivienda, etcétera. En el siguiente cuadro muestro un resumen de propuestas y recomendaciones que se fueron mencionando en la parte final de cada capítulo relacionadas con los mitos analizados.

CUADRO 8.1

Resumen de propuestas y recomendaciones para cada
uno de los mitos analizados

Mitos	Propuestas y recomendaciones
Mito 1: Los pobres son pobres porque quieren	Luchar contra la narrativa meritocrática y los discursos que culpabilizan y estigmatizan la pobreza
	Romper con la meritocracia como un objetivo a alcanzar
	Disminuir el énfasis excesivo en el esfuerzo y el mérito como explicaciones de la desigualdad
	Dejar de respaldar a un sistema competitivo, lineal y jerárquico como el meritocrático
	Cuestionar valoración diferencial de formas particulares de estatus, más allá de la igualdad de oportunidades

Mito 2: Cualquiera puede ser millonario	Desmontar la legitimidad de la riqueza acumulada de forma infinita
	Limitar la riqueza. Por ejemplo: límite político de 100 millones y límite ético de 10 millones de pesos
	Problematizar la existencia del "talento innato"
	Dejar de creer en lo que opinen las grandes fortunas sobre la legitimidad de su propia riqueza
	Cuestionar la industria del Billionaire Coaching
Mito 3: No es el patriarcado ni el racismo, es el clasismo	Construcción de un sistema de cuidados que pueda balancear su distribución entre Estado, comunidad y hogar, así como dentro del hogar (con énfasis de desigualdades de género)
	Políticas laborales como licencias de paternidad y maternidad y otras que equilibren distribución de trabajos de cuidado
	Cambios en mercado laboral (como mayor pago a empleos "feminizados", y disminución de la distancia entre salarios de menor y mayor jerarquía)
	Que empleadores declaren anualmente sobre brechas entre remuneraciones promedio a hombres y mujeres
	Medidas y reparación efectivas para las víctimas del racismo y colonialismo
	Medidas de acción afirmativa ante desigualdad categorial
Mito 4. La educación te va a sacar de pobre	Desvincular credenciales educativos y dignidad de vida
	Aumentar gasto público en educación
	Disminuir desigualdades de inversión pública educativa entre regiones del país y entre universidades
	Regulación de educación privada, tutorías para exámenes de ingreso y actividades extracurriculares
	Universalizar cupos en educación pública
	Discutir otros mecanismos de selección (como ingreso aleatorio, etc.)

Mito 5. Los jóvenes prefieren no tener viviendas	Regular el mercado de la vivienda
	Colectivización de la lucha por la vivienda, formación de sindicatos de inquilinos o colectivos barriales
	Desmercantilizar el acceso a la vivienda, construcción de sistemas de alquiler social y promover propiedad Estatal de vivienda pública
	Construcción de vivienda social (propiedad del Estado y/o a precios accesibles para estratos más bajos)
	Desmontar la idea de que el acceso seguro y con certidumbre a una vivienda se logra sólo mediante la propiedad
	Promulgación de leyes inquilinarias, padrón de viviendas en alquiler
	Penalizar la especulación y el acaparamiento en mercado inmobiliario (ej. con incentivos y desincentivos fiscales contra vivienda ociosa o desocupada, etc.)
	Regular plataformas de rentas de corto plazo, que compartan datos con gobierno, limitar presencia en zonas con peligro de desplazamiento
	Control y restricción del poder de mercado y de precios y/o rentas (tanto a su nivel actual como su crecimiento en el tiempo)
	Discutir límites máximos al número de viviendas que puedan acumular las inmobiliarias o un sólo actor privado
	Subsidios al alquiler a grupos vulnerables
	Paro de rentas ante crisis económicas
	Regulación clara de desalojos y prohibir completamente desalojos forzosos
Mito 6. El vicio de la dependencia	Generar nuevas concepciones de la política social
	Construir un sistema de protección social bajo el principio de universalidad y enfoque de derechos humanos
	Dejar atrás el minimalismo en la política social

313

Mito 6. El vicio de la dependencia	Desmercantilizar, desfamiliarizar y redistribuir el acceso al bienestar
	Herencia universal*
	Ingreso básico universal*
Mito 7. Los pobres no pagan impuestos	Modificar Constitución para asegurar que el cobro de impuestos sea progresivo
	"Tax the rich": aumentar los impuestos a los más ricos
	Equilibrar los impuestos al capital y al trabajo (e incluso cobrar más al capital, desde una perspectiva redistributiva)
	Impuestos a la riqueza y a la propiedad
	Restituir impuesto a las herencias multimillonarias
	Discutir posibilidad de impuestos verdes y espaciales a yates y jets privados
	Elevar tasas máximas marginales en impuestos sobre la renta a personas físicas
	Limitar beneficios e incentivos fiscales, y justificar técnicamente los que permanezcan
	Mayor transparencia en información tributaria
	Fomentar la cooperación internacional tributaria para disminuir la evasión fiscal en "paraísos fiscales"
	Fortalecer capacidad tributaria local

FUENTE: Elaboración propia.

Para aportar algunos de mis ejemplos preferidos de este tipo de políticas radicales propongo finalizar imaginando una sociedad con *herencia universal* y con *ingreso básico universal*, dos propuestas que corresponden al capítulo 6, sobre el vicio de la dependencia, pero que preferí explicar aquí.

La herencia universal, una de las distintas políticas que proponía Anthony Atkinson para atender la desigualdad,[5] se trata de un monto amplio de dinero que sería pagado a los jóvenes al cumplir determinada edad (por ejemplo, la mayoría de edad) y que podría servir para igualar condiciones y oportunidades, pero también resultados.

Una política como esta fue recientemente promovida en campaña electoral por el partido Movimiento Sumar en España, que proponía otorgar a "todos los jóvenes de entre 18 y 23 años la cantidad de 20 *mil euros*",[6] equivalente a casi medio millón de pesos mexicanos. Además, la idea de la herencia universal es que sea financiada con impuestos a los más ricos de la sociedad.

Por otro lado, se encuentra el ingreso básico universal (IBU) o también conocido como renta básica universal. Cuando esta propuesta se conceptualiza como *incondicional, vitalicia, individual*, y se propone como complemento de un sistema amplio de protección social (y no como algunos economistas han promovido desde un espectro político conservador, buscando que el IBU se vuelva casi en un sustituto del sistema de protección social), se puede convertir en un aspecto liberador para muchas personas.

Dice Pablo Yanes que el IBU tiene el potencial de crear "un nuevo tipo de relaciones sociales, libres del control social derivado del estado de carencia, dependencia y necesidad", y agrega que puede lograr la "desmercantilización parcial de la fuerza de trabajo" (en la medida en que el mercado laboral no sería la única fuente de ingreso) y socializar los medios de subsistencia. Así, se podrían "remover los obstáculos que impiden el florecimiento humano", en palabras de Julio Boltvinik, referido por Yanes.[7]

¿Ustedes a qué se dedicarían si existiera algo así como el ingreso básico universal? Es decir, un ingreso asegurado para todas las personas, incondicional, y que sea suficiente para, por sí mismo, sostener una vida digna. Esa pregunta la hice en 2018 a través de las redes sociales de Gatitos contra la Desigualdad y las respuestas fueron realmente preciosas.[8]

En primer lugar, y como lo muestran diversos experimentos a nivel mundial, prácticamente nadie, de quienes respondieron la pregunta, *dejaría de trabajar*. Al contrario, muchas personas buscarían cambiar de trabajo o buscar alguno que las deje más satisfechas, pues tendrían solvencia económica para soportar la inestabilidad que eso conlleva. Otras buscarían estudiar más, mientras que otras comentaron que se dedicarían al trabajo comunitario o a producir bienes o mercancías que fueran gratuitos para la sociedad. Yo, particularmente, si tuviera acceso al IBU, seguiría investigando, escribiendo y haría también trabajo comunitario.

A la luz de la herencia universal y del ingreso básico universal, queda claro que las alternativas solidarias, universales y realmente radicales son aquellas que pueden tener el poder de desvincular la dependencia (y la sobrevivencia) de las personas respecto de la noción de trabajo (bajo la idea de la *ética del trabajo*), respecto a los ricos (sea el empleador, el rentero o algún otro tipo de élite económica) y en general respecto de los vaivenes del sistema capitalista. En general, la búsqueda es por la definición libre de los proyectos de vida y remover las barreras que impiden el florecimiento humano. Este tipo de propuestas, complementadas con un alto porcentaje de propiedad pública sobre patrimonio social, incluso pueden ser las bases de alternativas reales al sistema económico actual.

Me parece muy atinado lo que un meme que circulaba en redes sociales mencionaba: "*Tú no quieres ser rico, tú quieres la* libertad que la riqueza brinda". Incluso me parece que la avaricia de muchas personas ricas en realidad está enraizada profundamente en el miedo a perder todo en algún momento por la volatilidad del sistema económico y que, ante la falta de protección social universal mínima, puedan enfrentarse a problemas como "los que sufren los pobres".

Una sociedad que asegura el mínimo necesario para una vida adecuada y digna para todas las personas es una sociedad donde, seguramente, la avaricia de la riqueza infinita sería marginal y no una aspiración común entre la población. Esa es la verdadera libertad, no aquella a la que hacen referencia los "libertarios" desde el espectro político conservador.

Cerrar las brechas de la desigualdad es un deseo y una exigencia que vela por el bien común. Tiene que quedar claro que todas las personas se beneficiarían al disminuir estas brechas. Así pues, luchar radicalmente contra la desigualdad implica luchar contra la legitimidad de esta, contra la narrativa meritocrática y sus mitos, y en favor de una perspectiva solidaria que ponga al centro el bienestar de la colectividad, desplazando el paradigma individualista y de la competencia. Les invito a seguir luchando contra los mitos de la desigualdad y de la narrativa meritocrática.

NOTAS

Prefacio

[1] Guillermo Cruces, Ricardo Pérez-Truglia y Martín Tetaz, "Biased Perceptions of Income Distribution and Preferences for Redistribution: Evidence from a Survey Experiment", *Journal of Public Economics*, vol. 98, núm. C, pp. 100-112, https://econpapers.repec.org/article/eeepubeco/v_3a98_3ay_3a2013_3ai_3ac_3ap_3a100-112.htm.

[2] El primer artículo mencionado fue publicado en 2016 en la ya desaparecida revista *Paradigmas*. Se puede leer el texto aún en "'Que le chinguen más': individualismo y percepciones de pobreza y justicia social para los mexicanos", https://maximojaramillo.mx/2024/03/07/3-que-le-chinguen-mas-individualismo-y-percepciones-de-pobreza-y-justicia-social-para-los-mexicanos-blog-post/. Agradezco la apertura de este espacio a mis colegas Diego Castañeda, Raúl Zepeda Gil y Luis Ángel Monroy Gómez Franco. El segundo fue publicado en el sitio web *Horizontal*, que tampoco existe ahora, pero el artículo clasista al que respondía, cuyo autor es Leonardo Curzio, sigue en el portal de *El Universal*: "Brandon y Jovani", 3 de octubre de 2016, https://www.eluniversal.com.mx/entrada-de-opinion/articulo/leonardo-curzio/nacion/2016/10/3/brandon-y-jovani/. Y el tercer artículo, que respondía a la *youtuber* Mars Aguirre, está publicado en *Nexos*: "Yo no merezco abundancia", 15 de febrero de 2018, https://economia.nexos.com.mx/yo-no-merezco-abundancia-legitimidad-de-la-pobreza-y-la-politica-social-en-mexico/.

Introducción

[1] "Meritocracia" https://es.wikipedia.org/wiki/Meritocracia.

[2] "Meritocracy", https://en.wikipedia.org/wiki/Meritocracy.

[3] Más correctamente, aquí hago referencia a las personas en "situación de pobreza". Pero, dado el nombramiento popular como "pobres", y que aquí hago referencia a aspectos

317

subjetivos que provienen de los individuos, utilizo entonces la acepción popular, lo cual será usual dentro del resto del libro.

[4] Jo Littler, *Against Meritocracy: Culture, Power and Myths of Mobility*, Abingdon/Nueva York, Routledge/Taylor & Francis Group, 2017.

[5] Michael Young, *The Rise of the Meritocracy*, New Brunswick, Transaction Publishers, 1994.

[6] Según Leslie McCall, el análisis de las representaciones de la justicia distributiva se puede hacer desde al menos tres diferentes dimensiones: *1)* la percepción sobre la desigualdad, *2)* las representaciones sobre las oportunidades, y *3)* la valoración de las políticas redistributivas. El campo de investigación ha ido creciendo cada vez más, y en años recientes ha dejado de ser algo casi exclusivamente analizado en países del Norte Global. Recomiendo ampliamente el libro *The Undeserving Rich*, de esta autora, para encontrar un estudio comprensivo respecto de las creencias y percepciones de justicia distributiva, enfocadas en Estados Unidos en este caso.

[7] Esto lo presenté por primera vez en el artículo "Creer más en la meritocracia mientras más desiguales somos: la paradoja de la desigualdad en México", *Nexos*, 8 de diciembre de 2020, https://economia.nexos.com.mx/creer-mas-en-la-meritocracia-mientras-mas-desiguales-somos-la-paradoja-de-la-desigualdad-en-mexico/.

[8] La Encuesta de Cohesión Social en América Latina (ECosociAL) fue levantada por la Pontificia Universidad Católica de Chile (PUC), el Instituto Fernando Henrique Cardoso (IFHC), la Universidad de Notre Dame, el Cieplan y el PNUD en 2007. Las características específicas de esta encuesta la hacen casi única en la región, por lo que su información sigue siendo importante a pesar de haber pasado ya 14 años desde su creación.

[9] El grado de creencia en la meritocracia se operacionaliza a partir de la pregunta "¿En este país existen oportunidades para que cualquier persona que trabaje duro salga adelante?".

[10] Es interesante el caso de Brasil, que, a pesar de tener el nivel más alto de desigualdad (para 2007) del grupo de países incluidos en la encuesta, tenía el segundo menor grado de creencia en la meritocracia. Probablemente, esto puede estar relacionado con el gobierno de izquierda política que se tenía desde 2003, a diferencia de México y Guatemala.

[11] Jonathan J. B. Mijs, "The Paradox of Inequality: Income Inequality and Belief in Meritocracy Go Hand in Hand", *Socio-Economic Review*, vol. 19, núm. 1, pp. 7-35, https://doi.org/10.1093/ser/mwy051.

[12] Al respecto, recomiendo leer investigaciones tales como la de Gonzalo Saraví, *Juventudes fragmentadas*, Flacso/CIESAS, México, 2015, y la de Cristina Bayón, *La integración excluyente*, de Cristina Bayón, Instituto de Investigaciones Sociales/Bonilla Artigas Editores, México, 2015, las cuales fueron pilares muy importantes para las investigaciones que he hecho y las hipótesis de las que he partido durante la última década. En otro ejemplo de esto, también recomiendo leer el informe *Mundos paralelos*, de Oxfam México, https://oxfammexico.org/mundos-paralelos-big-data-y-desigualdad-en-la-cdmx/.

[13] "Universidad fresa vs. pública", https://www.tiktok.com/@soymirrey/video/7199734327586901253.

[14] Cabe destacar que un error frecuente es creer que un estrato social es lo mismo que clase social. Si bien se reconoce eso, también se reconoce como problemático que alguien que se autodefine de clase social media pertenezca a un estrato bajo con altas vulnerabilidades. Hay aproximaciones sociológicas muy interesantes al tema de la clase media.

[15] Al respecto, se encuentra en proceso de publicación una investigación de mi autoría: "'El que quiere puede'. Mérito e individualismo en las representaciones de justicia distributiva", que se incluirá en el libro *La cuestión social en el siglo XXI*.

[16] Máximo Ernesto Jaramillo Molina, "'Worst/Better than Before?': Perceptions of Income Inequality in Latin America and Worldwide (Paper Conference)", junio de

2017, https://maximojaramillo.mx/2024/03/08/8-worst-better-than-before-percep tions-of-income-inequality-in-latin-america-and-worldwide-paper-conference/.

[17] Esto se podría tomar como una versión ampliada del originalmente propuesto en Wim van Oorschot *et al.* (eds.), *The Social Legitimacy of Targeted Welfare. Attitudes to Welfare Deservingness*, Cheltenham/Northampton, Mass., Edward Elgar Publishing, 2017.

Mito 1
Los pobres son pobres porque quieren

[1] Más adelante, en el capítulo sobre riqueza (capítulo 2), trataré de cuestionar la noción de "talento" como un determinante social de ingreso y bienestar.

[2] "Objetivo 1: poner fin a la pobreza en todas sus formas en todo el mundo", en Informe de los objetivos de desarrollo sostenible, Naciones Unidas, 2023, https://www.un.org/ sustainabledevelopment/es/poverty/.

[3] "GDP per capita (current US$)", Worl Bank Group, https://data.worldbank.org/indicator/ NY.GDP.PCAP.CD.

[4] Joe R. Feagin, "Poverty: We Still Believe That God Helps Those Who Help Themselves", *Psychology Today*, 6(6), 1972, pp. 101–110; Silvana Dakduk, Mónica González y José Malavé, "Percepciones acerca de los pobres y la pobreza: una revision, *Revista Latinoamericana de Psicología*, 42(3), pp. 413-425, https://www.redalyc.org/ pdf/805/80515851006.pdf; David Eduardo Vilchis Carrillo, "Pobreza, desigualdad y religión: Creencias religiosas y atribuciones causales de la pobreza en México". *Revista Temas Sociológicos*, 30, Article 30. https://doi.org/10.29344/07196458.30.3204; Raimundo Frei, Juan Carlo Castillo, Rodrigo Herrera, José Ignacio Suárez, "¿Fruto del esfuerzo? Los cambios en las atribuciones sobre pobreza y riqueza en Chile entre 1996 y 2015", *Latin American Research Review*, 55(3), Article 3. https://doi.org/10.25222/larr.464.

[5] Rolando Cordera, Percepciones, pobreza, desigualdad: Encuesta Nacional de Pobreza (Primera edición), Universidad Nacional Autónoma de México, 2015.

[6] Inegi, "Encuesta Nacional de Discriminación (Enadis) 2022", mayo, 2023, https://www. inegi.org.mx/contenidos/programas/enadis/2022/doc/enadis2022_resultados.pdf.

[7] Para Carlos Barba, la cuestión social es "una articulación de prácticas sociales, discursos sociopolíticos, imaginarios sociales y conceptualizaciones teóricas y técnicas relevantes para definir los temas que exigen una intervención pública", Carlos E. Barba Solano, "La nueva cuestión social en el mundo y en América Latina: más allá de la pobreza", *Renglones*, núm. 62, 2010, Tlaquepaque, Jalisco: ITESO, disponible en https://www.academia.edu/98280 300/La_nueva_cuesti%C3%B3n_social_en_el_mundo_y_en_Am%C3%A9rica_Latina_ m%C3%A1s_all%C3%A1_de_la_pobreza.

[8] Zygmunt Bauman, *Trabajo, consumismo y nuevos pobres*, Editorial Gedisa, 2011.

[9] *Idem.*

[10] *Idem.*

[11] "Menor elegibilidad" en Paul Spicker, Sonia Alvarez Leguizamón y David Gordon, *Pobreza. Un glosario internacional*, Buenos Aires, Clacso, 2009, https://www.filo.unt.edu.ar/ wp-content/uploads/2015/11/intro_tsocial_2018_Menor-elegibilidad.pdf.

[12] Oscar Lewis, *La vida: A Puerto Rican Family in the Culture of Poverty, San Juan y Nueva York*, Random House, 1966.

[13] Phillippe Bourgois, "Poverty, Culture of", en *International Encyclopedia of the Social & Behavioral Sciences*, Elsevier, 2015, pp. 719–721 https://doi.org/10.1016/B978-0-08-097 086-8.12048-3.

[14] Graciela Teruel, *Dinámicas de la pobreza en México*, Ciudad de México, CEEY, 2022, p. 112, https://ceey.org.mx/wp-content/uploads/2023/07/Dinamicas-de-la-pobreza-en-Mexico.pdf.

[15] Julio Boltvinik "Evolución y magnitud de la pobreza en México", en *Estudios Demográficos y Urbanos*, *11*(2), 1996, pp. 361-394. https://doi.org/10.24201/edu.v11i2.974

[16] "Descripción del Método de Medición Integrada de la Pobreza (MMIP) y umbrales que utiliza", Evalúa CDMX, agosto de 2019, https://www.evalua.cdmx.gob.mx/storage/app/uploads/public/5d4/f7b/220/5d4f7b220e3a3400651751.pdf

[17] En estos casos me referiré a la *movilidad social relativa*, que es distinta de la *movilidad social absoluta*. La relativa hace referencia a comparaciones con el resto de la población o con la familia de origen, mientras que la absoluta analiza cómo avanzan o no los alcances en determinadas dimensiones de bienestar.

[18] Roberto Vélez Grajales, Raymundo M. Campos Vázquez y Claudia Edith Fonseca, "El concepto de movilidad social: dimensiones, medidas y estudios en México, CEEY, documento de trabajo 01/2015, https://ceey.org.mx/wp-content/uploads/2018/06/01-V%C3%A9lez-Campos-Fonseca-2015-1.pdf.

[19] Branko Milanovic, "¿Por qué importa la desigualdad?", *Letras Libres*, 6 de diciembre de 2018, https://letraslibres.com/economia/por-que-importa-la-desigualdad/.

[20] Aunque también vale la pena mencionar la existencia de los argumentos sobre el decrecimiento (*degrowth*) como una alternativa para generar más igualdad. De ahí, recomiendo leer el trabajo de Jason Hickel.

[21] Thomas Piketty, *El capital en el siglo XXI*, México, Fondo de Cultura Económica, 2014.

[22] Carlos Brown, "El romance mexicano con la economía de goteo", *Nexos*, 8 de septiembre de 2016, https://economia.nexos.com.mx/?p=183.

[23] Branko Milanovic, *op. cit.*

[24] Juan Pablo Pérez Sáinz, *Mercados y bárbaros. La persistencia de las desigualdades de excedente en América Latina*, San José, Flacso Costa Rica, 2014, p. 18.

[25] Sara María Ochoa León, *Riesgo y vulnerabilidad laboral durante la crisis financiera y económica 2008-2009 en México*, tesis de doctorado, El Colegio de México, 2013, https://repositorio.colmex.mx/concern/theses/765371485?f%5Bcreator_sim%5D%5B%5D=Ochoa+Le%-C3%B3n%2C+Sara+Mar%C3%ADa&locale=es.

[26] Carina García, "¿En qué va la reducción de la jornada laboral?", *Expansión*, 29 de abril de 2024, https://politica.expansion.mx/elecciones/2024/04/29/en-va-reduccion-jornada-laboral-40-horas.

[27] "Jornada laboral de 40 horas: Claudia Sheinbaum pide consenso con empresarios antes de reducirla", *El Financiero*, 10 de julio de 2024, https://www.elfinanciero.com.mx/nacional/2024/07/10/jornada-laboral-de-40-horas-claudia-sheinbaum-pide-consenso-con-empresarios-antes-de-reducirla/.

[28] "¿Por qué Carlos Slim se contradice sobre reducción de jornada laboral?", *El Financiero*, 5 de diciembre de 2023, https://www.elfinanciero.com.mx/nacional/2023/12/05/por-que-carlos-slim-se-contradice-sobre-reduccion-de-jornada-laboral-esto-sabemos/.

[29] Credit Suisse, *Global Wealth Databook 2022*, https://www.credit-suisse.com/media/assets/corporate/docs/about-us/research/publications/global-wealth-databook-2022.pdf

[30] World Inequality Database, https://wid.world/.

[31] Credit Suisse, *op. cit.*

[32] Durkheim, "The division of Labour in Society", p. 377, citado en Minior Mora Salas, Juan Pablo Pérez Sáinz, Fernando Cortés, *Desigualdad social en América Latina*, Costa Rica, Flacso, 2004.

[33] *Idem.*

[34] *Idem.*
[35] *Idem.*
[36] Máximo Ernesto Jaramillo-Molina, *Yo (no) merezco abundancia: Percepciones y legitimidad de política social, pobreza y desigualdad en la Ciudad de México.* [El Colegio de México]. https://www.researchgate.net/publication/334495442_Yo_no_merezco_abundancia_Percepcio nes_y_legitimidad_de_politica_social_pobreza_y_desigualdad_en_la_Ciudad_de_Me xico.
[37] @GatitosVsDesig, 8 de febrero de 2011, https://twitter.com/GatitosVsDesig/status/13 58821141821939715.
[38] Littler, *op. cit.*, p. 7.

Mito 2
Cualquiera puede ser millonario

[1] @GatitosVsDesig, 16 de enero de 2022, https://x.com/GatitosVsDesig/status/148275 0599447957506.
[2] @GatitosVsDesig, 8 de abril de 2023, https://twitter.com/GatitosVsDesig/status/164476 1664137359360.
[3] "Acquisition of Twitter by Elon Musk", https://en.wikipedia.org/wiki/Acquisition_of_ Twitter_by_Elon_Musk.
[4] "The Washington Post Announces William Lewis as Publisher and CEO", *The Washington Post*, 4 de noviembre de 2023, https://www.washingtonpost.com/pr/2023/11/04/wash ington-post-announces-william-lewis-publisher-ceo/.
[5] "Carlos Slim y el New York Times, así es la relación de negocios", *El Comentario del Día*, 23 de febrero de 2024, https://comentariodeldia.com/2024/02/23/carlos-slim-y-el- new-york-times-asi-es-la-relacion-de-negocios/.
[6] "Así respondió el mesero humillado por Carlos 'Máster' Muñoz en una conferencia", *Infobae*, 15 de octubre de 2021, https://www.infobae.com/america/mexico/2021/10/15/ asi-respondio-el-mesero-humillado-por-carlos-master-munoz-en-una-conferencia/.
[7] @GatitosVsDesig, 15 de octubre de 2021, https://twitter.com/GatitosVsDesig/status /1449015364969500697.
[8] "Rich Dad Poor Dad", https://en.wikipedia.org/wiki/Rich_Dad_Poor_Dad.
[9] En la cuenta oficial del área de gobierno encargada de la Semana PYME se pueden encontrar todos los videos de la participación de Marco Antonio Regil: https://www.youtube.com/ channel/UCxxXVDqamgIG3mj9j-OsjLw.
[10] "La importancia de levantarse temprano", https://youtu.be/lRZrSidUzoI.
[11] Robin Sharma, *The 5AM Club*, Bombay, Jaico, 2018, https://www.google.co.in/books/ edition/The_5_AM_Club/-GWBDwAAQBAJ?hl=en&gbpv=0.
[12] *Idem.*
[13] Incluso se podía "perder" el estatus de nobleza por trabajar. Fue por eso por lo que, cuando quiso promover que los nobles se establecieran en colonias para dedicarse al comercio, Luis XIV publicó un edicto donde garantizaba que dedicarse al comercio no sería moti- vo para arrebatar los títulos de la nobleza. "Historia XVI: la nobleza", https://es.wikisource. org/wiki/Historia_XVI:La_nobleza.
[14] Michael J. Sandel, *The Tyranny of Merit*, Farrar, Straus and Giroux, 2020.
[15] Littler, *op. cit.*, p. 26.
[16] Recomiendo leer Leslie McCall, *The Undeserving Rich. American Beliefs about Inequality, Opportunity and Redistribution*, Nueva York, Cambridge University Press, 2013.

[17] Las entradas en internet que hablan de esto son varias. Acá un ejemplo: "El cuarto factor de la producción", FasterCapital, https://fastercapital.com/es/tema/el-cuarto-factor-de-producci%C3%B3n.html.

[18] Carlos Sánchez Mora, "The 2022 Forbes 400 Self-Made Score: from Silver Spooners to Bootstrappers", *Forbes*, 27 de septiembre de 2022, https://www.forbes.com/sites/carlossanchezmora/2022/09/27/the-2022-forbes-400-self-made-score-from-silver-spooners-to-bootstrappers/?sh=5f66ae844f25.

[19] Rachel Sherman, *Uneasy Street. The Anxieties of Affluence*, Nueva Jersey, Princeton University Press, 2017. Para un excelente análisis sobre las subjetividades de los ricos, pero en el caso mexicano, recomiendo ampliamente leer el trabajo de Alice Krozer, por ejemplo, "Los ricos no lloran por sus privilegios, los justifican", *Revista de la Universidad de México*, febrero de 2024, https://www.revistadelauniversidad.mx/articles/fc089ce7-b9ed-4e62-8807-571d08d211ec/los-ricos-no-lloran-por-sus-privilegios-los-justifican.

[20] Shamus Khan, *Privilege. The Making of an Adolescent Elite at St. Paul's School*, Nueva Jersey, Princeton University Press, 2011.

[21] Esta frase la hemos usado en publicaciones de Gatitos contra la Desigualdad desde 2018. Gatitos contra la Desigualdad, "Para llegar a ser rico hay que... nacer rico", *Chilango*, 22 de enero de 2019, https://www.chilango.com/opinion/para-llegar-a-ser-rico-hay-que-nacer-rico/

[22] Guglielmo Barone y Sauro Mocetti, "Intergenerational Mobility in the Very Long Run: Florence 1427-2011", *The Review of Economic Studies*, vol. 88, núm. 4, 2021, pp. 1863-1891, https://academic.oup.com/restud/article-abstract/88/4/1863/5958123.

[23] Gregory Clark, "What Is the True Rate of Social Mobility in Sweden?", 2012, http://faculty.econ.ucdavis.edu/faculty/gclark/papers/Sweden%202012%20AUG.pdf.

[24] Gregory Clark y Neil Cummins, "Surnames and Social Mobility in England, 1170-2012", *Human Nature*, vol. 25, pp. 517-537, https://link.springer.com/article/10.1007/s12110-014-9219-y.

[25] @GatitosVsDesig, 27 de diciembre de 2022, https://x.com/GatitosVsDesig/status/1607792680762839042.

[26] Scottie Andrew, "¿Qué es un 'nepo baby' y por qué todos hablan de ellos", *CNN*, 22 de diciembre de 2022, https://cnnespanol.cnn.com/2022/12/22/nepo-baby-famosos-tendencia-trax/amp/. El tweet que, se supone, originó el término señalaba específicamente a la actriz de la serie *Euphoria*, Maude Apatow: @MeriemIsTired, 20 de febrero de 2022, https://x.com/MeriemIsTired/status/1495548990926041094. Luego, una portada de *New York Magazine* estaría dedicada al tema: Nate Jones, "How a Nepo Baby Is Born", *Vulture*, 19 de diciembre de 2022, https://www.vulture.com/article/what-is-a-nepotism-baby.html.

[27] @GatitosVsDesig, 8 de junio de 2022, https://twitter.com/gatitosvsdesig/status/1534584512608444419?s=46&t=3k5MteiDqJpb2fpAlmfugg.

[28] @GatitosVsDesig, 25 de abril de 2022, https://twitter.com/gatitosvsdesig/status/1518801728233164800?s=46&t=3k5MteiDqJpb2fpAlmfugg.

[29] "Carlos Slim, el empresario que comenzó su imperio abajo de unas escaleras", Fundación UNAM, 31 de mayo de 2019, https://www.fundacionunam.org.mx/rostros/carlos-slim-el-empresario-que-comenzo-su-imperio-abajo-de-unas-escaleras/. "¿Cuál fue el primer trabajo de Carlos Slim?", *El CEO*, 24 de noviembre de 2023, https://elceo.com/liderazgo/cual-fue-el-primer-trabajo-de-carlos-slim-asi-inicio-la-historia-de-exito/. "Los primeros pasos de Carlos Slim en los negocios", *Infobae*, 31 de marzo de 2021, https://www.infobae.com/america/mexico/2021/03/31/los-primeros-pasos-de-carlos-slim-en-los-negocios-una-tienda-de-dulces-debajo-de-las-escaleras-y-una-libreta-de-ahorros/.

30 *El Universal*, 30 de septiembre de 1927, citado en Carlos Carranza, *¡México para los mexicanos! La Campaña Nacionalista y el comercio extranjero en el México posrevolucionario*, tesis de maestría, UAM, 2021, https://bindani.izt.uam.mx/concern/parent/fq977t91d/file_sets/n2 96wz277.

31 "La estrella del oriente: el importante negocio que impulsó la fortuna del padre de Carlos Slim", *Infobae*, 31 de agosto de 2021, https://www.infobae.com/america/mexi co/2021/08/31/la-estrella-del-oriente-el-importante-negocio-que-impulso-la-fortuna-del-padre-de-carlos-slim/.

32 Joana Mayen, "Cómo se hizo millonaria Alejandra Ríos, integrante de Shark Tank", *Dinero en Imagen*, 2 de diciembre de 2022, https://www.dineroenimagen.com/actualidad/ como-se-hizo-millonaria-alejandra-rios-integrante-de-shark-tank/149061.

33 "Arturo Elias Ayub: cómo se hizo millonario el yerno de Carlos Slim que incursionó en los negocios a los 7 años", *Infobae*, 24 de marzo de 2021, https://www.infobae.com/america/ mexico/2021/03/24/arturo-elias-ayub-como-se-hizo-millonario-el-yerno-de-carlos-slim-que-incursiono-en-los-negocios-a-los-7-anos/.

34 @arturoelias, 23 de marzo, 2021, El éxito es directamente proporcional a la suma de la chinga y el talento, 👏 👏 👏 https://twitter.com/arturoelias/status/1374417242637570048.

35 Samuel García, 15 de mayo de 2017, https://www.facebook.com/SAMUELGARCIASE PULVEDA/photos/tengo-desde-los-15-a%C3%B1os-levant%C3%A1ndome-a-las-5-am-para-trabajar-en-mis-empresas-ah/801119823387916/.

36 Farid Dieck, "Lo Esencial #8 Samuel García", 17 de noviembre de 2020, https://www. youtube.com/watch?v=jklimkRUc-g.

37 Nicholas W. Papageorge y Kevin Thom, "Genes, Education, and Labor Market Outcomes: Evidence from the Health and Retirement Study", NBER Working Paper 25114, 2018, https://www.nber.org/system/files/working_papers/w25114/w25114.pdf.

38 Andrew Van Dam, "It's Better To Be Born Rich Than Talented", *The Washington Post*, 9 de octubre de 2018, https://www.washingtonpost.com/business/2018/10/09/its-bet ter-be-born-rich-than-talented/?fbclid=IwAR0zVaqtPsEhE-Bl9ssZQkRz75KmJF3sZ NvpM2fRiF6KgLPR4dif6oR-iKU&noredirect=on.

39 Pierre Bourdieu, *Los herederos. Los estudiantes y la cultura*, Buenos Aires, Siglo XXI, 2013, https://www.sigloxxieditores.com.ar/fichaLibro.php?libro=978-987-629-067-8.

40 Máximo Ernesto Jaramillo Molina, "¿El talento de los hijos o el varo de los papás? Meritocracia y desigualdad educativa en México", *Este País*, 3 de mayo de 2021, https://este pais.com/home-slider/el-talento-de-los-hijos-o-el-varo-de-los-papas-meritocracia-y-desigualdad-educativa-en-mexico/.

41 "Miguel Bezos", https://en.wikipedia.org/wiki/Miguel_Bezos.

42 Didier Jacobs, "Extreme Wealth is Not Merited", Oxfam International, 20 de noviembre de 2015 https://www.oxfam.org/en/research/extreme-wealth-not-merited.

43 Máximo Ernesto Jaramillo Molina, "Yo (no) merezco abundancia: legitimidad de la pobreza y la política social en México", *Nexos*, 15 de febrero de 2018, https://economia. nexos.com.mx/yo-no-merezco-abundancia-legitimidad-de-la-pobreza-y-la-politica-so cial-en-mexico/.

44 O también conocido como capitalismo clientelista. En inglés, el término común es *crony capitalism*: "Crony Capitalism", https://en.wikipedia.org/wiki/Crony_capitalism.

45 "Telmex", https://es.wikipedia.org/wiki/Telmex.

46 "El negocio del Tren Maya: Quintana, Slim, BlackRock ganan mientras pueblos indígenas y comunidades pierden", *Poder*, 3 de diciembre de 2020, https://poderlatam.org/2020/12/ el-negocio-del-tren-maya-quintana-slim-blackrock-ganan-mientras-pueblos-indige nas-y-comunidades-pierden/.

[47] Mario Maldonado, "Germán Larrea, el 'Rey del Cobre' y de 333 concesiones", *El Universal*, 25 de mayo de 2023, https://www.eluniversal.com.mx/opinion/mario-maldonado/german-larrea-el-rey-del-cobre-y-de-333-concesiones/; Carlos Fernández-Vega, "Mexico SA", *La Jornada*, 19 de junio de 2023, https://www.jornada.com.mx/notas/2023/06/19/economia/mexico-sa-larrea-en-la-mira-estadunidense-viola-derechos-de-los-mineros-si naloa-maiz-y-oligopolio/.

[48] Antonio Zarur, "La televisión estatal en la era del neoliberalismo: autosuficiencia y privatización, 1982-1994", https://gestionyestrategia.azc.uam.mx/index.php/rge/article/download/464/1143/941&ved=2ahUKEwiLqPmtncWGAxX0I0QIHVtPEOsQFnoECBAQAw&usg=AOvVaw17JRPuHUvwVhc_6QcZ6XxP.

[49] Marco A. Mares, "IFT, resolución histórica", *El Financiero*, 30 de noviembre de 2023, https://www.eleconomista.com.mx/opinion/IFT-resolucion-historica-20231130-0130.html.

[50] "Grupo México Transportes", https://es.wikipedia.org/wiki/Grupo_M%C3%A9xico_Transportes.

[51] Paul Rincón, "Jeff Bezos: así fue el viaje de 11 minutos al espacio del multimillonario", *BBC*, 20 de julio de 2021, https://www.bbc.com/mundo/noticias-57904843.

[52] @Public_Citizen, 20 de julio de 2021, https://twitter.com/Public_Citizen/status/1417477847074189314.

[53] @GatitosVsDesig, 27 de julio de 2021, https://twitter.com/GatitosVsDesig/status/1287758639542013962.

[54] Al respecto, vale la pena leer el experimento mental de un millonario en el desierto de Roybens (2024).

[55] @GatitosVsDesig, 25 de abril de 2020, https://twitter.com/GatitosVsDesig/status/1254196967326003201.

[56] @GatitosVsDesig, 27 de enero de 2021, https://twitter.com/GatitosVsDesig/status/1354600184127352838. De hecho, con datos para México, también en 2021 encontré que en México la masa monetaria de ingresos laborales disminuyó 19%, mientras que la riqueza de los multimillonarios mexicanos en la lista de *Forbes* había aumentado 29%, equivalente a 765 mil millones de pesos. @GatitosVsDesig, 14 de abril de 2021, https://twitter.com/GatitosVsDesig/status/1382516309645135875.

[57] "#EveryBillionaireIsAPolicyFailure", https://x.com/hashtag/EveryBillionaireIsAPolicyFailure.

[58] @GatitosVsDesig, 27 de noviembre de 2020, https://twitter.com/GatitosVsDesig/status/1332350630619471872.

[59] "Australopithecus", https://es.wikipedia.org/wiki/Australopithecus.

[60] @GatitosVsDesig, 7 de abril de 2023, https://twitter.com/GatitosVsDesig/status/1644363777998041088.

[61] @GatitosVsDesig, 17 de mayo de 2022, https://twitter.com/GatitosVsDesig/status/1504502585574805513.

[62] @GatitosVsDesig, 14 de julio de 2020, https://twitter.com/GatitosVsDesig/status/1283239421123461128.

[63] Ingrid Robeyns, Limitarianism, Nueva York, Astra Publishing House, 2024.

[64] Cálculos propios con base en la Enigh 2022.

[65] "Carlos Slim & Family", *Forbes*, https://www.forbes.com/profile/carlos-slim-helu/.

[66] Inspirado en @emilyisliving, 21 de julio de 2020, https://www.instagram.com/p/CC6xfu8nt-e/?igshid=cnuvp7bg4rgn.

[67] "¿Los multimillonarios en forbes merecen su riqueza?", *Chilango*, 9 de marzo de 2019, https://www.chilango.com/opinion/forbes-publico-la-nueva-version-de-su-lista-de-multillonarios/.

68 Catherine Clifford, "The majority of billionaires in the world are self-made", *CNBC*, 10 de mayo de 2019, https://www.cnbc.com/2019/05/10/wealthx-billionaire-census-majority-of-worlds-billionaires-self-made.html.

69 Tax Justice Now, https://taxjusticenow.org/#b.

70 @GatitosVsDesig, 6 de julio de 2020, https://twitter.com/GatitosVsDesig/status/1280 337886722822144.

71 "Estimación del costo de eliminar la pobreza extrema por ingreso en México, en tiempos del covid", PUED UNAM, http://www.pued.unam.mx/export/sites/default/archivos/covid/COVIDIngreso.pdf.

Mito 3
No es el patriarcado ni el racismo, es el clasismo

1 "Muerte de Giovanni López", https://es.wikipedia.org/wiki/Muerte_de_Giovanni_L%C3%B3pez.

2 "Victoria Salazar: qué se sabe de la mujer salvadoreña muerta en México tras ser brutalmente sometida por la policía", *BBC*, 30 de marzo de 2021, https://www.bbc.com/mundo/noticias-america-latina-56584525.

3 Agustín Laje, "El patriarcado ya no existe", *Infobae*, 4 de diciembre de 2016, https://www.infobae.com/opinion/2016/12/05/el-patriarcado-ya-no-existe/.

4 "La brecha salarial de género no existe", https://www.tiktok.com/search?q=la%20brecha%20salarial%20de%20g%C3%A9nero%20no%20existe&t=1720293041036.

5 Diego Sánchez de la Cruz, "Por qué la 'brecha salarial' es el gran mito del feminismo", *Libre Mercado*, 5 de marzo de 2019, https://www.libremercado.com/2019-03-05/por-que-la-brecha-salarial-es-el-gran-mito-del-feminismo-izquierdista-1276634170/.

6 @unogermango, 18 de agosto de 2023, https://x.com/unogermango/status/1692625683174797357. @pablo_majluf, 17 de mayo de 2022, https://x.com/pablo_majluf/status/1526593902844776448.

7 @GatitosVsDesig, 25 de abril de 2021, https://x.com/GatitosVsDesig/status/138641664 5787111425.

8 Eduardo Bonilla-Silva, *Racism without Racists*, Rowman & Littlefield Publishers, 2017; Charles A. Gallagher, "Color-Blind Privilege: The Social and Political Functions of Erasing the Color Line in Post Race America", *Race, Gender & Class*, 10(4), 2003, pp. 22–37; Evan P. Apfelbaum, Kristin Pauker, Samuel R. Sommers y Nalini Ambady, "In Blind Pursuit of Racial Equality?", *Psychological Science*, 21(11), septiembre de 2010, pp. 1587–1592. https://doi.org/10.1177/0956797610384741.

9 @ChumelTorres, 15 de diciembre de 2019, https://twitter.com/ChumelTorres/status/12 06383235057491968.

10 Mónica Moreno Figueroa, "'Yo nunca he tenido la necesidad de nombrarme'. Reconociendo el racismo y el mestizaje en México", 2012/13, http://www.catedrainterculturalidad.cucsh.udg.mx/sites/default/files/5-yo_nunca_he_tenido_la_necesidad.pdf. También puede leerse este análisis sobre el mito del mestizaje: Melina Barbosa, "El negacionismo del racismo en México, el mito del mestizaje y el racismo inverso", *Verificado*, 13 de julio de 2022, https://verificado.com.mx/racismo-en-mexico-mestizaje-y-racismo-inverso/.

11 @ChumelTorres, 9 de agosto de 2019, https://x.com/ChumelTorres/status/1159917499 460153344.

12 Gatitos contra la Desigualdad, 10 de noviembre de 2018, https://www.facebook.com/GatitosVsDesigualdad/posts/pfbid062KizNNxH9MYGFbauZfauj5NYUZYLEeTGztSz V1WL5cYm6GFjRfnh6VTiVAPU78kl.

13 "Enadis 2022", https://www.inegi.org.mx/contenidos/programas/enadis/2022/doc/ena dis2022_resultados.pdf

14 @RedgrinGH, 30 de noviembre de 2020, https://x.com/RedgrinGH/status/1597989 530321440770.

15 @Pablo_Majluf, 19 de noviembre de 2022, https://twitter.com/pablo_majluf/status/15 93991394598785030.

16 @GlodeJo07, 17 de noviembre de 2019, https://twitter.com/GlodeJo07/status/11960 94464290242560. @deniseramsm, 17 de noviembre de 2019, https://twitter.com/denise ramosm/status/1196089062949605378.

17 17 C. Tilly, *La desigualdad persistente*. Manantial, 2000.

18 Kimberlé Crenshaw, *On Intersectionality*, New Press, 2015.

19 Este apartado está basado en la publicación que hicimos del #DíaDelPagoIgualitario en Gatitos contra la Desigualdad: https://infogram.com/diadelpagoigualitario-1hke609qo yk365r.

20 @EqualPay2DayOrg, https://www.instagram.com/equalpay2dayorg/.

21 De igual forma, el libro *Economía feminista* de Mercedes D'Alessandro ha sido uno de los mejores proyectos de divulgación de esta y otras críticas desde la economía feminista, parte indispensable de mis cursos de economía y sociología en universidad.

22 En 2019, en Gatitos contra la Desigualdad hicimos la primera publicación y campaña sobre el #DíaDePagoIgualitario y la brecha salarial de género en México.

23 Eva Arceo, "Cerrar el abismo entre hombres y mujeres en el mercado laboral", *Nexos*, 6 de marzo de 2017, https://www.nexos.com.mx/?p=31706.

24 Hay un debate sobre la feminización de la pobreza, y cómo dependiendo del método de medición usado se encontrarán resultados que muestran un mayor porcentaje de pobreza en las mujeres o no. Para leer sobre el tema, recomiendo a Araceli Damián, entre otros.

25 @BernieSanders, 31 de enero de 2019, https://x.com/BernieSanders/status/109103477 9770863616.

26 "Tono de piel y desigualdad socioeconómica en México", Reporte de la encuesta Proder #1, El Colegio de México, 2020, https://discriminacion.colmex.mx/wp-content/ uploads/2020/07/info1.pdf.

27 @psolisaqui, 6 de agosto de 2020, https://x.com/psolisaqui/status/1291465231202385920.

28 Hernán Gómez Bruera, "AMLO y el racismo", *El Universal*, 21 de noviembre de 2019, https://www.eluniversal.com.mx/opinion/hernan-gomez-bruera/amlo-y-el-racismo/.

29 Más adelante se comenta sobre las críticas de la clasificación mediante el criterio de lengua.

30 @GatitosVsDesig, 18 de noviembre de 2019, https://x.com/GatitosVsDesig/status/119 6477333697372162

31 Comisión de Derechos Humanos de la Ciudad de México, "Necesario fortalecer el papel de las personas indígenas jóvenes como agentes de cambio", Boletín 106/2023, 9 de agosto de 2023, https://cdhcm.org.mx/2023/08/necesario-fortalecer-el-papel-de-las-perso nas-indigenas-jovenes-como-agentes-de-cambio/.

32 Yásnaya Elena A. Gil, "¿La cuarta transformación del indigenómetro? *Yä'äx*", *El País*, 9 de julio de 2023, https://elpais.com/mexico/opinion/2023-07-09/la-cuarta-transfor macion-del-indigenometro-yaax.html.

33 *Idem.*

34 "Endiseg 2021", https://www.inegi.org.mx/contenidos/programas/endiseg/2021/doc/ endiseg_2021_resultados.pdf.

35 Luis Felipe Velázquez, "El orgullo después del pride: una política trans redistributiva".

36 *Idem.*

37 @GatitosVsDesig, 3 de diciembre de 2020, https://x.com/GatitosVsDesig/status/1334 705326222954498.

NOTAS

38 "Eso que llaman amor es trabajo no pago", 19 de diciembre de 2019, https://ecofeminita. com/eso-que-llaman-amor-es-trabajo-no-pago-2/?v=0b98720dcb2c.

39 Liliana Razo y Martha Hernández, "Rector pide sanción por 'buitreo' en CUCEI", *El Diario NTR*, 7 de marzo de 2017, https://www.ntrguadalajara.com/post.php?id_nota=66185. Liliana Razo, "Estudiantes justifican buitreo", *El Diario NTR*, 9 de marzo de 2017, https://www.cucei.udg.mx/es/notas_de_prensa/estudiantes-justifican-buitreo.

40 Eva Arceo y Raymundo M. Campos Vázquez, "Double Discrimination: Is Discrimination in Job Ads Accompanied by Discrimination in Callbacks?", *Journal of Economics, Race, and Policy*, vol. 2, núm. 4, 2019, https://www.researchgate.net/publication/333319391_Double_Discrimination_Is_Discrimination_in_Job_Ads_Accompanied_by_Discrimination_in_Callbacks.

41 @GatitosVsDesig, 23 de septiembre de 2021, https://x.com/GatitosVsDesig/status/1441223940303728640.

42 Alexander von Humboldt, *Ensayo político sobre la Nueva España*, 1827, https://doi.org/10.5962/bhl.title.38073.

43 Andrés Molina Enríquez, "Influencia de las Leyes de Reforma sobre la Propiedad", en *Los grandes problemas nacionales*, Ciudad de México, INEHRM, 2016, https://archivos.juridicas.unam.mx/www/bjv/libros/11/5281/8.PDF.

44 José Guadalupe Zúñiga Alegría y Juan Castillo López, "La revolución de 1910 y el mito del ejido mexicano", *Alegatos*, núm. 75, 2010, pp. 497-522, https://biblat.unam.mx/es/revista/alegatos/articulo/la-revolucion-de-1910-y-el-mito-del-ejido-mexicano.

45 @diegocastaneda, 23 de agosto de 2019, https://twitter.com/diegocastaneda/status/1165026648904884225.

46 Zúñiga Alegría y Castillo López, *op. cit.*

47 *Idem.*

48 *Idem.*

49 "Primera declaración de la Selva Lacandona", 1 de enero de 1994, https://enlacezapatista.ezln.org.mx/1994/01/01/primera-declaracion-de-la-selva-lacandona/.

50 Organización Internacional del Trabajo, "Pronunciamiento conjunto que el gobierno federal y el EZLN enviarán a las instancias de debate y decisión nacional", 16 de enero de 1996, https://webapps.ilo.org/public/spanish/region/ampro/mdtsanjose/indigenous/pronun.htm. Miguel Ángel Sámano, Carlos Durand y Gerardo Gómez González, "Los Acuerdos de San Andrés Larráinzar en el contexto de la Declaración de los Derechos de los Pueblos Americanos", en José Emilio Rolando Ordóñez Cifuentes (coord.), *Análisis interdisciplinario de la Declaración Americana de los Derechos de los Pueblos Indígenas*, Ciudad de México, UNAM, 2001, https://archivos.juridicas.unam.mx/www/bjv/libros/1/1/12.pdf.

51 Agustín del Castillo, "México sigue sin proteger a las personas defensoras del medio ambiente y el territorio: 20 fueron asesinadas durante el 2023", *Mongabay*, 23 de abril de 2024, https://es.mongabay.com/2024/04/mexico-personas-defensoras-asesinadas-durante-2023/.

52 F. J. Sánchez, W. M. Liu, L. Leathers, J. Goins & E. Vilain, "The subjective experience of social class and upward mobility among African American men in graduate school", *Psychology of Men & Masculinity*, 12(4), 2011, pp. 368-382. https://doi.org/10.1037/a0024057

53 C. J. Oh y N. Y. Kim, "'Success Is Relative': Comparative Social Class and Ethnic Effects in an Academic Paradox", *Sociological Perspectives*, 59 (2)(SUMMER 2016), 2016, pp. 270-295.

54 L. E. Enriquez, "'Because we feel the pressure and we also feel the support': Examining the educational success of undocumented immigrant Latina/o students", *Harvard Educational Review*, 81(3), 2011, pp. 476-499. https://doi.org/10.17763/haer.81.3.w7k703q050143762;

A. Fuligni, V. Tseng y M. Lam, "Attitudes toward Family Obligations among American Adolescents with Asian, Latin American, and European Backgrounds", *Child Development*, 70, 1999, pp. 1030–1044. https://doi.org/10.1111/1467-8624.00075; T. R. Jiménez y A. L. Horowitz, (2013), "When White Is Just Alright: How Immigrants Redefine Achievement and Reconfigure the Ethnoracial Hierarchy", *American Sociological Review*, 78(5), 2013, pp. 849–871. https://doi.org/10.1177/0003122413497012; G. Kao y M. Tienda "Educational Aspirations of Minority Youth", *American Journal of Education*, 106(3), 1998, p. 349-384. https://doi.org/10.1086/444188; Z. Qian y S. L. Blair, "Racial/Ethnic Differences in Educational Aspirations of High School Seniors", *Sociological Perspectives*, 42(4), 1999, pp. 605–625. https://doi.org/10.2307/1389576; D. Solorzano, "Chicano mobility aspirations: A theoretical and empirical note", *Latino Studies Journal*, 3, 1992, 48–66.

[55] G. Lorenz, Aspirations of Low-Income Blacks and Whites: A Case of Reference Group Processes, *American Journal of Sociology*, 78(2), 1972, pp. 371–398.

[56] C. M. Segura Salazar, M. E. Chávez Arellano, C. M. Segura Salazar y M. E. Chávez Arellano, " 'Cumplir un sueño": Percepciones y expectativas sobre los estudios profesionales entre estudiantes indígenas en la Universidad Autónoma Chapingo". *Revista mexicana de investigación educativa*, 21(71), 2016, pp. 1021–1045.

[57] M. E. C. Arellano, "Ser indígena en la educación superior ¿desventajas reales o asignadas?", *Revista de la Educación Superior*, XXXVII (4)(148), 2008, pp. 31–55.

[58] Máximo Ernesto Jaramillo-Molina, "Mediciones de bienestar subjetivo y objetivo: ¿complemento o sustituto?" *Acta Sociológica*, 70, 2016, Article 70. http://dx.doi.org/10.1016/j.acso.2017.01.003

[59] V. T. Carrasco y T. Alcazar C., (2009), "Los pueblos indígenas y los censos en Mexico y América Latina: La cultura en la definición de su identidad". En *Derechos de los mexicanos: Introducción al derecho demográfico* (Luz María Valdés), Universidad Nacional Autónoma de México, 2009. https://archivos.juridicas.unam.mx/www/bjv/libros/6/2638/18.pdf.

[60] M. Hopenhayn y A. Bello, *Discriminación étnico-racial y xenofobia en América Latina y el Caribe*, Naciones Unidas, Cepal, Div. de Desarrollo Social, 2001.

[61] Aguilar Pariente, R. (2011). The tones of democratic challenges: Skin color and race in Mexico. http://repositorio-digital.cide.edu/handle/11651/1350; Arceo-Gomez, E. O., & Campos-Vazquez, R. M. (2014). Race and Marriage in the Labor Market: A Discrimination Correspondence Study in a Developing Country. American Economic Review, 104(5), 376–380. https://doi.org/10.1257/aer.104.5.376; Campos-Vazquez, R. M., & Medina-Cortina, E. M. (2019). Skin Color and Social Mobility: Evidence From Mexico. Demography, 56(1), 321–343. https://doi.org/10.1007/s13524-018-0734-z; Flores, R., & Telles, E. (2012). Social Stratification in Mexico: Disentangling Color, Ethnicity, and Class. American Sociological Review, 77(3), 486–494. https://doi.org/10.1177/00031 22412444720; Monroy-Gómez-Franco, L. A., Vélez Grajales, R., & Yalonetzky, G. (2018). Layers of Inequality: Unequal Opportunities and Skin Colour in Mexico (Versión actualizada 2021 No. 03/2018; Documento de trabajo CEEY). https://ceey.org.mx/la yers-of-inequality-social-mobility-inequality-of-opportunity-and-skin-colour-in-mexi co/; Solís, P., Avitia, M., & Güémez, B. (2020). Tono de piel y desigualdad socioeconómica en México. Reporte de la Encuesta Proder # 1. El Colegio de México. https://discrimi nacion.colmex.mx/wp-content/uploads/2020/07/info1.pdf; Torres, F., Salgado, M., Mackenna, B., & Núñez, J. (2019). Who Differentiates by Skin Color? Status Attributions and Skin Pigmentation in Chile. Frontiers in Psychology, 10. https://doi.org/10.3389/fpsyg.2019.01516; Villarreal, A. (2010). Stratification by Skin Color in Contemporary Mexico. American Sociological Review, 75(5), 652–678. https://doi.org/10.1177/000 3122410378232

[62] Inegi, Estadísticas a propósito del día internacional de la eliminación de la discriminación racial, 21 de marzo de 2020, (comunicado de prensa no. núm. 133/20), Inegi, https://www.inegi.org.mx/contenidos/saladeprensa/aproposito/2020/DISCRIMINAC_NAL.pdf

[63] R. M. Campos Vázquez y E. M. Medina Cortina, "Identidad social y estereotipos por color de piel. Aspiraciones y desempeño en jóvenes mexicanos" *El Trimestre Económico*, 85(337), 53, 2017. https://doi.org/10.20430/ete.v85i337.659

[64] "Sistema de Cuidados", https://www.gub.uy/sistema-cuidados/.

[65] "Versión estenográfica. Plan de Justicia para el Pueblo O'dam y Mexicanero", Presidencia de la República, 9 de septiembre de 2022, recuperado el 3 de septiembre de 2024, http://www.gob.mx/presidencia/articulos/version-estenografica-plan-de-justicia-para-el-pueblo-o-dam-y-mexicanero.

[66] @intersectaorg, 28 de abril de 2023, https://x.com/intersectaorg/status/1651970601295159296.

[67] Oxfam, "Richest 1 Percent Bagged 82 Percent of Wealth Created Last Year — Poorest Half of Humanity Get Nothing", 22 de enero de 2018, https://www.oxfam.org/en/press-releases/richest-1-percent-bagged-82-percent-wealth-created-last-year-poorest-half-humanity?fbclid=IwAR0wlUd2OXkrDc59V--1C19nKoCvzNH8nyrNXz-FhPt7PZ7v_rLQo_S7Ypw.

[68] Máximo Ernesto Jaramillo-Molina, "Redistribución y pobreza durante el sexenio iniciado en 2018", agosto de 2023, https://www.researchgate.net/publication/374544784_Redistribucion_y_pobreza_durante_el_sexenio_iniciado_en_2018

[69] Oficina del Alto Comisionado de la ONU, "Guía: ¿cómo podemos combatir el racismo", https://www.ohchr.org/es/get-involved/campaign/fight-racism/guidance.

[70] María Eugenia Chávez Arellano, "Las estudiantes indígenas en la Universidad Autónoma de Chapingo y la feminización de la agronomía", *CPU-e*, núm. 31, 2020, pp. 51-70, https://dialnet.unirioja.es/servlet/articulo?codigo=7928611.

[71] Cristovam Buarque, "Solução definitiva", citado en Marion Whitney Lloyd, *Equidad versus mérito en la universidad: las políticas de acción afirmativa en Brasil*, tesis de doctorado, UNAM, 2017, https://www.ses.unam.mx/curso2019/materiales/Sesion3/Lloyd2017_TesisDoctoral.pdf.

[72] "Paridad en las candidaturas", Instituto Nacional Electoral, https://igualdad.ine.mx/paridad/paridad-en-las-candidaturas/.

[73] "México: ¿cómo funcionan las cuotas de poblaciones vulnerables en las elecciones de 2024?, *Presentes*, 29 de febrero de 2024, https://agenciapresentes.org/2024/02/29/mexico-como-funcionan-las-cuotas-de-poblaciones-vulneradas-en-las-elecciones-de-2024/.

Mito 4
La educación te va a sacar de pobre

[1] Esta introducción se encuentra basada en un artículo que publiqué en *Este País* en el año 2021: https://estepais.com/home-slider/el-talento-de-los-hijos-o-el-varo-de-los-papas-meritocracia-y-desigualdad-educativa-en-mexico/#_ftn1.

[2] Como los casos de universidades, por ejemplo, Harvard (Delano Franklin y Samuel Zwickel, "In Admisions, Harvard Favors Those Who Fund It, Internal Emails Show", *The Harvard Crimson*, 18 de octubre de 2018, https://www.thecrimson.com/article/2018/10/18/day-three-harvard-admissions-trial/), que dan una "segunda revisión" a las solicitudes de ingreso luego de que la familia ha hecho algún donativo o tienen consideraciones especiales para con los hijos de egresados en otras universidades de Estados Unidos (Max Larkin y Mayowa Aina, "Legacy Admissions Offer an Advantage — and Not Just at Schools like

Harvard", *NPR*, 4 de noviembre de 2018, https://www.npr.org/2018/11/04/663629750/legacy-admissions-offer-an-advantage-and-not-just-at-schools-like-harvard), así como los pases directos o tratamientos preferenciales a estudiantes que ya pertenecían previamente al sistema educativo de alguna universidad en México.

3 Andrew van Dam, "It's Better To Be Born Rich than Talented", *The Washington Post*, 9 de octubre de 2018, https://www.washingtonpost.com/business/2018/10/09/its-better-be-born-rich-than-talented/?fbclid=IwAR0zVaqtPsEhE-Bl9ssZQkRz75KmJF3sZNvpM2fRiF6KgLPR4dif6oR-iKU&noredirect=on.

4 @danielacampss, 2 de junio de 2024, https://x.com/danielacampss/status/1797333988748427310.

5 "Estudia para que no termines así meme", https://www.google.com/search?q=estudia+para+que+no+termines+asi+meme&udm=2&client=firefox-b-d&sa=X&ved=2ahUKEwjgsJrTjKyHAxUWJEQIHXM4CpEQrNwCegUIggEQAA&biw=1705&bih=912&dpr=1#vhid=2t-HxdZba-3hrM&vssid=mosaic.

6 "Si no estudias, terminarás como él…", https://www.pinterest.com/pin/596023950420006294/.

7 "La clave para salir de la pobreza", https://www.facebook.com/Gabogsc/videos/425260737015238.

8 La Encuesta de Cohesión Social en América Latina (ECosociAL) fue levantada por la Pontificia Universidad Católica de Chile (PUC), el Instituto Fernando Henrique Cardoso (IFHC), la Universidad de Notre Dame, el Cieplan y el PNUD en 2007. Las características específicas de esta encuesta la hacen casi única en la región, por lo que su información sigue siendo importante a pesar de haber pasado más de 15 años desde su levantamiento.

9 "Enadis 2022", https://www.inegi.org.mx/contenidos/programas/enadis/2022/doc/enadis2022_resultados.pdf.

10 "Gandhi refleja realidad con publicidad", https://www.eleconomista.com.mx/arteseideas/Gandhi-refleja-realidad-con-publicidad-20110228-0142.html; https://frogx3.com/2012/01/07/galeria-de-frases-librerias-gandi-mexico/. "Librerías Gandhi - 'Thank You'", https://es.adforum.com/creative-work/ad/player/53156.

11 Mariana Campos, "'Xóchitl, leer evitará que te robes la tesis': Morena usa publicidad de librerías Gandhi para burlarse de ella por plagio de la UNAM", *Infobae*, 21 de septiembre de 2023, https://www.infobae.com/mexico/2023/09/21/xochitl-leer-evitara-que-te-robes-la-tesis-morena-usa-publicidad-de-librerias-gandhi-para-burlarse-de-ella-por-plagio-en-la-unam/.

12 Como desarrollé el concepto en mi tesis doctoral: Máximo Ernesto Jaramillo-Molina, *Yo no merezco… op. cit.*

13 Coordinación Nacional de Prospera, 2017

14 Ya en el capítulo anterior presentamos las complicaciones de la categoría "indígena". Pero ahora sirva el ejemplo solo como un experimento mental.

15 Esta es una adaptación modificada de la tira cómica *The Pencilsword: on a Plate*. Toby Morris, "The Pencilsword: on a Plate", *RNZ*, 22 de mayo de 2015, https://www.rnz.co.nz/news/the-wireless/373065/the-pencilsword-on-a-plate.

16 Sandel, *op. cit.*, p. 24.

17 Se puede leer más sobre estas desigualdades territoriales en el informe de Evalúa CDMX: *Ciudad de México 2020. Un diagnóstico de la desigualdad socioterritorial*, 2020. https://www.evalua.cdmx.gob.mx/estudios-e-investigaciones/ciudad-de-mexico-2020-un-diagnostico-de-la-desigualdad-socio-territorial.

18 "Education Expenditures by Country", https://nces.ed.gov/programs/coe/indicator/cmd/education-expenditures-by-country.

[19] En principio conocido como "Scholastic Aptitude Test", que luego pasó a llamarse "Scholastic Assessment Test", https://en.wikipedia.org/wiki/SAT.

[20] Parte de este apartado está basado en el artículo "La mentira del 'talento académico' de los ricos", que publiqué en la revista *Chilango* en 2019: https://www.chilango.com/opinion/la-mentira-del-talento-academico-de-los-ricos/.

[21] Tovia Smith, "Mastermind of the Varsity Blues College Admission Scandal Is about To Learn His Fate", *NPR*, 4 de enero de 2023, https://www.npr.org/2023/01/03/11466722 35/varsity-blues-college-cheating-scandal-mastermind-rick-singer-sentence.

[22] Franklin y Zwickel, *op. cit.*

[23] Larkin y Aina, *op. cit.*

[24] Scott Jaschik, "When Application Essay 'Help' Crosses a Line", *Inside Higher Ed*, 15 de octubre de 2017, https://www.insidehighered.com/admissions/article/2017/10/16/worries-grow-about-application-essay-help-may-go-too-far.

[25] Nick French, "Rich Kids Aren't Any Smarter Than the Rest of Us", *Jacobin*, 14 de marzo de 2019, https://jacobin.com/2019/03/college-admissions-scandal-inequality-meritocracy.

[26] Katie Scott, "Felicity Huffman's Daughter Gets into Top University with Own SAT Scores Following Bribery Scandal", *Global News*, 28 de abril de 2020, https://globalnews.ca/news/6877266/felicity-huffman-daughter-sophia-macy-university/.

[27] Elaborado con datos de Opportunity Insights: https://opportunityinsights.org/wp-con tent/uploads/2018/04/Codebook-MRC-Table-2.pdf.

[28] Pierre Bourdieu y Jean Claude Passeron, *The Inheritors: French Students and Their Relation to Culture*, Chicago, University of Chicago Press, 1979.

[29] @Dafneconefe, 18 de julio de 2024, https://twitter.com/Dafneconefe/status/18140192 07451099617.

[30] "¿Cuántos aspirantes entran a la UNAM?", *UniTips*, https://blog.unitips.mx/sabes-por-que-9-de-cada-10-no-quedan-en-la-unam.

[31] Pedro Villa y Caña, "Aspirantes a la UNAM pagan hasta 14 mil pesos por cursos", *El Universal*, 1 de junio de 2018, https://www.eluniversal.com.mx/nacion/sociedad/aspirantes-la-unam-pagan-hasta-14-mil-pesos-por-cursos/.

[32] "Venden en Facebook respuestas de examen de ingreso a la unam", *El Universal*, 19 de febrero de 2017, https://www.eluniversal.com.mx/articulo/nacion/sociedad/2017/02/19/venden-en-facebook-respuestas-de-examen-de-ingreso-la-unam/.

[33] Laura Poy Solano, "Error, no fraude, en evaluación de examen para la prepa: Comipems", *La Jornada*, 9 de agosto de 2017, https://www.jornada.com.mx/2017/08/09/sociedad/035n1soc.

[34] Berenice Fernández Nieto *et al.*, *Mundos paralelos. Big data y desigualdad en la Ciudad de México*, Ciudad de México, Oxfam México, 2020, https://oxfammexico.org/mundos-parale los-big-data-y-desigualdad-en-la-cdmx/.

[35] Para leer más al respecto, se recomienda Enrique Valencia, "Coalición reformista de Mercado y Transformación de las políticas económicas y sociales en México (1985-2017)", en Florencia Antía *et al.*, *Políticas sociales en América Latina en los inicios del siglo XXI: innovaciones, inercias y retrocesos*, Tijuana, El Colegio de la Frontera Norte, 2018, https://www.researchgate.net/profile/Enrique-Lomeli/publication/329504000_Coa licion_reformista_de_mercado_y_transformacion_de_las_politicas_economicas_y_ sociales_en_Mexico_1985-2017/links/5c0b3af84585157ac1b0570b/Coalicion-refor mista-de-mercado-y-transformacion-de-las-politicas-economicas-y-sociales-en-Mexi co-1985-2017.pdf.

[36] Emilio Blanco, Patricio Solís y Héctor Robles, *Caminos desiguales. Trayectorias educativas y laborales de los jóvenes en la Ciudad de México*, Ciudad de México, El Colegio de México/

INEE, 2014, https://libros.colmex.mx/wp-content/plugins/documentos/descargas/P1 C230.pdf.

[37] "'Así se les dice, ma, nacos': Ximena Sariñana reapareció como 'Mariana' de 'Amarte duele' 20 años después", *Infobae*, 27 de mayo de 2022, https://www.infobae.com/ame rica/entretenimiento/2022/05/27/asi-se-les-dice-ma-nacos-ximena-sarinana-reaparecion-como-mariana-de-amarte-duele-20-anos-despues/.

[38] Recomiendo visitar la página de Johnnie Miller de su proyecto llamado "Unequal Scenes": https://unequalscenes.com/mexico.

[39] Gutam Rao, "Familiarity Does Not Breed Contempt: Generosity, Discrimination, and Diversity in Delhi Schools", *American Economic Review*, vol. 109, núm. 3, pp. 774-809, https://doi.org/10.1257/aer.20180044.

[40] Sandel, *op. cit.*, p. 24.

[41] Shamus Khan, *Privilege. The Making of an Adolescent Elite at St. Paul's School*, Nueva Jersey, Princeton University Press, 2011.

[42] Jerome Karabel, "Five Myths about the Ivy League", *The Washington Post*, 22 de marzo de 2019, https://www.washingtonpost.com/outlook/five-myths/five-myths-about-the-ivy-league/2019/03/22/13fdb0da-4bf0-11e9-93d0-64dbcf38ba41_story.html.

[43] Richard L. Zweigenhaft, "The Role of Elite Education for White Men, White Women, and People of Color in the U.S. Corporate Elite", *Who Rules America*, 2015, https://whorulesamerica.ucsc.edu/power/elite_education.html

[44] https://qz.com/811121/three-quarters-of-britains-prime-ministers-went-to-oxford-or-cambridge-but-mostly-oxford.

[45] Enrique Valencia (2018), "Coalición reformista de mercado y transformaciones de las políticas económicas y sociales en México (1985-2017)", en Carmen Midaglia, Gerardo Ordóñez Barba, Enrique Valencia (coords.), *Políticas sociales en América Latina en los Inicios del siglo XXI: innovaciones, inercias y retrocesos*, Tijuana, El Colegio de la Frontera Norte (Colef)/Consejo Latinoamericano de Ciencias Sociales (Clacso), 2018.

[46] "China Bans For-Profit After-School Tutoring To Help Ease Academic Pressure on Kids – Will It Work?", NYU Shanghai, https://shanghai.nyu.edu/is/china-bans-profit-after-school-tutoring-help-ease-academic-pressure-kids-will-it-work y https://www.china-briefing.com/news/china-after-school-tutoring-new-draft-regulations-key-points/.

[47] Carlos Serrano, "Gaokao, cómo es el decisivo y agotador examen para el que los jóvenes chinos estudian más de 12 horas diarias durante años", *BBC*, 7 de julio de 2020, https://www.bbc.com/mundo/noticias-53288680.

[48] Esteban Magnani, "China: prohíben el lucro en la educación complementaria para el ingreso a las universidades", *Página 12*, 21 de noviembre de 2021, https://www.pagina12.com.ar/383422-china-prohiben-el-lucro-en-la-educacion-complementaria-para-.

[49] Ni Dandan, "Lottery-Based Private School Admission Worries Chinese Parents", *Sixth Tone*, 10 de julio de 2019, https://www.sixthtone.com/news/1004260.

[50] Fiona Millar, "School Admissions: Is Lottery a Fairer System", *The Guardian*, 14 de marzo de 2017, https://www.theguardian.com/education/2017/mar/14/school-admissions-lottery-system-brighton.

[51] Antonio Gómez López, "Gasto público en educación por entidad federativa", CIEP, 14 de octubre de 2013, https://ciep.mx/gasto-publico-en-educacion-por-entidad-federativa/.

[52] Javier Mendoza Rojas, *La educación superior en México: expansión, diversificación y financiamiento en el periodo 2006-2021*, Universidad Nacional Autónoma de México, Instituto de Investigaciones sobre la Universidad y la Educación, Programa Universitario de Estudios sobre Educación Superior, 2022.

Mito 5
Los jóvenes prefieren no tener vivienda

[1] Aunque la propiedad de vivienda no es la única, sí es la forma más común de acceso a vivienda para los hogares, pues 69% de los hogares en México eran propietarios de la vivienda que habitaban para 2020, según datos del Censo de Población y Vivienda (Inegi, 2020).

[2] Ximena Molina, "Jóvenes mexicanos prefieren viajar que comprar una casa", *SDP Noticias*, 15 de julio de 2019, https://www.sdpnoticias.com/estilo-de-vida/prefieren-mexicanos-comprar-jovenes-viajar.html.

[3] Pueden leer más sobre esta protesta en Andrés de la Peña, "'La vivienda es un derecho, no una mercancía': protestan por el derecho a la vivienda digna en Guadalajara", *ZonaDocs*, 30 de noviembre de 2022, https://www.zonadocs.mx/2022/11/30/la-vivienda-es-un-derecho-no-una-mercancia-protestan-por-el-derecho-a-la-vivienda-en-guadalajara/.

[4] @rojo_neon, 1 de diciembre de 2022, https://twitter.com/rojo_neon/status/1598333 292301979648.

[5] Sam Levin, "Millionaire Tells Millennials: If You Want a House, Stop Buying Avocado Toast", *The Guardian*, 15 de mayo de 2017, https://www.theguardian.com/lifeandstyle/2017/may/15/australian-millionaire-millennials-avocado-toast-house.

[6] Natasha Turak, "Here Are the Top Three 'Stupid' Things Millennials Waste Money On, Says Shark Tank's Kevin O'Leary", *CNBC*, 13 de febrero de 2019, https://www.cnbc.com/2019/02/13/shark-tank-star-kevin-oleary-on-millennial-money-habits.html.

[7] r/economy, "'Just Stop Buying Lattes': The Origins of a Millennial Housing Myth", 12 de julio de 2022, https://www.reddit.com/r/economy/comments/vx8qt9/just_stop_buying_lattes_the_origins_of_a/.

[8] El tweet original está acá (aunque hay muchos similares y este es solo un ejemplo en particular): @Josluam1, 15 de abril de 2024, https://twitter.com/Josluam1/status/177 9853840658874489.

[9] "Millennials: la generación que vive en casa de sus padres", *Vogue*, 12 de octubre de 2017, https://www.vogue.mx/agenda/cultura/articulos/millennials-viven-en-casa-de-sus-padres-problemas-economicos-de-la-generacion-millennial/8554.

[10] "Solteros, sin hijos y viviendo con sus papás, así son los millennials en México: De las Heras", *Forbes México*, 31 de diciembre de 2019, https://www.forbes.com.mx/solteros-sin-hijos-y-viviendo-con-sus-papas-asi-son-los-millennials-en-mexico-de-las-heras/.

[11] De acuerdo con información de Pew Research Center. Richard Fry, "It's Becoming More Common for Young Adults to Live at Home – and for Longer Stretches", 5 de mayo de 2017, https://www.pewresearch.org/short-reads/2017/05/05/its-becoming-more-common-for-young-adults-to-live-at-home-and-for-longer-stretches/.

[12] Andrea Cabrera, "*Coliving*: tendencia entre nómadas digitales", *Food and Travel*, 6 de diciembre de 2021, https://foodandtravel.mx/viajes/destinos-mexico/coliving-tendencia-entre-nomadas-digitales/.

[13] Javier Melguizo, "Los españoles se apuntan a vivir en 'coliving' para desquitarse de la soledad del confinamiento", *El Confidencial*, 31 de enero de 2021, https://www.elconfidencial.com/economia/2021-01-31/espanoles-apuntan-coliving-soledad-confinamiento_2927111/.

[14] @GatitosVsDesig, 4 de abril de 2022, https://twitter.com/GatitosVsDesig/status/15111 72159510622209.

[15] Programa Nacional de Vivienda 2014-2018.

[16] Por ejemplo, de acuerdo con la Conavi, 24% de las viviendas se encuentran en situación de rezago habitacional (https://siesco.conavi.gob.mx/siesco/rezago.aspx), mientras que,

según los estándares de la OCDE, sería cerca de 33% (con base en cálculos propios). Por su parte, el informe especializado de Coneval señala que es el 45% de la población ("Principales retos en el ejercicio del derecho la vivienda digna y decorosa", 2019, https://www.coneval.org.mx/EvaluacionDS/PP/CEIPP/IEPSM/Documents/Derechos_Sociales/Dosieres_Derechos_Sociales/Retos_Derecho_Vivienda.pdf).

[17] Claramente, cuando no se trata del arrendamiento de un cuarto dentro de una vivienda habitada por la casera o el casero.

[18] Esta y las estadísticas que siguen sobre el alquiler en la Ciudad de México fueron estimadas originalmente para el informe: Alma Rodríguez, Máximo Ernesto Jaramillo Molina y Karina Valladares, *La situación inquilinaria en México en el contexto de la contingencia sanitaria por covid-19*, Ciudad de México, HIC-AL/Indesig, 2021.

[19] "Addresing the Housing Affordability Challenge: A Shared Responsibility", Un-Habitat 31 de octubre de 2020, https://unhabitat.org/news/31-oct-2020/addressing-the-housing-affordability-challenge-a-shared-responsibility.

[20] "Renting Property", Online Mortgage Advisor, https://www.onlinemortgageadvisor.co.uk/content/priced-out-property/#renting-property.

[21] Padrón, por régimen, http://omawww.sat.gob.mx/cifras_sat/Paginas/datos/giipPorRegimen.html.

[22] Vale la pena leer Karl Marx, "La llamada acumulación originaria", en *El Capital*, Moscú, Editorial Progreso, 2002 (1974), https://www.flacsoandes.edu.ec/sites/default/files/agora/files/1310675433.lflacso_1867_02_marx.pdf.

[23] Ejemplos en la historia sobran: se puede buscar el caso de Singapur, Países Bajos, Suecia, Alemania, Reino Unido, etcétera, así como otros más recientes en países latinoamericanos.

[24] @LaManchaGris_, 16 de abril de 2021, https://twitter.com/LaManchaGris_/status/1383205829315153921.

[25] Puede leerse más al respecto en Richard Marosi, "Una visión fallida", *Los Angeles Times*, 26 de noviembre de 2017, https://www.latimes.com/projects/la-me-mexico-housing-es/.

[26] Andrés de la Peña y Máximo Jaramillo Molina, "Evidencias de la financiarización de la vivienda en México", *Revista Vivienda Infonavit*, 2023, https://revistavivienda.infonavit.org.mx/2023/12/14/evidencias-de-la-financiarizacion-de-la-vivienda-en-mexico-analisis-cuantitativo-de-la-produccion-y-la-demanda/.

[27] Esta legislación cambió apenas durante agosto de 2024. Anteriormente, el límite de aumento al alquiler era de 10% cuando el contrato se renovaba. Pueden leer más en Máximo E. Jaramillo-Molina "La lucha para regular el mercado de vivienda en la CDMX", *El Universal*, 26 de agosto de 2024, https://www.eluniversal.com.mx/opinion/maximo-jaramillo/la-lucha-para-regular-el-mercado-de-vivienda-en-la-cdmx/.

[28] Alma Rodríguez-Leal-Isla, Máximo Ernesto Jaramillo-Molina y Karina Valladares *La situación inquilinaria en México en el contexto de la contingencia sanitaria por COVID-19*, Oficina para América Latina de la Coalición Internacional para el Hábitat (HIC-AL), https://maximojaramillo.mx/2024/03/13/83-la-situacion-inquilinaria-en-mexico-en-el-contexto-de-la-contingencia-sanitaria-por-covid-19-reporte/.

[29] Son estimaciones porque no existe información oficial y el Gobierno de la Ciudad de México nunca se interesó en el problema.

[30] Barbara Hollander, *Booms, Bubbles, & Busts (The Global Marketplace)*, Londres, Heinemann, 2011, pp. 40-41.

[31] "¿Qué son y cómo invertir en fibras?", GBM Academy, 20 de enero de 2021, https://gbm.com/academy/que-son-y-como-invertir-en-fibras/.

[32] "Cómo funciona", 100 ladrillos, https://100ladrillos.com/how-it-works/.

[33] Andrés de la Peña, "La ciudad inhabitable: ¿redensificación o destrucción de vivienda?", *ZonaDocs*, 6 de noviembre de 2021, https://www.zonadocs.mx/2021/11/06/la-ciudad-inhabitable/.

[34] "Airbnb: ¿quiénes son los fundadores y cómo inició el negocio de ser anfitrión", *El Financiero*, 2 de junio de 2023, https://www.elfinanciero.com.mx/empresas/2023/06/02/airbnb-quienes-son-los-fundadores-y-como-inicio-el-negocio-de-ser-anfitrion/.

[35] Máximo Ernesto Jaramillo Molina, "El peligro de Airbnb", *Este País*, 22 de febrero de 2023, https://estepais.com/tendencias_y_opiniones/peligro-airbnb/.

[36] "Airbnb Q4-2023 and full-year financial results", https://news.airbnb.com/airbnb-q4-2023-and-full-year-financial-results/.

[37] Banxico, "El mercado de propiedades residenciales de alquiler temporal en México", 17 de junio de 2021, https://www.banxico.org.mx/publicaciones-y-prensa/reportes-sobre-las-economias-regionales/recuadros/%7BF49E8511-4DF8-DBE6-D572-2C81EDBEC1E1%7D.pdf.

[38] Airdna Data, https://www.airdna.co/vacation-rental-data/app/mx.

[39] Andrés de la Peña, "El lobbying de Airbnb va mucho más allá de la CDMX: ya tiene acuerdos con por lo menos 12 estados", *Animal Político*, 21 de noviembre de 2022, https://www.animalpolitico.com/analisis/organizaciones/el-ronroneo/airbnb-ya-tiene-acuerdos-con-por-lo-menos-12-estados.

[40] Máximo Ernesto Jaramillo Molina, "Regular Airbnb en CDMX: un paso contra la crisis de vivienda", *Nexos*, 3 de noviembre de 2022, https://labrujula.nexos.com.mx/regular-airbnb-en-cdmx-un-paso-contra-la-crisis-de-vivienda/.

[41] Alejandra Bonilla Mena *et al.*, "Turistificación, renovación urbana y ecología política: contestaciones entre tres ciudades de la costa ecuatoriana", *Cahiers des Amériques Latines*, núm. 97, 2021, https://journals.openedition.org/cal/13099.

[42] "Time Out Names an Area of Guadalajara in Mexico the Coolest Neighborhood in the World to Visit", *Time Out*, 11 de octubre de 2022, https://www.timeout.com/about/latest-news/time-out-names-an-area-of-guadalajara-in-mexico-as-the-coolest-neighbourhood-in-the-world-to-visit-101122.

[43] @aledunnet, 4 de noviembre de 2022, https://twitter.com/aledunnet/status/1588567975027965954.

[44] Tania Casasola, "Desalojos violentos, corrupción y acoso inmobiliario dejan a familias sin casa en CDMX", *Animal Político*, 22 de agosto de 2019, https://animalpolitico.com/sociedad/desalojos-acoso-inmobiliario-casa-cdmx.

[45] @GatitosVsDesig, 2022, noviembre 18, *Miau. Nuevamente agradecemos montones el apoyo en la protesta de ayer. Asistieron centenas de personas, incluidas organizaciones con años de lucha en estos temas, que estamos hartos de que el gobierno este esperando a que el "libre mercado de vivienda" se auto regule* https://twitter.com/GatitosVsDesig/status/1593621088818208768; Fabiola Sánchez Morales, "'Viviendas para vivir no para invertir': Jóvenes y colectivos de la CDMX se manifestaron en contra de la crisis inmobiliaria". *Infobae*, 18 de noviembre de 2022, https://www.infobae.com/america/mexico/2022/11/18/viviendas-para-vivir-no-para-invertir-jovenes-y-colectivos-de-la-cdmx-se-manifestaron-en-contra-de-la-crisis-inmobiliaria/.

[46] Andrés de la Peña, "'La vivienda es un derecho, no una mercancía': Protestan por el derecho a la vivienda digna en Guadalajara", *Zona Docs*, 30 de noviembre de 2022, https://www.zonadocs.mx/2022/11/30/la-vivienda-es-un-derecho-no-una-mercancia-protestan-por-el-derecho-a-la-vivienda-en-guadalajara/.

[47] "Protesta por el derecho a la vivienda en CDMX", https://forms.gle/JQXcchC31kwWTCZDA.

[48] "Ley contra la vivienda ociosa: ¿cuál es la situación en otras partes del mundo?", *Página12*, 6 de octubre de 2022, https://www.pagina12.com.ar/487595-ley-contra-la-vivienda-oci osa-cual-es-la-situacion-en-otras-.

[49] Alma Rodríguez-Leal-Isla, Máximo Ernesto Jaramillo-Molina y Karina Valladares, *op. cit.*

[50] Gobierno del Reino de España. (2020). "Real Decreto-ley 11/2020, de 31 de marzo, por el que se adoptan medidas urgentes complementarias en el ámbito social y económico para hacer frente al COVID-19", Agencia Estatal Boletín Oficial del Estado, https://www.boe.es/buscar/act.php?id=BOE-A-2020-4208.

[51] @GatitosVsDesig, 2 de diciembre de 2020, "Durante la crisis de 2020, han sido muchas las personas inquilinas que se han visto obligadas a dejar atrás sus hogares, pero que no saben que, de hecho, han sufrido un 'Desalojos Forzoso'. Entonces, ¿Qué es un desalojo forzoso? Les contamos con info de @HIC_AL:" https://twitter.com/GatitosVsDesig/sta tus/1333939520606269440.

[52] Programa de Alquiler Social, https://tlajomulco.gob.mx/rentatucasa/.

[53] "Singapore Population", https://web.archive.org/web/20200215160407/https://www.singstat.gov.sg/modules/infographics/-/media/Files/visualising_data/infographics/Population/singapore-population13022019.

[54] Áxel Martínez, "¿Cuánto tiempo tengo que rentar una vivienda para que sea mía si se aprueba la reforma al Infonavit de AMLO", *Milenio*, 12 de julio de 2024, https://www.milenio.com/negocios/renta-de-viviendas-del-infonavit-en-que-consiste-la-propuesta-de-amlo.

[55] Recomiendo completamente ver el documental *PUSH*, donde Leilani desmonta claramente el problema de la financiarización de la vivienda y habla de la creación de The Shift.

Mito 6
El vicio de la dependencia: "Los programas sociales hacen floja a la gente"

[1] Si bien esta frase se ha visto en múltiples memes e imágenes de redes sociales, la referencia más antigua que he logrado encontrar es este tweet de Diego Cadavid: @egocadavid, 10 de mayo de 2021, https://twitter.com/egocadavid/status/1391782632401248261.

[2] Angélica Enciso L., "'Ya no tengan más hijos', pidió Rosario Robles en mayo de 2014", *La Jornada*, 21 de agosto de 2017, https://www.jornada.com.mx/2017/08/21/politica/005n2pol; Santiago Levy, (1991). *Poverty alleviation in Mexico* (No. WPS 679; Policy, Research, and External Affairs working papers), World Bank, http://documents.worldbank.org/curated/en/306571468774696697/Poverty-alleviation-in-Mexico.

[3] Máximo Ernesto Jaramillo-Molina, 2019, *op. cit.*

[4] @GatitosVsDesig, 7 de junio de 2024, "Miau. Nos preguntaron más sobre las ideas clasistas que se hicieron virales en redes luego de las elecciones en México. Venimos a traerles algunos ejemplos seguidos de comentarios de nuestra parte: D", https://twitter.com/GatitosVsDesig/status/1799089953387000216.

[5] Curiosamente, esta publicación ha sido plagiada cientos de veces por distintas cuentas y realmente no estoy seguro de cuál es la fuente original o la primera persona o cuenta que subió esta publicación a Facebook. En todo caso, esta es la más antigua que encontré (2018) y la que se ha compartido más veces, aunque dudo que sea la original: "Querida – Uno piensa que dar una moneda es ayudarlos", https://www.facebook.com/MRSQueridaMX/posts/pfbid02RUEQ5FC7rnpdrJG1T5jkB9LksKtiG8MZqTMAzsYNekbJeFboGqcvGsinXsnPFwfnl.

[6] Cooltrick2771, "Dar comida a gente que vive en la calle", https://www.reddit.com/r/OpinionesPolemicas/comments/1ak0enm/dar_comida_a_gente_que_vive_en_la_calle/.

[7] Andrés Manuel López Obrador, "Rosario Robles de la Sedesol sostuvo que los pobres tienen hijos atenidos a que se los mantenga el gobierno", https://www.facebook.com/lopez obrador.org.mx/photos/rosario-robles-de-la-sedesol-sostuvo-que-los-pobres-tienen-hi jos-atenidos-a-que-/10153099330554782/.

[8] Josh Levin, "The Welfare Queen", *Slate*, 19 de diciembre de 2013, http://www.slate.com/ articles/news_and_politics/history/2013/12/linda_taylor_welfare_queen_ronald_rea gan_made_her_a_notorious_american_villain.html.

[9] Al respecto, recomiendo leer los grandiosos trabajos de *The Undeserving Poor* y *Poverty Knowledge* (2001).

[10] "Personal Responsibility and Work Reconciliation Act of 1996 Lawyers", *Legal Match*, https://www.legalmatch.com/law-library/article/personal-responsibility-and-work-re conciliation-act-of-1996-lawyers.html.

[11] Máximo Ernesto Jaramillo-Molina, 2019, *op. cit.*

[12] Santiago Levy, "Poverty Alleviation in Mexico", The World Bank, PRE Working Paper WPS 679, 1991, https://documents1.worldbank.org/curated/en/306571468774696697/ pdf/multi0page.pdf.

[13] *Ibid.*, pp. 53-54.

[14] Esto último lo señalaba Levy y cita el trabajo de 1989 de Paul Streeten, que, efectivamente, dice: "Receiving more food does not necessarily meet the nutrional needs of poor people. It may simply meet the needs of the worms in their stomachs". Paul P. Streeten, "Hunger", Discussion Paper Series 4, 1989, https://www.bu.edu/econ/files/2012/11/dp4.pdf.

[15] Juan Ignacio Gil Antón, "Informalidad, programas sociales y otros peligros", *Animal Político*, 9 de abril de 2024, https://animalpolitico.com/analisis/organizaciones/mexico-co mo-vamos/programas-sociales-pobreza-elecciones.

[16] Lady Prospera, https://www.facebook.com/LadyProspera.

[17] La evidencia no es clara en que hubiera corrupción o clientelismo de forma sistemática en el programa. Distintas investigaciones y entrevistas en las que me ha tocado participar con funcionarios públicos del tiempo confirman que realmente no se encontró esto, pero, de cualquier modo, la orden de finalizar el programa fue dada.

[18] En una encuesta que hicimos desde Gatitos contra la Desigualdad, muchas personas se oponían a las becas universales y recomendaban algún tipo de filtro de acuerdo con el promedio académico de los estudiantes: https://www.facebook.com/gatitosVsDesigualdad/ posts/620093755149769.

[19] @rojo_neon, 6 de enero de 2024, https://x.com/rojo_neon/status/1743671807951966544.

[20] Una versión anterior del análisis que sigue fue publicado en Máximo Ernesto Jaramillo Molina, "Acostumbrados a vivir del Estado: mitos en la construcción social del (in)mereci miento de programas sociales", *Nexos*, 25 de junio de 2019, https://economia.nexos.com. mx/acostumbrados-a-vivir-del-estado-mitos-en-la-construccion-social-del-inmereci miento-de-programas-sociales/.

[21] Susan W. Parker y Soomin Ryu, "Do Conditional Cash Transfers Reduce Fertility? Nationwide Evidence from Mexico", en *Population and Development Review*, 49(3), septiembre de 2023, pp. 599–616. https://doi.org/10.1111/padr.12576.

[22] De acuerdo con datos más recientes de la Encuesta Nacional de la Dinámica Demográfica (Enadid) 2023 de Inegi: https://www.inegi.org.mx/contenidos/saladeprensa/boleti nes/2024/ENADID/ENADID2023.pdf.

[23] Si bien las encuestas de ingresos y gastos presentan un fuerte subreporte de gastos en bebidas alcohólicas y tabaco, no existe sustento para pensar que tal sesgo no se redistribuye aleatoriamente entre diferentes deciles, por lo que el dato es válido en términos de su comparación con otro deciles.

[24] Vale la pena leer este artículo al respecto: Pablo Zulaica y Carla Colomé, "Lo caro de vivir en la clase baja", *Chilango*, 1 de octubre de 2018, https://www.chilango.com/noticias/reportajes/lo-caro-de-vivir-en-la-clase-baja/.

[25] George Simmel, The Poor, en *Social Problems, 13*(2), agosto de 2014, pp. 118–140. https://doi.org/10.2307/798898

[26] La realidad es que incluso en algún momento de esta etapa, durante el siglo XVIII, se instauró el Sistema Speenhamland, que en realidad tuvo efectos muy interesantes para iniciar con primeras transferencias monetarias. Julio Aguirre y Rubén M. Lo Vuolo, "El Sistema de Speenhamland, el ingreso ciudadano y la 'retórica de la reacción'", CIEPP, Documento de trabajo 79, https://www.ciepp.org.ar/images/ciepp/docstrabajo/doc%2079.pdf.

[27] Axel Honneth, "Redistribution as Recognition: A response to Nancy Fraser", en Nancy Fraser y Axel Honneth, *Redistribution or Recognition?* Londres, Verso, (pp. 111–197).

[28] Emily Badger, "The Double Standard of Making the Poor Prove They're Worthy of Government Benefits", *The Washington Post*, 7 de abril de 2015, https://www.washingtonpost.com/news/wonk/wp/2015/04/07/the-double-standard-of-making-poor-people-prove-theyre-worthy-of-government-benefits/.

[29] Sergio Sarmiento, "Pobres animalitos", *El Siglo de Torreón*, 1 de abril de 2019, https://www.elsiglodetorreon.com.mx/noticia/2019/pobres-animalitos.html?from=old.

[30] Como esta columna de María Amparo Casar, "El gran benefactor", *Nexos*, 1 de marzo de 2019, https://www.nexos.com.mx/?p=41305.

[31] Jenny G. Olson *et al.*, "Wealth and Welfare: Divergent Moral Reactions to Ethical Consumer Choices", *Journal of Consumer Research*, vol. 42, núm. 6, 206, pp. 879-896, https://academic.oup.com/jcr/article-abstract/42/6/879/2358512?redirectedFrom=fulltext.

[32] @DaffBermudez, 23 de junio de 2020, https://twitter.com/DaffBermudez/status/1275573646233415680.

[33] Ijeoma Oluo, "Poor People Deserve To Taste Something Other Than Shame", *Medium*, 12 de mayo de 2016, https://medium.com/the-establishment/poor-people-deserve-to-taste-something-other-than-shame-90eb3aceabf9

[34] Máximo Ernesto Jaramillo-Molina, "El beneficio y la dádiva", *Nexos (revista versión impresa)*, https://www.nexos.com.mx/?p=47114.

[35] Suzanne Mettler, *The Submerged State: How Invisible Government Policies Undermine American Democracy*, Chicago, The University of Chicago, 2011.

[36] Acá puede revisarse el Padrón Único de Beneficiarios de programas sociales: https://pub.bienestar.gob.mx/pub/programasIntegrales.

[37] Al menos una noticia positiva es que, en 2019, se logró que que el SAT transparentara los datos de los perdones fiscales, condonaciones y cancenlaciones de créditos fiscales, como resultado de un litigio estratégico de cuatro años que promovió la organización de la sociedad civil Fundar, Centro de Análisis e Investigación: "Fundar logra abrir información sobre perdones fiscales de Calderón y Peña", 1 de octubre de 2019, https://fundar.org.mx/fundar-publica-perdones-fiscales-calderon-epn/.

[38] Carlos Barba Solano, "La construcción visual de la pobreza en el régimen discursivo de los programas sociales en México", en Sarah Corona Berkin (Ed.), *Pura Image*, Conaculta, México, 2012.

[39] Todos estos datos provienen de la exhaustiva investigación de 2017 sobre programas de transferencias monetarias de Simone Ceccini y Bernardo Atuesta, *Programas de transferencias condicionadas en América Latina y el Caribe. Tendencias de cobertura e inversión*, Santiago de Chile, Comisión Económica para América Latina y el Caribe, 2017, https://www.cepal.org/es/publicaciones/41811-programas-transferencias-condicionadas-america-latina-caribe-tendencias.

[40] Máximo Ernesto Jaramillo-Molina, 2019, *op. cit.*

[41] Ceccini y Atuesta, *op. cit.*

[42] Los resultados vienen de un análisis propio hecho con la encuesta Enapobreza, usando la regresión logística como método.

[43] Esping-Andersen (1987) y Barba (2007)

[44] Este análisis es de Barba (2009) y se desprende de las investigaciones de Esping-Andersen.

[45] Como mencionaba en el primer tomo de recopilación de la Red Mexicana de Investigación en Política Social (Remipso).

Mito 7
Los pobres no pagan impuestos

[1] @GatitoscontralaDesiguadad, "Otra vez con sus clasismos", https://www.instagram.com/p/CP18n-vjKzC/.

[2] Este señalamiento se lo he escuchado en reiteradas ocasiones a Pablo Yáñez en los Seminarios de Remipso en México, principalmente.

[3] Viola Traeder, "Informalidad laboral en México: un 'terrible agujero negro'", *DW*, 14 de marzo de 2024, https://www.dw.com/es/informalidad-laboral-en-m%C3%A9xico-un-terrible-agujero-negro-para-las-finanzas-p%C3%BAblicas/a-68527811.

[4] @robert_mglz, 14 de junio de 2023, https://twitter.com/robert_mglz/status/166906 1642481709056.

[5] @Banteeslara, 27 de enero de 2020, https://twitter.com/Banteeslara/status/122191105 2532629505.

[6] @are_ruiz, 30 de abril de 2024, https://twitter.com/are_ruiz/status/17855219327601 25448.

[7] Durante el último año, ha habido distintos intercambios de posiciones entre el primero, el segundo y el tercer lugar de esta lista. A julio de 2024, Musk se encuentra en primer lugar, Bezos en segundo y Bernard Arnault y su familia en tercero, pero este ordenamiento ha variado de forma constante en el último año.

[8] "Participa Samuel García en llamada con AMLO y Elon Musk", Super Channel, https://superchannel12.com/616367/.

[9] Karina Suárez, "El Gobierno de Nuevo León avala incentivos para Tesla por más de 2.600 millones de pesos", *El País*, 15 de diciembre de 2023, https://elpais.com/mexico/2023-12-15/el-gobierno-de-nuevo-leon-avala-incentivos-para-tesla-por-mas-de-2600-millones-de-pesos.html.

[10] Gobierno de Nuevo León, "Aprueba incentivos para Telsa Consejo de Desarrollo Económico", 14 de diciembre de 2023, https://www.nl.gob.mx/boletines-comunicados-y-avisos/aprueba-incentivos-para-tesla-consejo-de-desarrollo-economico. PNUD, *Anlálisis del financiamiento para el desarrollo sostenible del estado de Nuevo León*, Ciudad de México, PNUD, 2023, https://www.undp.org/sites/g/files/zskgke326/files/2023-05/AFD_NL_Final.pdf. Gobierno de Nuevo León, "Mantuvieron su crecimiento los ingresos del Gobierno de Nuevo León en 2023", 17 de enero de 2024, https://www.nl.gob.mx/boletines-comunicados-y-avisos/mantuvieron-su-crecimiento-los-ingresos-del-gobierno-de-nuevo-leon-en.

[11] Isabella Cota, "Los planes de Tesla en México se desinflan (pero no mueren)", *El País*, 3 de mayo de 2024, https://elpais.com/mexico/economia/2024-05-04/los-planes-de-tesla-en-mexico-se-desinflan.html.

[12] @elonmusk, 27 de julio de 2020, https://x.com/elonmusk/status/12878243484605 93154?lang=es.

13 Máximo Ernesto Jaramillo-Molina y Alma Luisa Rodríguez Leal Isla, "(In)justicia fiscal y captura política en México", Clacso y Oxfam, julio, 2020. https://doi.org/10.13140/RG.2.2.18946.30401.

14 @RicardoBSalinas, 24 de octubre de 2022, "El 19 de Octubre Grupo Salinas hizo un pago al SAT dirigido por Antonio Martínez Dagnino. Lo hicimos para terminar con un largo y costoso litigio... fue un buen acuerdo 😊 A Raquel Buenrostro, Secretario de Economía, no le tocó cobrar ni un rábano, y eso, no fué por casualidad 😎", https://twitter.com/RicardoBSalinas/status/1584594311483564032.

15 @RicardoBSalinas, 28 de diciembre de 2022, https://twitter.com/RicardoBSalinas/status/1608234719828656135.

16 Juan Pablo Cervantes, "Pagan más impuestos los pobres y los trabajadores que los ricos: AMLO", Debate, 14 de junio de 2021, https://www.debate.com.mx/politica/Pagan-mas-impuestos-los-pobres-y-los-trabajadores-que-los-ricos-AMLO-20210614-0046.html.

17 Emmanuel Saez y Gabriel Zucman, The triumph of injustice, W.W. Norton & Company, 2019.

18 O en inglés llamado securities transaction tax. PWC, "Value-Added Tax", 13 de junio de 2024, https://taxsummaries.pwc.com/republic-of-korea/corporate/other-taxes.

19 Duncan Green, "What is Fiscal Justice? A rationale and some great examples", From Poverty to Power, 10 de enero de 2017, https://frompoverty.oxfam.org.uk/what-is-fiscal-justice-a-rationale-and-some-great-examples/.

20 Este apartado se basa en el capítulo 3 del informe (In)justicia fiscal en México, realizado para Clacso en coautoría con Alma Luisa Rodríguez Leal-Isla, así como el texto más corto a su vez basado en dicho informe, publicado en la revista CONfines.

21 Víctor. L. Urquidi, Luis Aboites y Mónica Unda Gutiérrez, El fracaso de la reforma fiscal de 1961: Artículos publicados y documentos del archivo de Víctor L. Urquidi en torno a la cuestión tributaria en México, El Colegio de México, 2011, https://muse.jhu.edu/book/74480.

22 Eduardo Bustamante, El impuesto sobre la renta y la ley de 18 de marzo de 1925, Universidad Nacional Autónoma de México (tesis de licenciatura), México, 1926.

23 Carlos Sierra, A 50 años de la Ley del Centenario, México, Publicaciones del Boletín Bibliográfico de la Secretaría de Hacienda y Crédito Público, 1971, p. 7.

24 Víctor Urquidi, "El impuesto sobre la renta en el desarrollo económico de México", en Víctor. L. Urquidi, Luis Aboites y Mónica Unda Gutiérrez, op. cit.

25 Nicolas Kaldor, "Informe sobre la reforma fiscal mexicana", en "en Víctor. L. Urquidi, Luis Aboites y Mónica Unda Gutiérrez, op. cit.

26 V. L. Urquidi, L. Aboites y M. Unda Gutiérrez, (2011), op.cit.

27 Nicolas Kaldor, op.cit.

28 Además del libro de Aboites y Unda, vale la pena también leer Eduardo Turrent Díaz, "El grupo Hacienda – Banco de México", en Historia del Banco de México, vol. IX Esfuerzos para el desarrollo (1954-1970), Ciudad de México, 2021, https://www.banxico.org.mx/elib/hbm/9/16.html.

29 Víctor Urquidi. Minutas escritas por Víctor L. Urquidi, sobre reuniones de la comisión tributaria (reforma tributaria), del 23 de marzo 1961 al 23 de octubre de 1961, "en Víctor. L. Urquidi, Luis Aboites y Mónica Unda Gutiérrez, op. cit.

30 Agustín López Murguía, "El desarrollo del impuesto sobre la renta en México, antes de su reforma en 1961", Investigación Económica, XXII: 85, 1962, pp. 35-54.

31 Centro de Estudios de las Finanzas Públicas (CEFP), Evaluación Ex Post de la Reforma Hacendaria 2014. CEFP, Cámara de Diputados. México. 2016, Disponible en: https://www.cefp.gob.mx/publicaciones/documento/2016/diciembre/cefp0332016.pdf

32 "Lo bueno, lo malo y lo feo de la reforma fiscal", Forbes, México, 22 de octubre de 2013, https://www.forbes.com.mx/lo-bueno-lo-malo-y-lo-feo-de-la-reforma-fiscal/

[33] M. Unda Gutiérrez, "La reforma tributaria de 2013: Los problemas de la Hacienda pública y la desigualdad en México" *Espiral* (Guadalajara), 22(64), 2015, pp. 69–99.

[34] Esta es una versión reducida del texto del capítulo 4 del informe (*In)justicia fiscal en México*, que realicé para Clacso en coautoría con Alma Luisa Rodríguez Leal-Isla, donde los créditos del análisis cualitativo pertenecen principalmente a ella.

[35] *Idem*, p. 60.

[36] @Kybernus, https://www.instagram.com/kybernus/.

[37] Sandel, *op. cit.*, p. 205.

[38] Millionaires for Humanity, 2021; Oxfam International, 2021

[39] D. Wiwad, B. Mercier, P. K. Piff, A. Shariff y L. B. Aknin "Recognizing the Impact of COVID-19 on the Poor Alters Attitudes Towards Poverty and Inequality", *Journal of Experimental Social Psychology*, 93, 2021, 104083. https://doi.org/10.1016/j.jesp.2020.104083

[40] LSE BPP, "Why has the pandemic increased support for Universal Basic Income?", *British Politics and Policy at LSE*, 22 de junio de 2010, https://blogs.lse.ac.uk/politicsandpolicy/covid19-support-ubi/; G. Standing, "Covid-19 has changed my thinking on universal basic income", *New Statesman*, 15 de abril de 2020, https://www.newstatesman.com/politics/welfare/2020/04/covid-19-universal-basic-income-benefits-welfare

[41] Alexandra Villarreal, "'Medium Is the Message': AOC defends 'Tax the Rich' Dress Worn to Met Gala", *The Guardian*, 14 de septiembre de 2021, https://www.theguardian.com/us-news/2021/sep/14/aoc-defends-tax-the-rich-dress-met-gala.

[42] Bernie Sanders, "Tax Extreme Wealth", https://berniesanders.com/issues/tax-extreme-wealth/.

[43] Elizabeth Warren, "Ultra-Millionaire Tax", https://elizabethwarren.com/plans/ultra-millionaire-tax.

[44] Gregory Katz, "Labour's Jeremy Cobyn: Redistribute UK Wealth, T https://apnews.com/article/elections-london-international-news-jeremy-corbyn-general-elections-72b180c44ca67f73ce5d5ebe21269790.

[45] Millionaires for Humanity, https://millionairesforhumanity.org/.

[46] "Argentina Wealth Tax Fought by the Rich Raises $2.4 Billion", *Bloomberg*, 3 de mayo de 2021, https://www.bloomberg.com/news/articles/2021-05-03/argentina-wealth-tax-fought-by-millionaires-raises-2-4-billion.

[47] "Should the rich pay for the pandemic? Argentina thinks so. Other countries are taking a look". *Washington Post*, 19 de febrero de 2021, https://www.washingtonpost.com/world/the_americas/coronarvirus-argentina-wealth-tax/2021/02/19/96fd1ec4-711b-11eb-93be-c10813e358a2_story.html

[48] African Union, "Un General Assembly Member States Have Voted with a Majority of 125 in Favor of Adopting a Convention on International Tax Cooperation", 22 de noviembre de 2023, https://au.int/en/pressreleases/20231122/un-general-assembly-member-states-have-voted-majority-125-favor-adopting. Oxfam, "El triunfo del Sur Global en la onu: la elaboración de la convención tributaria es una realida", 23 de noviembre de 2023, https://lac.oxfam.org/en/latest/press-release/el-triunfo-del-sur-global-en-la-onu-la-elaboracion-de-la-convencion-tributaria.

[49] @rojo_neon, 22 de noviembre de 2023, https://twitter.com/rojo_neon/status/1727407683060506627.

[50] Dejusticia, "Cooperación tributaria internacional: lo que pasó en la onu y lo que se viene", 21 de mayo de 2024, https://www.dejusticia.org/tributacion-global-en-la-onu/.

[51] Encuesta Panorama Político y Social México 2020, https://www.celag.org/encuesta-nacional-mexico-junio-2020/.

[52] Datos de la Encuesta Piloto sobre Percepciones de Justicia y Desigualdad y Actitudes hacia la Redistribución - PerJusIneq, hecha en línea durante mayo de 2021, y aplicada a 426 personas en México, provenientes de 31 de los 32 estados de la República. Aunque la aplicación en línea tiene un sesgo hacia estratos altos por los obstáculos de acceso a internet en el país, la diversidad de posturas políticas se verificó con la variable de "voto en las elecciones presidenciales de 2018", con porcentajes muy similares a los resultados de la elección.

[53] Piketty, *op. cit.*

[54] Alejandra Macías Sánchez, "Financiamiento de las pensiones. Escenarios sobre su carga fiscal a 2030", CIEP, 20 de marzo de 2024, https://ciep.mx/wp-content/uploads/2024/03/Financiamiento-de-las-pensiones.-Escenarios-sobre-su-carga-fiscal-a-2030.pdf.

Conclusiones

[1] Angel Vargas, "Toda ciencia social es para transformar o no sirve de nada: Julio Boltvinik", *La Jornada*, 8 de julio de 2024, https://www.jornada.com.mx/2024/07/08/cultura/a05n1cul.

[2] José Revueltas, *Nuestra bandera*. Comité de Lucha de la Facultad de Filosofía y Letras, 1968, https://biblioteca.clacso.edu.ar/clacso/osal/20110418112403/08revuel1.pdf

[3] Jo Littler, *Against meritocracy: Culture, power and myths of mobility*. Routledge/Taylor & Francis Group, 2017.

[4] El siguiente diagrama es usual en investigaciones sobre percepciones, representaciones y preferencias respecto de estratificación social y clases sociales. Para una referencia específica, ver: M. D. R. Evans, Jonathan Kelley, y Tamas Kolosi, "Images of Class: Public Perceptions in Hungary and Australia", *American Sociological Review*, 57(4), 1992, p. 461. https://doi.org/10.2307/2096095.

[5] Anthony B. Atkinson, *Inequality: What Can Be Done?* Harvard University Press, 2015. http://gen.lib.rus.ec/book/index.php?md5=a84ab53d590b7850483f8dde3b22788a

[6] Silja Thoms, "España: ¿20.000 euros de 'herencia universal' para jóvenes", *DW*, 8 de julio de 2023, https://www.dw.com/es/espa%C3%B1a-20000-euros-de-herencia-univer sal-para-los-j%C3%B3venes/a-66165355.

[7] Pablo Yanes, Pablo, "¿De las transferencias monetarias condicionadas al ingreso ciudadano universal? *Acta Sociológica*, 70, 2016, pp. 129-149, https://doi.org/10.1016/j.acso.20 17.01.006.

[8] Gatitos contra la Desigualdad, "¿A qué se dedicarían de existir un programa de gobierno que otorgara dinero suficiente para vivir cómodamente (ingreso básico universal)", 24 de noviembre de 2018, https://www.facebook.com/GatitosVsDesigualdad/posts/pfbid021ai HTE1NZjHbxypcuozVwhbYYcnrwAyEFyAXMw7iJXwxrGinBzS6U14g87fYMHpAl.

Esta obra se terminó de imprimir
en el mes de octubre de 2024,
en los talleres de Diversidad Gráfica S.A. de C.V.
Ciudad de México